新战略

新发展格局与中国开放发展

NEW DEVELOPMENT PATTERN
AND CHINA'S NEW OPEN DEVELOPMENT
STRATEGY

余振 等 ◎ 著

社会科学文献出版社
SOCIAL SCIENCES ACADEMIC PRESS (CHINA)

前　言

加快构建以国内大循环为主体、国内国际双循环相互促进的新发展格局，是《中华人民共和国国民经济和社会发展第十四个五年规划和2035年远景目标纲要》提出的一项关系中国发展全局的重大战略任务。中国经济已经深度融入世界经济，内外需市场相互依存、相互促进。以国内大循环为主体，绝不是关起门来封闭运行，而是通过发挥内需潜力，国内市场和国际市场可以更好联通，并以国内大循环吸引全球资源要素，更好地利用国内国际两个市场、两种资源，提高我国在全球配置资源的能力，更好地争取开放发展中的战略主动。因此，推动高水平对外开放是构建新发展格局的必然选择。本书研究新发展格局下的中国开放发展的新战略，主要包括九章的内容。

第一章，经济循环与开放发展的理论逻辑。经济循环的思想具有很长的历史渊源。这一章从魁奈的《经济表》开始，对斯密、李嘉图、李斯特等古典经济学家的国际经济循环理论，马克思的资本主义内部经济循环和世界经济循环理论，以及基于产品内部相互联系的全球价值链理论进行了总结，并分析了开放发展对于促进经济循环的重要意义和能够发挥的重要作用。

第二章，中国经济循环与开放发展的历史演变。从近代开始，中国就一直在经历不同特征的经济循环和开放发展，可以说中国经济的开放发展在不同的历史时期所表现出的特征是建立在各时期的现实基础之上的。从历史演变的视角梳理中国经济循环与开放发展，有助于更好地理解中国为什么要推动高质量对外开放，以及应该如何推动高质量对外开放。这一章先后回顾了新中国成立之前、新中国成立之初以及改革开放以来中国经济循环与开放发展的历史背景、现实特点和潜在问题，并结合这百年的发展历程总结了中国经济开放发展的主要经验。

第三章，新发展格局下中国开放发展的新环境。当前，世界经济正在经历新一轮大发展与大调整，新一轮科技革命和产业变革将从根本上重塑世界经济的生产生活方式和经济技术范式，以大数据、云计算、人工智能为代表的信息技术将成为推动世界经济发展的主要动力。而技术和产业革命的发展也使得国家之间力量对比发生了很大变化，世界经济格局也将面临深刻调整，地缘政治冲突和经济衰退交织在一起，构成了中国开放发展的新环境。和平与发展仍然是时代主题，各国人民求和平谋发展促合作图共赢的期待更加强烈。因此，这一章在分析了中国开放发展面临的主要外部环境的基础上，分析了这个新环境给中国开放发展带来的机遇和挑战。

第四章，新发展格局下中国开放发展的内部基础。尽管外部环境日益复杂，但是中国经济发展仍处于重要战略机遇期。经过70多年的发展，中国已从一个人口众多、底子薄弱的东方大国，成长为经济基础扎实、发展势头强劲的经济大国。与此同时，中国经济转型升级也进入重要窗口期，经济转型升级呈空间大、动力足、内需增长潜力大的特点，这也对中国经济全面深化改革的广泛性和深刻性提出了更高的要求。这一章首先总结了当前中国经济的主要特征以及所处的发展阶段，然后结合构建新发展格局的新要求，分析了中国进一步推进开放发展所具备的优势以及存在的不足。

第五章，新发展格局下创新与中国开放发展。科技创新作为"双循环"发展新格局的重要根基和核心驱动力，仍存在核心技术不足、创新体制机制不够完善、易受到非经济因素影响等问题，而开放发展却可以通过知识流动提升企业研发效率，通过扩大市场激发企业创新动力，通过"干中学"效应提升中国在全球价值链的地位。中国应学习借鉴其他国家在开放发展中推动创新的经验，结合中国的创新困境和外部环境，以国际研发合作为手段，架构全球创新网络；以体制创新为动力，实现开放式发展新突破；以产业发展为核心，走开放性创新之路。这一章首先总结了开放发展对中国科技创新的意义，以及中国科技创新的现状和存在的问题，其次梳理了其他国家在开放发展中推动创新的经验，最后提出了中国在开放发展中推动创新的路径选择。

第六章，新发展格局下构建全国统一大市场与中国开放发展。从大国发展的经验上看，强大而统一的国内市场是推动经济发展的基石。但由于中国是一个历史悠长、幅员辽阔且人口众多的国家，其内部存在着巨大的差异性和多样性，在全国统一大市场的建设上面临着市场分割与统一市场制度缺失等多个问题。因此，在不确定性激增的新的外部环境下，通过高水平对外开放以促进全国统一大市场的建设，也是发挥中国的超大市场规模优势和提升中国抵抗外部风险的能力的迫切要求。这一章论述了开放发展对构建全国统一大市场的意义以及分析了中国构建统一大市场的现状和问题，并结合对其他国家的经验分析，为中国提供了在开放发展中构建全国统一大市场的路径选择。

第七章，新发展格局下中美经贸关系与中国开放发展。在世界百年未有之大变局和中国经济处于结构性改革的双重背景下，中国重塑新型大国关系的目标面临机遇与挑战。中美关系作为大国关系中的关键一环，对中美双方乃至世界的和平发展都具有重要意义。未来50年，国际关系中最重要的事情是中美必须找到正确的相处之道。随着中国开放的大门越开越大，通过开放发展大国关系是深化中美关系的必经之路。这一章首先阐述开放发展深化中美经贸合作的意义和现状，借鉴其他国家应对美国贸易摩擦的经验，结合新发展格局对中美经贸关系的新要求，分析中国通过开放发展深化中美经贸关系的路径选择。

第八章，新发展格局下参与全球经济治理与中国开放发展。中国是联合国创始成员国和安理会常任理事国，始终坚持和平发展的道路，在全球经济治理中扮演参与者、贡献者、引领者角色。随着全球经济不确定性持续上升、国际环境日趋复杂，现行全球经济治理体系的弊端日益凸显，中国亟须通过践行开放发展战略，变革全球经济治理体系，以自身的高质量发展促进世界经济稳定增长。中国提出"人类命运共同体"理念和"一带一路"倡议，为全球经济治理贡献了中国智慧和中国方案。这一章梳理了中国参与全球经济治理的现状和问题，归纳了其他国家在开放发展中参与全球经济治理的举措及其对中国的启示，提出了中国通过开放发展参与全球经济治理的路径选择。

第九章，新发展格局下中国推动更高水平对外开放的政策选择。面对构建新发展格局的新要求，中国的对外开放依然存在区域开放不协调、对外贸易质量有待提高、营商环境有待优化、对外投资和金融开放不足等发展不平衡、不充分的问题。但"他山之石可以攻玉"，针对上述中国对外开放的不足，这一章通过总结美国、日本等世界主要经济体在相关领域的国际经验为中国提供参考和借鉴，并在此基础上结合中国国情提出推动更高水平对外开放的政策建议。

　　总的来看，本书研究新发展格局下中国开放发展的新战略，做到了三个结合。一是历史逻辑与现实分析相结合。本书不仅梳理了经济循环思想史以及中国经济循环与开放发展史，而且还从现实的角度分析了中国开放发展所处的外部环境与内在条件。二是宏观战略分析与微观政策相结合。本书不仅从战略角度分析了中国开放发展面临的机遇和挑战、存在的优势及不足，并且从创新、内部大市场建设、中美关系以及参与全球经济治理等角度对中国开放发展的路径及政策选择进行了详细分析。三是国情分析和借鉴分析相结合。本书不仅就新发展格局下中国的创新、内部大市场建设等现状和问题进行了分析，还充分借鉴了其他国家通过开放发展促进创新，应对美国经贸摩擦，提升全球经济治理水平等方面的经验。本书的最后还重点结合双循环新发展格局对中国开放发展的新要求，从区域开放、对外贸易质量提升、对外投资和金融开放深化等角度论述了中国推动更高水平对外开放的政策选择。希望借此项目研究和专著的出版，本书可以帮助更多读者了解双循环新发展格局，更深入理解新发展理念，更好地在新发展阶段谋划和推进中国经济的高质量发展。

目　录
CONTENTS

第一章　经济循环与开放发展的理论逻辑 …………………… 1
　　第一节　经济循环的理论基础 …………………………………… 1
　　第二节　开放发展对促进经济循环的重要意义 ………………… 19
　　第三节　开放发展在经济循环中发挥的重要作用 ……………… 22

第二章　中国经济循环与开放发展的历史演变 ………………… 26
　　第一节　新中国成立前经济循环与开放发展的演变 …………… 26
　　第二节　新中国成立初期中国经济循环与开放发展的演变 …… 30
　　第三节　改革开放后中国经济循环与开放发展的演变 ………… 35
　　第四节　中国经济开放发展的经验总结 ………………………… 43

第三章　新发展格局下中国开放发展的新环境 ………………… 48
　　第一节　中国经济开放发展的新环境 …………………………… 48
　　第二节　新环境带给中国开放发展的挑战 ……………………… 62
　　第三节　外部环境变化带给中国开放发展的机遇 ……………… 71

第四章　新发展格局下中国开放发展的内部基础 ……………… 79
　　第一节　中国经济发展步入新阶段 ……………………………… 79
　　第二节　双循环新发展格局下中国开放发展具备的优势 ……… 96
　　第三节　双循环新发展格局下中国开放发展的现状及问题
　　　　　　………………………………………………………… 108

第五章　新发展格局下创新与中国开放发展 …………………… 120
　　第一节　开放促进创新发展的现状及存在的问题 …………… 120

第二节　其他国家在开放发展中推动创新的经验借鉴 ……… 140

第三节　新格局下开放促进创新发展的路径选择 …………… 143

第六章　新发展格局下构建全国统一大市场与中国开放发展 ……… 152

第一节　开放促进统一大市场建设的现状及其存在的问题 … 152

第二节　开放促进全国统一大市场建设的经验借鉴 ………… 163

第三节　在开放发展中构建全国统一大市场的路径选择 …… 168

第七章　新发展格局下中美经贸关系与中国开放发展 ……………… 178

第一节　中美经贸关系发展的现状及主要问题 ……………… 178

第二节　欧洲应对国际经贸摩擦的经验借鉴 ………………… 186

第三节　新发展格局下开放发展推动中美经贸合作深化的
　　　　政策选择 ……………………………………………… 189

第八章　新发展格局下参与全球经济治理与中国开放发展 ………… 198

第一节　中国参与全球经济治理的现状与问题 ……………… 198

第二节　参与全球经济治理的经验借鉴 ……………………… 212

第三节　新发展格局下中国通过开放发展参
　　　　与全球经济治理的路径选择 ………………………… 220

第九章　新发展格局下中国推动更高水平对外开放的政策选择 …… 229

第一节　以"开放高地"引领区域开放 ……………………… 229

第二节　因时、因地制宜，提升对外贸易质量 ……………… 238

第三节　优化营商环境，提高利用外资水平 ………………… 246

第四节　加强政策引导，提升对外投资效益 ………………… 255

第五节　循序渐进，稳妥推动金融开放 ……………………… 262

参考文献 ……………………………………………………………… 269

后　记 ………………………………………………………………… 284

第一章　经济循环与开放发展的理论逻辑

加快构建以国内大循环为主体、国内国际双循环相互促进的新发展格局，是对"十四五"和未来更长时期中国经济发展战略、路径做出的重大调整完善。① 从根本上来讲，经济活动本质是一个基于价值增值的信息、资金和商品（含服务）在居民、企业和政府等不同的主体之间流动循环的过程。② 而将国家的因素引入经济流动循环的分析中，就产生了国内经济循环和国际经济循环两种不同的经济活动。以国内大循环为主体，并不是要形成封闭的单循环，而是要形成开放的国内国际双循环。③ 本章将梳理和分析经济循环理论，为理解经济循环和对外开放对国家发展的影响、为开放发展如何赋能经济循环提供借鉴。

第一节　经济循环的理论基础

经济循环的思想具有很长的历史渊源。早在18世纪，弗朗斯瓦·魁奈（Francois Quesnay，1694~1774）率先使用《经济表》（Tableau Economique）来分析法国国内不同阶层、不同部门之间经济活动的相互关联。亚当·斯密（Adam Smith，1723~1790）、大卫·李嘉图（David Ricardo，1772~1823）、弗里德里希·李斯特（Friedrich List，1789~1846）等古典经济学家的研究在分析国家内部的经济循环的同时，更加注重国家之间的经济往来，形成了关于国际经济循环的一系列理论。而卡尔·马克思（Karl Marx，1818~

---

① 刘鹤：《加快构建以国内大循环为主体、国内国际双循环相互促进的新发展格局》，《人民日报》2020年11月25日。
② 黄群慧：《"双循环"新发展格局：深刻内涵、时代背景与形成建议》，《北京工业大学学报》（社会科学版）2021年第1期。
③ 王一鸣：《百年大变局、高质量发展与构建新发展格局》，《管理世界》2020年第12期。

1883）的政治经济学研究更加深入地分析资本主义内部的经济循环模式，并且将国家内部的部类分析扩展到国家之间，形成了关于资本主义世界经济的研究。而随着世界经济的进一步发展，国家间的贸易从产品间贸易转向产品内贸易，因此，基于产品内部相互联系的全球价值链理论（Global Value Chains，GVCs）成为当前理解世界经济循环的重要工具。

一　经济循环理论的起源——魁奈的《经济表》

法国重农学派代表经济学家弗朗斯瓦·魁奈 1758 年提出的《经济表》是最早尝试通过经济循环的方式对社会生产和再生产进行全面考察的经济模型。魁奈借助《经济表》构建起一个研究法国农业投资及其如何在社会各阶层的自然循环中创造新的增值的工具，这个工具成为后来经济学家们研究经济循环以及宏观经济静态均衡分析的源头和典范。

（一）理论提出的背景

以魁奈为主要代表的法国重农学派，将农业发展作为其经济理论的中心，探讨宏观经济的运行规律，提出要重视农业和农民在整个社会经济中的重要地位，增强物质再生产，通过推动农业生产力的提升促进其他经济部门之间的流通和平衡。这些政策主张与当时法国的经济发展状况紧密相连。魁奈撰写《经济表》就是为了研究农业生产如何促进其他经济部门的生产，并用以计算经济能否实现稳定平衡的增长，或是在何种情况下出现不平衡。[1]

第一，魁奈撰写《经济表》时的法国处在从封建农业国向资本主义工业国转型的关键阶段。17 世纪的法国是向资本主义国家转型的农业国，当时法国的主要经济构成是以封建土地所有制为基础的小农经济，但是各阶层的流动开始变得频繁，各阶层之间的界限不明显。[2] 例如，农民占当时的第三阶层——平民[3]的比重达 80%，拥有约 40% 的土地，但农民中既包括富裕的大地主大农场主，也包括贫穷的农业聘用工人。小农缺乏资本投

---

[1] Mary S. Morgan，*The World in the Model: How Economists Work and Think*，Cambridge University Press，2012.
[2] 黄仲熊：《重农学派"经济表"的历史作用和它对社会再生产理论提出的方法论的意义》，《武汉大学学报》（人文科学版）1962 年第 1 期。
[3] 当时的法国将整个社会分为三个阶层：第一阶层为宗教群体；第二阶层为精英阶层，包括贵族，也包括资本家；第三阶层为平民。

入和资本积累，无法提高生产力，而大地主却更愿意将收入用来消费而非投资于提高生产力，因此，国家内部的矛盾不断激化。

第二，法国地方政府和行会势力严重限制了工商业的发展。法国地方政府征收的各种苛捐杂税严重阻碍了商品流通，同时也加重了对底层农民的盘剥，极大地损害了个人积累财富以及扩大投资的积极性。而地方行会势力的强大则形成了严重的市场割据，极大地限制了劳动力的流动以及外来竞争，这也导致法国工商业的发展极为缓慢。①

第三，当时的法国政府力推的改革政策不符合法国国情。虽然法国是一个农业国，但当时的法国政府却极力推行重商主义政策，严重损害了农业的发展。18世纪法国小农经营的土地比例超过50%，大农场经营仅占10%，重商主义政策刻意压低粮价、提高粮食税的做法对广大法国农民而言是有害的。这进一步恶化了农业、工业、商业的比例，导致粮食短缺问题激化，国家财政濒临崩溃。②

（二）理论的主要内容

魁奈在1758年底首次出版《经济表》，并在之后的8年中反复修改完善，在1766年出版的《经济表的分析》中对《经济表》进行了详细的分析，并使用了简化的"经济表图示"进行说明。《经济表》的主要内容包括以下3个方面。

第一，《经济表》的分析建立在以下5个前提下：分析主要适用于资本主义方式经营的大农业；采用固定的商品价格和简单再生产；将对外贸易和各界及内部的流通抽象化；各阶级之间在1年内所进行的交换合算成一个总数；农民的家庭手工业附属在农业里。③

第二，《经济表》中的各部门以其与"纯产品"的关系区分。魁奈把新创造出来的农产品价值超过该产品生产费用的部分称为"纯产品"，并将其作为经济表分析的核心。根据与"纯产品"的关系，整个国民被分为3个阶层：生产阶级、土地所有者阶级、不生产阶级。其中，生产阶级是

---

① 斯坦利·L.布鲁、兰迪·R.格兰特：《经济思想史》，邸晓燕等译，北京大学出版社，2014。
② 夏薇、朱信凯、杨晓婷：《法国重农学派经济思想及对中国农业改革的启示》，《政治经济学评论》2017年第5期。
③ 《马克思恩格斯选集（第3卷）》，中共中央马克思恩格斯列宁斯大林著作编译局编译，人民出版社，1995。

指从事农业的阶级，包括租地农场主和农业工人；土地所有者阶级包括地主及从属人员、国王和官吏，以及以什一税占有者身份出现的教会，该阶级从农业阶级取得"纯产品"；不生产阶级包括工商业中资本家和工人，他们不创造"纯产品"，所以是不生产阶级。①

第三，一个经济循环以各阶级完成再生产为结束。魁奈在书中假设，纯产品产量和年预付的比率为1∶1，土地所有者阶级从其他两个阶级购买的产品数量相等。② 在图1-2中，生产阶级有50亿里弗尔的原始年产出，其中20亿里弗尔作为生产必需的耗费扣除，剩余30亿里弗尔的食物以供销售。土地所有者阶级拥有来自上一个循环的20亿里弗尔租金。不生产阶级则拥有价值10亿里弗尔预付款以购买原料。③ 交易规则按如下方式进行：第一，土地所有者阶级向生产阶级购买价值10亿里弗尔的食物，向不生产阶级购买价值10亿里弗尔的工业消费品；第二，不生产阶级用所得的货币向生产阶级购买价值10亿里弗尔的食物；第三，生产阶级向不生产阶级购买价值10亿里弗尔的生产工具；第四，不生产阶级再向生产阶级购买价值10亿里弗尔的原料，至此，流通运动结束。从流通的结果来看，土地所有者阶级得到了生活消费用的食物和工业品，满足了享乐的要求。不生产阶级得到了生活所需的食物和生产所需的工业原料。生产阶级得到了补偿原预付利息用的生产工具等。至此，生产阶级和不生产阶级的所有预付都得到了补偿，社会资本的简单再生产得以继续进行下去。

（三）理论评价

《经济表》的分析属于均衡模式，有了对均衡状态的分析，不同经济政策下国家经济的扩张或萎缩的情况就可以进行预测，从而可以比较不同政策的优劣。④ 魁奈及其《经济表》对早期经济学的发展起到了极大推动作用，影响深远。

第一，《经济表》是经济学学科理论化、科学化的产物。魁奈的理论将资本所得生产与再生产的条件进行了分析，并将经济运行规律认定为客

---

① 王富民：《魁奈：政治算术学派在法国的主要代表人物》，《统计与信息论坛》2003年第1期。
② 《魁奈经济著作选集》，吴斐丹、张草纫选译，商务印书馆，1979。
③ 〔美〕斯坦利·L. 布鲁、兰迪·R. 格兰特：《经济思想史》，邸晓燕等译，北京大学出版社，2014。
④ 于洪波：《经济表诠释》，《山东师范大学学报》（人文社会科学版）2006年第1期。

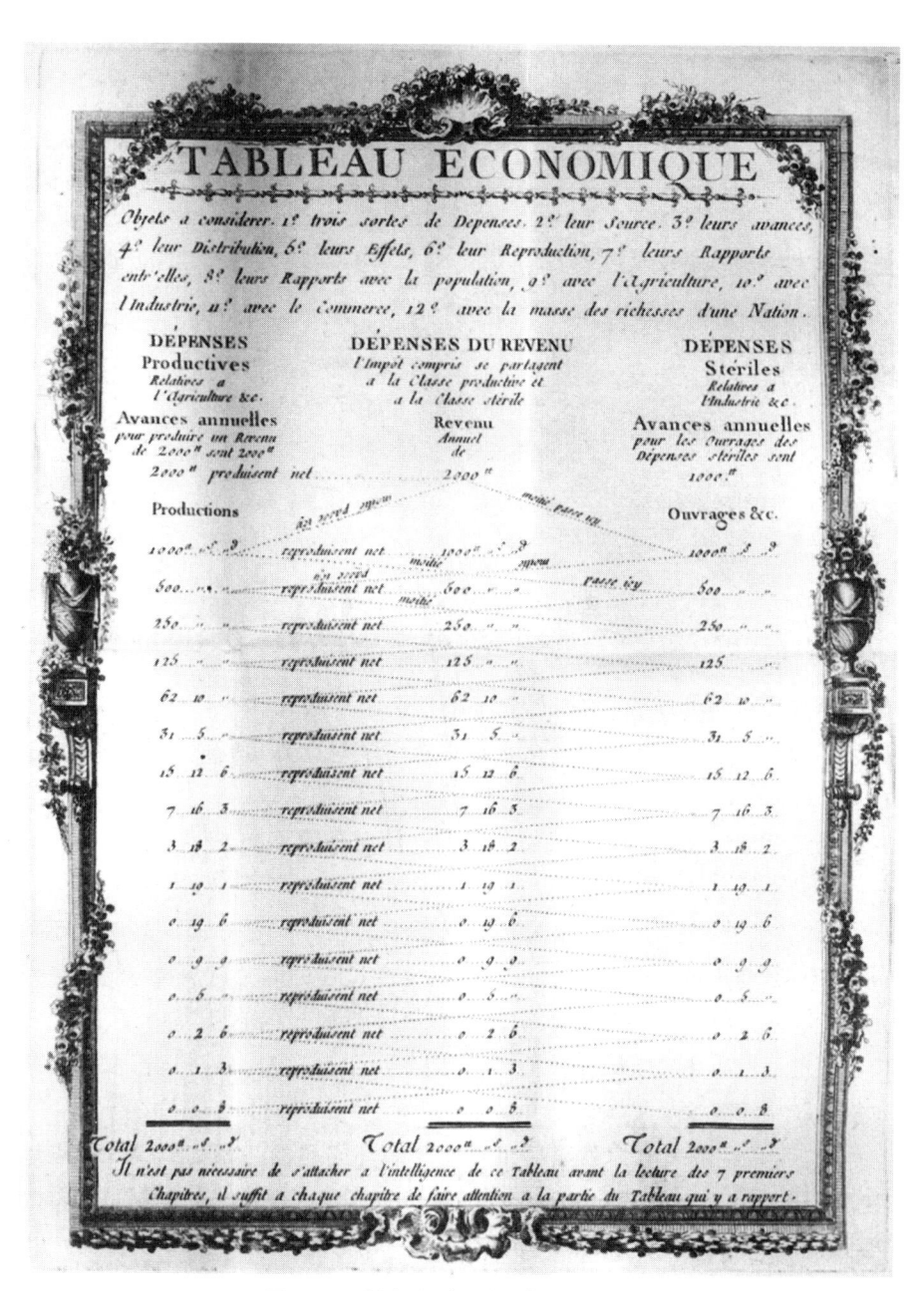

图 1-1　魁奈的《经济表》1767 年版

资料来源：Private collection。［Reproduced in Loïc Charles,（2003），"The Visual History of the Tableau Économique", *European Journal of the History of Economic Thought*, 10：4, 527-50, 528.］

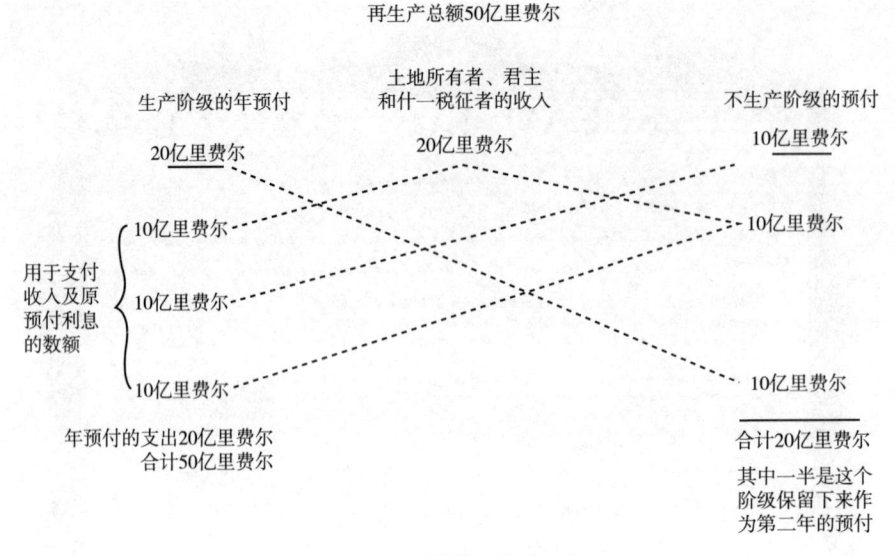

```
                              再生产总额50亿里费尔

           生产阶级的年预付      土地所有者、君主         不生产阶级的预付
                            和什一税征者的收入
              20亿里费尔          20亿里费尔              10亿里费尔

              10亿里费尔                                  10亿里费尔
用于支付
收入及原
预付利息  ⎰ 10亿里费尔
的数额

              10亿里费尔                                  10亿里费尔

           年预付的支出20亿里费尔                        合计20亿里费尔
           合计50亿里费尔                                 其中一半是这个
                                                      阶级保留下来作
                                                      为第二年的预付
```

图 1-2　《经济表》的图示

资料来源：《魁奈经济著作选集》，吴斐丹、张草纫选译，商务印书馆，1979，第 319 页。

观存在的"自然秩序"，从而创立了把社会经济看作一个可测度的制度概念。① 这种"自然秩序"的理念来自自然科学对世界运行规律的研究，而社会经济的"自然秩序"就是通过《经济表》来体现的，通过抽象方法，将纷繁复杂的经济现实抽象成循环模型，从而排除不必要因素的干扰，聚焦问题的本质。

第二，《经济表》高度重视经济活动中的循环问题。真正的现代经济科学，只是当理论研究从流通过程转向生产过程的时候才开始。② 魁奈描述的理想状态下的经济循环均衡，为理解经济运行的本质提供了基础。3 个阶层的生产再生产关系虽然简单，却提供了理解实际经济运行本质的基本框架。

第三，《经济表》启发了后世对经济循环问题的一系列研究。马克思在扬弃《经济表》的基础上，形成了科学的再生产理论，并创制了简单的再生产和扩大再生产表式；瓦尔拉斯的一般均衡分析、列昂惕夫的"投

---

① 王乐、和原芳：《重农学派对经济学方法论的贡献和缺陷》，《经济论坛》2012 年第 12 期。
② 《马克思恩格斯选集（第 3 卷）》，中共中央马克思恩格斯列宁斯大林著作编译局编译，人民出版社，1995。

入—产出表"① 以及斯拉法的"价格体系"都或多或少地受到《经济表》的影响。② 魁奈的《经济表》不仅是第一个用经济循环理论分析国家经济的模型，也是所有经济循环研究的理论源泉。

二 以国家为基础的经济循环

随着资本主义的快速发展，以国家为基本分析单位的国家经济学也快速发展。这其中，针对当时欧洲不同经济体发展了不同的经济理论，包括以英法为代表的先发经济体建立的经济发展理论，以及在德国等后发经济体建立的经济发展理论。利用经济循环的方法，以国家作为分析对象，古典经济学家发展出一套关于如何发展国家经济的经济理论，从而成为经济循环理论的重要内容。③

（一）理论提出的背景

18世纪到19世纪是欧洲国家纷纷完成工业革命、资本主义快速发展的时期。在此期间，古典经济学家基于不同国家不同的历史背景形成了不同的理论倾向。

第一，英国率先完成工业革命并开始全球扩张，形成了具有世界主义特征的经济学。英国在18世纪中叶率先完成工业革命，并成为实现从农业国向工业国转型的先发资本主义国家。英国古典经济学的兴起建立在以下社会现实之上。其一，资本主义社会结构基本形成，社会明显地形成了地主阶级、资产阶级和无产阶级3个阶级。其二，人口开始向大城市快速集聚，大型工商业城市兴起，并成为英国工业和对外贸易的中心。其三，自由贸易成为英国的新国策。由于新兴资产阶级经济实力的快速强大，重商主义政策对进出口的严格限制不再适应英国的工业发展，英国转而开始推行自由竞争和自由贸易。到18世纪下半叶，英国基本完成了向机器大工业的过渡，对外贸易发展迅速，成为"世界工厂"。④ 由于英国经济的发展与其同时推进的全球贸易密切相关，亚当·斯密、大卫·李嘉图以及后期的

---

① 魁奈的《经济表》和列昂惕夫的"投入—产出表"之间的相互关联可参见于洪波的研究。
② 郭冠清：《构建双循环新发展格局的理论、历史和实践》，《扬州大学学报》（人文社会科学版）2021年第1期。
③ 欧阳峣：《大国经济发展理论的研究范式》，《经济学动态》2012年第12期。
④ 姚开建：《经济学说史》，中国人民大学出版社，2011。

阿尔弗雷德·马歇尔（Alfred Marshall，1842~1924）的经济学说都具有明显的世界主义色彩，即将每个国家抽象成相同特征的分析单位，在世界市场之中展开分析。因此，他们的经济理论更加注重一个国家在世界市场中扮演的角色，而较少关心国家的特殊特质。

第二，以德国为代表的后起资本主义国家则发展出更有国家主义倾向的古典经济学。不同于英国率先完成工业化并开启全球贸易，以德国为代表的后起资本主义国家的工业化发展缓慢。德国的古典经济学家面临的社会背景有以下几点。其一，德国的国内市场统一进程曲折，完成较晚。19世纪初的德国仍然是一个封建的农奴制国家，而且邦国林立，国内市场分割严重。19世纪50年代开始，在德国的统一进程加速和自上而下地进行资本主义改革后，德国才逐渐开始资本主义工业化转型。其二，德国在全球扩张进程中后发劣势明显。由于统一进程极为波折，国内市场形成较晚，德国作为海外市场的后来者，与英法等国的殖民地竞争极为激烈，且竞争成本很高。其三，德国形成了强有力的中央政府权力。在统一德国的过程中，普鲁士采取了强硬的中央权力，消灭地方反对势力，同时在海外扩张过程中，德国也强力支持其国内产业出海。在此背景下，不同于斯密等人关注国家的一般特征，德国古典经济学代表人弗里德里希·李斯特更加关注不同国家的特殊性，即一种"如何使某一特定国家在世界当前形势下，让农工商业取得富强、文化和力量的那种科学"。① 基于此，李斯特更加关注国内市场以及国内国际市场的相互作用。

（二）理论的主要内容

1776年，英国经济学家亚当·斯密发表其经济学代表著作《国民财富的性质和原因的研究》，其理论要点有以下几个方面。第一，分工和专业化是经济增长的主因。斯密认为增加国民财富和促进经济增长的主要途径是增加劳动者的数目、增加资本投入、加强分工和专业化以提高生产率。在这三个因素中，斯密特别推崇加强分工和专业化，甚至认为此乃经济进步的主要原因。② 第二，生产力是价值创造的唯一来源。与魁奈为代表的重农学派类似，斯密重视生产力作为国民财富的源泉。第三，重视贸易的

---

① 〔德〕弗里德里希·李斯特：《政治经济学的国民体系》，陈万煦译，商务印书馆，1961。
② 〔美〕约瑟夫·熊彼特：《经济分析史（第一卷）》，朱泱、孙鸿敬、李宏译，商务印书馆，1991。

作用。在斯密看来，基于国家生产力的绝对优势能够解释国家间贸易的形成。通过贸易，穷国能够进口设备和工具提高生产效率，从而实现生产力提高，进而增加国家财富。

大卫·李嘉图对斯密的国际贸易理论进行了更加深入的分析，提出了比较优势理论。该理论认为，第一，比较优势是两国贸易形成的原因。即便是两个国家同时拥有在某类商品上的绝对优势，两国仍然可以按照比较优势组织生产，并通过国际贸易交换实现两国收益的提高。李嘉图认为，"在交易完全自由的体制下，按照自然趋势，各国都把资本劳动投在最有利的用途上。个人利益的贪图，极有关于全体幸福"。[①] 第二，认可劳动是价值创造的来源，鼓励一国提高生产力。第三，贸易可以提高生产力，从而增进国家财富。开放市场和自由贸易对于国家财富的积累和人民生活水平的提高至关重要。比较优势原理因此成为经济循环理论的重要理论逻辑：任何一个经济体，其发展的最终动力源于其自身生产要素质量效率的提升，否则不可持续。[②]

在斯密和李嘉图研究的基础上，新古典经济学的代表人物英国经济学家阿尔弗雷德·马歇尔于1890年出版了其著作《经济学原理》。在该书中，马歇尔认为规模效应可以产生竞争优势，"大规模生产的主要利益，是技术的经济、机械的经济和原料的经济"。[③] 规模经济所带来的内部经济将显著地降低成本，同时有助于形成设备改良、降低学习成本和创新等外部经济。这揭示出大国市场的重要性，国内市场的规模效应不仅有助于国家竞争力的提升，也能够形成国家间贸易的比较优势。

德国经济学家弗里德里希·李斯特吸收当时与英国对立的美国学派的经济发展理论，建立了一套以国家为分析核心的"国民经济学"。第一，生产力是一国经济发展的关键。在其著作《政治经济学的国民体系》中，李斯特重点强调了"生产率"而非"价值"才是国家财富经济问题研究的核心，只有可以创造财富能力的生产力，才是一个国家长久繁荣的根本保证，国家发展的全部精力都应该放在提高国家的生产力上，

[①] 〔英〕大卫·李嘉图：《政治经济学及税赋原理》，郭大力、王亚南译，译林出版社，2011。
[②] 杨英杰：《"双循环"新发展格局的历史逻辑、理论逻辑和实践逻辑》，《长白学刊》2021年第2期。
[③] 〔英〕阿尔弗雷德·马歇尔：《经济学原理》，朱志泰译，商务印书馆，1964。

而提高生产力的方式包括教育和科技等人力资本投入，政治经济法律制度等的影响，产业部门间的协调关系以及民族精神等。① 第二，工业是一国经济发展中最重要的产业。李斯特强调工业是一个国家富强的重要基础，工业的发展是其他行业发展的必要保证，也是实现国家生产力提高的决定因素。同时，促进工业的发展也是一国产业结构升级的必然结果。第三，一国的对外贸易政策应该与国家的发展阶段相适应。李斯特详细考察了国际经贸关系在一国发展的三个阶段。第一阶段，全面自由贸易。这是为了尽快摆脱国家的落后状态，通过农业发展，引进新技术，促进国内工业的起步。第二阶段，分部门的产业保护。目的在于保护国内尚未成熟的工业部门的发展，免于因外国同行业的竞争者冲击导致国内工业部门的死亡。但对于其他行业，则可以实施较低水平的保护。第三阶段，取消保护，重回自由贸易。由于经过保护时期发展后的工业部门已经足够壮大，此时的工业部门可以重新进入国际市场进行市场竞争。②

（三）理论评价

古典经济学理论分别关注了国际市场和国内市场对经济发展的重要作用，为理解国内国际两个市场如何作用于一国的经济发展提供了理论基础。无论是以斯密、李嘉图和马歇尔为代表的"国家经济学"，还是以李斯特为代表的"国民经济学"，都强调了国家内部市场的重要性，并且也重视国家间贸易对国民财富的贡献，他们所支持的市场对资源配置的作用不仅体现在国内市场之上，也体现在对国际贸易的分析之中。当然，两者侧重点也有所不同。"国家经济学"更加侧重研究经济循环的一般条件，强调国家在世界市场中的一般性质，鼓励自由贸易，从而具有静态均衡分析的特点。而"国民经济学"则更加强调将对外贸易作为提高国内生产力的因素之一，并根据国内工业的发展而在不同阶段采取不同的策略，因而更具有动态分析的特点。

---

① 郭冠清：《构建双循环新发展格局的理论、历史和实践》，《扬州大学学报》（人文社会科学版）2021年第1期。
② 刘帅帅：《德国历史学派经济思想研究》，博士学位论文，东北财经大学，2017。

三 马克思主义政治经济学

卡尔·马克思对以魁奈为代表的重农学派的经济思想进行了深入的分析和批判,并在其著作《资本论》中,对资本主义的资本流通模式进行了更加深入的分析,全面揭示了资本循环周转和社会再生产的方式方法,形成了对现代社会运行模式的系统阐述。

(一) 理论提出的背景

《资本论》是马克思主义政治经济学的核心著作,其写作的背景与19世纪欧洲各国的经济社会变化以及当时各种社会理论思潮都有紧密的关系。就马克思主义政治经济学诞生的经济社会背景而言,包括以下几个方面。第一,资本主义生产方式在欧洲主要国家已经占据统治地位。到19世纪中叶,英国、法国、德国等欧洲主要国家都完成了资产阶级革命,确立了资本主义生产方式,生产的社会化也不断加深,这体现在生产资料不断积聚、生产规模不断扩大,个人劳动产品成为社会产品以及生产依赖市场的需要。[①] 第二,资本主义的周期性经济危机频繁爆发。由于资本主义社会内部固有矛盾的存在,从1825年英国爆发第一次世界性经济危机开始,之后每隔10年左右就会爆发经济危机,这给广大工人阶级带来了灾难。第三,阶级矛盾激化,工人运动兴起。随着经济的发展,资产阶级对工人阶级的剥削日益深重,再加上周期性的经济危机,工人的生活状况严重恶化。19世纪30年代至40年代,欧洲一系列工人运动开始要求社会变革,其中最重要的是法国里昂工人起义、英国宪章运动和德国西里西亚纺织工人起义。这三大工人运动的历史经验为马克思主义经济学的诞生提供了必要的前提条件。[②]

《资本论》是马克思在对当时欧洲各种经济学说和理论的批判研究中产生的,其理论的产生有以下几个来源。第一,重商主义学说。重商主义是代表资本主义原始积累时期维护资本家利益的经济学说,该学说认为金银是国家财富的唯一象征,主张政府干预经济,实行保护主义的贸易政策。第二,古典政治经济学。具体而言,包括以斯密和李嘉图为代表的英

[①] 《马克思主义经济学说史》编写组:《马克思主义经济学说史》,高等教育出版社、人民出版社,2012。

[②] 《马克思主义经济学说史》编写组:《马克思主义经济学说史》,高等教育出版社、人民出版社,2012。

国古典政治经济学和以魁奈为代表的法国古典政治经济学。英国古典政治经济学尝试论证资本主义的合理性，主张自由放任的经济政策，在财富生产和分配问题方面具有深刻见解，其提出的劳动价值理论为马克思分析剩余价值提供了基础。法国古典政治经济学关注农业生产，其"纯产品"的理论可以看作是对剩余价值的原始论述。第三，小资产阶级经济学。该学说的代表人物是西斯蒙第（Sismondi，1773～1842），他批评英国古典经济学对财富分配研究的缺失，揭露了资本积累的生产过剩以及经济危机事实。而马克思借鉴了西斯蒙第对资本主义内部矛盾的分析。[1] 正是通过对以上经济学说的研究和批判，马克思形成了对资本主义生产关系和交换关系的系统论述，从而揭示了资本主义经济的内部运动规律。这一研究提供了对一国内部经济循环的系统透视的方法，并且借助这一框架，进一步分析整个资本主义世界市场的资本循环模式。

（二）理论的主要内容

马克思对资本流通运动的考察主要聚焦于现实的经济生产活动，资本家利用手中的货币购买包括劳动力在内的生产要素，由此开启资本生产过程，而连续不断的生产过程则构成了资本循环。只有通过产业资本循环，才能实现剩余价值的积累。

第一，资本流通是一个多重循环过程。具体而言，产业资本循环指单个资本在其运动过程中依次采取三种形态（货币资本、生产资本、商品资本），经过三个阶段（购买阶段、生产阶段、销售阶段）回到最初起点的闭环过程。这一过程必须满足两个条件：三种资本必须在空间上同时存在，三种资本的循环需要在时间上前后衔接。其中，货币资本的循环体现货币职能和资本职能的双重特征，在流通过程中体现为"一般等价物"，同时以资本的形态向生产资本转化执行生产额外剩余价值的职能；生产资本循环体现生产过程环节，既包括劳动过程，又包括价值形成过程和价值增值过程；商品资本是生产过程的成果，作为下一个流通过程的起点与货币或者货币资本相对立，进而进入下一个生产过程或最终的消费过程。[2] 只有三个循环都顺利进行，整体的资本循环才能够运行，任何一个阶段的循环受阻，都会导致宏观经济出现问题。

---

[1] 《〈资本论〉导读》编写组：《〈资本论〉导读》，高等教育出版社、人民出版社，2012。
[2] 黄群慧、倪红福：《中国经济国内国际双循环的测度分析——兼论新发展格局的本质特征》，《管理世界》2021年第12期。

第二，国民经济活动是一个连续不断的资本循环过程。国民经济活动是一个不断运动并再生产自身基础的循环过程，通过生产、分配、交换、消费四个环节前后相连，形成一个社会总资本循环。由于国民经济由相互依存的有机整体构成，国民经济的良性循环需要各部门之间分工有序、彼此支撑，并按比例协调发展。① 社会总资本的再生产条件不能简单地理解为一般商品经济实现的条件，为此，马克思构建了两大部类扩大再生产模型。社会总产品生产分为第Ⅰ部类（生产资料部类）和第Ⅱ部类（消费资料部类），且每个部类中都存在可变资本和不变资本，每一类资本都要实现其简单再生产。扩大再生产的基本原理分为三点，其一，简单再生产是扩大再生产的现实基础和出发点。只有实现了简单再生产，才有可能实现扩大再生产。其二，积累从第Ⅰ部类开始，并由此决定第Ⅱ部类的积累。第Ⅰ部类的积累为第Ⅱ部类提供最佳的生产资料，从而决定了第Ⅱ部类的积累规模。其三，第Ⅱ部类的积累是第Ⅰ部类积累的条件和前提。没有第Ⅱ部类为第Ⅰ部类提供最佳消费资料，第Ⅰ部类的扩大再生产也无法实现。② 因此，两大部类的循环畅通是国民经济正常运作的基础。

第三，对外贸易和世界市场是资本循环的必然结果。马克思认为，经济增长的实质是资本发现、生产并占有新的经济空间，并据此实现资本增值的过程。③ 因此，经济发展天然具有空间需求，近现代以来持续迭代的科技革命、不断扩张的世界市场、纵深发展的全球化浪潮，本质上都是在为经济发展开拓新空间。④ 虽然马克思没有对资本主义世界市场的系统论述，但是在世界市场范围内，无数国家的资本循环一起构成了世界经济整体的循环过程。将一个经济体所有资本循环加总在一起，就构成了一国经济的国内循环；而与国内资本循环相联系但是没有被这个加总过程所包含的国外资本的循环，统一在一起也构成了国际的购买过程和销售过程，形

---

① 陈甬军、晏宗新：《"双循环"新发展格局的经济学理论基础与实践创新》，《厦门大学学报》（哲学社会科学版）2021 年第 6 期。
② 《〈资本论〉导读》编写组：《〈资本论〉导读》，高等教育出版社、人民出版社，2012。
③ 〔德〕马克思：《资本论（第三卷）》，人民出版社，中共中央马克思恩格斯列宁斯大林著作编译局编译，2004。
④ 胡博成、朱忆天：《从〈资本论〉到新时代：马克思空间生产理论及双循环新发展格局构建研究》，《重庆大学学报》（社会科学版）2020 年第 11 期。

成了一国经济的国际循环。① 社会再生产在一国国内的运动会在资本价值积累的内驱动力下跨越国界，从而催生出国际贸易，并最终实现世界市场的确立。因此，经济循环不仅可以在一国国内进行，也可以在世界市场上进行。②

（三）理论评价

《资本论》是集马克思主义哲学、政治经济学和科学社会主义为一体的著作。其中剩余价值和资本循环理论是对经济运行的基本规律和国内国际经济双循环的系统表述。第一，《资本论》是对市场经济发展规律的科学认识。马克思在《资本论》中总结出了资本主义社会经济运动的特殊规律，还揭示了社会再生产和市场经济的一般规律，只要市场经济是作为一种经济运行机制或经济管理体制在发挥作用，就同样适用市场经济的一般性原理，这是马克思主义政治经济学生命力的来源。第二，《资本论》对资本循环的分析在全球化的当下仍然具有解释力。资本追求增值的内在动力不仅推动了国内的经济循环，也形成了国际贸易和世界市场的内在动力。③ 第三，《资本论》的理论是理解和建设双循环的理论基石。正是由于马克思政治经济学对资本循环问题的透视，循环的概念成为分析国民经济运行的重要工具。循环如何发生，阻塞如何避免，这些都是建设更高水平经济格局必须回答的问题。

四　全球价值链理论

20世纪下半叶以来，在跨国公司的主导下，产业链在全球范围内呈纵向专业化合作的趋势，即从产品研发、原材料、供应、零配件生产、深度组装最终品到市场销售的各个环节布局在不同的国家和地区，以充分利用世界各地的比较优势，这就是所谓的全球价值链分工。以国家为中心的经济分析框架已经无法解释全新的经济现实，因此，全球价值链理论就成为

---

① 李帮喜、赵奕菡、冯志轩等：《价值循环、经济结构与新发展格局：一个政治经济学的理论框架与国际比较》，《经济研究》2021年第5期。

② 马克思的两大部类分析仅局限于一国国内，但马克思有计划将这一资本运动的分析扩展到世界市场中去，其基本原理依旧遵循资本的简单再生产和扩大再生产的规律。徐志向等分析了马克思两大部类模型中的规模效应、结构效应和增长效应；王俊和苏立君分析了在考虑了国际市场后的社会总产品实现问题；李帮喜等拓展了马克思的两部类再生产模型，通过建立一个三部类模型，研究了在存在国际贸易的情况下价值循环如何实现的问题，并且该模型分析了中国经济循环模式的历史变迁。

③ 裴长洪总结了马克思对关于国际贸易和世界市场的古典经济学说的批判，并依照马克思主义的分析方法，分析了在国际贸易和世界市场下的基本经济规律。

理解当前全球经济循环和国内经济循环的核心理论。

（一）理论提出的背景

全球价值链理论的提出与经济全球化进程下出现的典型经济事实密切相关，主要表现在信息技术革命带来的经济模式的变革，以及由此催生的跨国公司新组织结构和增加值贸易新模式。第一，信息技术快速发展。进入21世纪，以互联网技术为代表的信息技术革命极大地改变了以往的商业沟通形式，新技术的发展极大地降低了组织和协调复杂活动的沟通成本，从而使得产品在全球生产布局的模块化、标准化成为可能。[1] 第二，跨国公司全球外包的快速发展。经济全球化和信息技术的快速发展，使得跨国公司能够在全球范围内寻找提升效率、降低成本的方法，将公司自身业务拆解并外包出去，减少辅助性业务负担，从而更加关注核心业务，实现生产环节的"解绑"。[2] 第三，增加值贸易快速发展。随着跨国公司生产流程的国际化布局，中间品贸易快速发展，这也催生了用来描述产品增加值的增加值贸易。根据Johnson的总结，2008年全球增加值出口达到总出口的71%，增加值贸易中制造业贸易占比相对较少，更多的是制造业服务业；不同国家之间的增加值出口占总出口的比重差异很大，而且双边增加值贸易和双边总额贸易的差异巨大，存在很强的异质性。

正是在新的贸易现实背景下，全球价值链理论应运而生。与此同时，全球价值链理论也与传统的贸易理论紧密相连。

第一，全球价值链理论将分析对象聚焦于企业，但贸易理论仍以国家为分析单位。传统贸易理论都是以国家为分析单位，例如李嘉图的比较优势理论和赫克歇尔—俄林模型。新贸易理论是在弥补比较优势理论无法解释的国际贸易新情况下产生的。1977年，迪克特和斯蒂格利茨发现，如果两国的初始条件完全相同，仅仅因为市场规模的差异也会产生比较优势，从而产生贸易。[3] 在他们的模型中，一个规模扩大的统一市场会促使生产率和产品种类同时增加。而国际贸易正是这样一种能够增加世界市场规

---

[1] De Backer, K., 2011, "Global Value Chains: Preliminary Evidence and Policy Issues", *Directorate for Science, Technology and Industry*, DSTI/IND, 3.

[2] Baldwin将19世纪后生产者和消费者之间的地理束缚解除称为第一次"解绑"，而生产者之间跨国生产合作分工的形成被称为第二次"解绑"。

[3] Dixit, A. K., Stiglitz, J. E., 1977, "Monopolistic Competition and Optimum Product Diversity", *The American Economic Review*, Vol. 67, No. 3.

模,从而使得所有人都能够消费到多元商品和廉价商品的经济活动。克鲁格曼将这一思路引入国际贸易的分析中,揭示了为什么比较优势较小的发达国家之间的贸易流量要远大于发达国家与发展中国家之间的贸易。① 此后,新贸易理论迅速发展,规模经济和不完全竞争理论成为这一时期贸易理论的主要特点。但这一时期的理论仍不能解释企业为什么会选择出口的问题。直到 Melitz 首次系统分析企业的出口行为之后,新贸易理论将分析对象聚焦到企业,从而为理解全球价值链中企业的行为提供了支撑。

第二,全球价值链理论与企业管理的进步和相关理论发展密切相关。价值链的概念较早由 Porter 提出,描述的是单个企业的价值创造过程被细分为若干相对独立,但在功能上又彼此关联的生产经营活动,这些经营活动创造的价值进而串联形成"价值链"的最初形态。后来 Gereffi 和 Korzeniewicz 提出了"全球商品链",以体现产品链上的国家在全球优化配置资源的作用。Gereffi 等人为了突出价值在生产网络中的创造和传递,采用了"全球价值链"(Global Value Chains)这一术语,形成了全球价值链理论的雏形。可以看到,全球价值链理论与现实的企业发展和管理学密切相关。

第三,全球价值理论和国际贸易理论相互联系,成为当前理解全球贸易的基本分析框架。全球价值链理论并不能解释生产环节分工的决定性因素,这就需要国际贸易理论对企业的分工结构进行分析。② 而贸易理论不能够捕捉产业的上下游关联,这一角度则可通过价值链进行补充。Antràs 等建立了全球价值链分析和新新贸易理论的统一分析框架,而 Caliendo 和 Parro 的研究则结合了全球价值链和李嘉图模型,构建了一个价值链和贸易理论相结合的基准分析模型。

(二)理论的主要内容

全球价值链理论的提出给传统的国际经济学研究带来了多方面的挑战,包括各国在价值链贸易新模式下的收益核算对传统海关统计的挑战,价值链理论对传统贸易理论分析框架的挑战,以及全球价值链组织模式对

---

① Krugman, P. R., 1979, "Increasing Returns, Monopolistic Competition, and International Trade", *Journal of International Economics*, Vol. 9, No. 4.

② 杨翠红、田开兰、高翔等:《全球价值链研究综述及前景展望》,《系统工程理论与实践》2020 年第 8 期。

全球经济治理的挑战。

第一，全球价值链的核算问题。传统的贸易数据以贸易总额为统计基础，无法区分全球价值链分工下不同生产阶段中的价值创造，产品价值来源的多样化使得以贸易总值为基础的官方贸易统计无法反映当前以全球价值链为基础的国际贸易实际情况。[1] 因此，基于增加值的贸易统计核算新方法不仅是理解当前国际贸易实际情况的必要工具，也是价值链理论的研究基石。当前对全球价值链的核算主要有两个方向。一是针对某种产品或产业的微观层面增加值分解。这种增加值核算方式的优点在于能够细致地分析产品的全生产流程中的增加值来源，但其缺点在于这一方式极大依赖于企业的合作，而企业出于商业机密等考虑往往拒绝公布其全流程增加值数据。二是利用投入产出表来分析各国各地区在不同部门之间产品的生产消耗关系。这些研究利用以国际"投入—产出表"（World Input-Output Table，WIOT）为代表的全球价值链数据，形成以 Koopman 等为代表的通过总贸易数据分解增加值数据的研究，和以 Antràs 等为代表的上游度（Upstreamness）测度研究两个主要分析框架。

第二，全球价值链的宏微观分析框架。全球价值链的分析框架有自上而下和自下而上两个角度。其中，自上而下的视角强调全球产业的组织形式，关注全球产业治理，而自下而上的视角关注各国经济如何连接到全球经济中，以及如何通过各种方式实现在全球产业链中的升级。[2] 当前全球价值链下国际贸易的基准分析模型是由 Caliendo 和 Parro 提出的，他们通过将产业价值链引入李嘉图模型，给出了宏观分析的框架，并且在该模型中分析不同贸易政策下的均衡结果差异。实际上，世界贸易流量被少数积极参加全球价值链的大型企业所主导，这些企业在其行业的进出口中占有很大的市场份额。参与全球价值链的不是国家或国家产业，而是这些个别企业。[3] 当前价值链微观企业方向的研究包括对企业的前后向产业关联的分析、企业在价值链中的位置选择和升级策略、龙头企业和后进企业在价值

---

[1] 王直、魏尚进、祝坤福：《总贸易核算法：官方贸易统计与全球价值链的度量》，《中国社会科学》2015 年第 9 期。

[2] 〔美〕加里·杰里菲等：《全球价值链和国际发展：理论框架、研究发现和政策分析》，曹文、李可译，上海人民出版社，2017 年。

[3] Antràs, P., Chor, D., 2021, "Global Value Chains", *Handbook of International Economics*, Vol. 5.

链条件下的不同决策等。

第三，全球价值链条件下的全球经济治理问题。该问题可进一步分为两个方面，一是针对跨国企业的组织治理问题。由于全球价值链由大型跨国公司主导，企业产业组织模式的市场、等级和网络问题就显得格外重要，这对企业在全球价值链条件下的治理能力提出了全新的要求。[①] 二是价值链上不同参与国政府间关系的治理问题。由于跨国公司全球化布局生产会出现同一个产品的生产涉及多个国家之间的产品贸易问题，各国贸易政策之间的冲突和协调问题就显得格外重要，各国政府在全球价值链背景下的贸易政策往往会通过全球价值链网络产生更广泛的影响。国家可以是全球价值链的设计者、监管者、分配者甚至直接参与者。[②]

（三）理论评价

全球价值链理论极大地改变了以往我们对经济生产活动的认识，并在以下几个方面加深了对经济循环理论的认识。

第一，全球价值链理论是对经济全球化大趋势的集中体现。全球价值链理论使得过去人们对国家边界清晰认定变得模糊，不仅商品和服务的销售市场是分散的，其生产布局也是分散的，跨国公司主导协调分散在世界各地的无数上下游企业，而不同的出口企业往往根据其自身的比较优势专注于某一个生产环节。[③] 各国参与国际贸易的方式也从单纯的最终品进出口转为参与全球生产链条的某一个环节。

第二，全球价值链理论对理解国内市场和国际市场的关系提供了系统的框架。全球价值链的产生说明了当前国家间的相互依赖程度已经远超过去，任何一个产品的生产都离不开世界市场，每个参与国际贸易的国家都很难脱离国际市场独立存在。同时，价值链的生产方式也存在于国家内部，国内价值链的存在也彰显了统一大市场的重要性。经济循环就成为以贸易为表现的产品在国内和国际市场的流通。通过出口行为，国内经济循环链条与国际经济循环链条相连，国内市场和国际市场的相互影响变得更

[①] 加里·杰里菲等在其著作《全球价值链和国际发展：理论框架、研究发现和政策分析》第三章中详细分析了全球价值链下的治理问题。

[②] Ponte, S., Gereffi, G., and Raj-Reichert, G. (ed.), 2019, "Handbook on Global Value Chains", *Books*, *Edward Elgar Publishing*, No. 18029.

[③] Ponte, S., Gereffi, G., and Raj-Reichert, G. (ed.), 2019, "Handbook on Global Value Chains", *Books*, *Edward Elgar Publishing*, No. 18029.

加普遍。

第三,全球价值链理论对各国政府之间的竞合关系提出了全新的挑战。跨国公司布局全球生产网络对跨国公司的母国而言,意味着产业高端化和制造业外流,而承接跨国公司生产环节的国家则同时面对参与全球价值链发展工业化的机遇和可能的污染转移等问题。这种企业与国家间的利益不一致往往导致更加严重的贸易冲突和更加复杂的贸易关系。

第二节 开放发展对促进经济循环的重要意义

随着经济全球化的不断深入,各国之间的经贸往来越发密切,在这样的背景下,一个国家想要实现生产力发展,必然要选择开放。开放发展在经济循环中的重要作用体现在其有力地促进了世界经济格局演变,体现在其对一国经济增长具有巨大的推动作用,体现在其是企业组织上下游生产环节的关键途径。

一 开放发展对世界经济的重要性

开放发展是世界经济格局形成和发展的重要动力,各国生产力的发展与开放发展紧密相连,贸易、金融和投资的全球化布局推动了各国开放发展的深化,也塑造了当前世界经济格局。虽然当前世界经济全球化趋势出现了放缓甚至倒退,但开放发展仍然是世界经济格局发展的主流。

第一,开放发展是经济全球化背景下各国生产力发展的客观要求。经济全球化的趋势是在信息革命、全球市场和跨国公司的三重动力下形成的,[1] 只要这三重动力的发展趋势没有逆转,经济全球化的大趋势就不会发生改变。而在经济全球化背景下各国符合生产力发展趋势就必然要采取开放发展。

第二,开放发展在经济全球化的大趋势下已经深入各个领域。自20世纪80年代以来,全球贸易、金融、投资和生产分工都和开放发展密切相关。[2] 其一,贸易的全球化表现为商品和劳务在全球范围内的自由流动,对外贸易成为各国经济发展的"引擎",国家贸易体制和规则也更加规范。

---

[1] 《世界经济概论》编写组:《世界经济概论》,高等教育出版社、人民出版社,2011。
[2] 《世界经济概论》编写组:《世界经济概论》,高等教育出版社、人民出版社,2011。

其二，金融的全球化表现为各国金融业务和政策相互交流渗透，全球金融市场日趋开放、金融体系日趋融合、金融交易日趋自由、金融监管日趋统一规范。其三，投资的全球化表现为跨国企业在全球范围内建立分支结构，通过公司内部组织架构跨越民族国家的疆域限制，从而推动跨国投资规模的成倍增加。其四，生产分工的全球化表现为水平型分工形式变得更加普遍和重要，国际分工开始向同一产品不同型号的分工、同一产品不同零件的分工，甚至同一零件不同加工工艺和加工流程的分工转变。

第三，开放发展所带来的消极影响需要通过更加深入的开放发展来解决。经济全球化背景下的世界经济面临诸多新问题，这给各国经济发展带来了负面影响。包括国家间南北差距加大，国家内收入两极分化拉大，各国经济宏观调控的难度增大，全球环境和污染问题加剧等，并由此产生了"逆全球化"浪潮。然而，要想彻底解决这些问题，靠某一个国家单独努力或者直接退回封闭状态都是不可能的，这要求各国加深沟通和合作，本着求同存异的原则，以合作包容的态度推动经济全球化向着共赢可持续的方向发展。①

二 开放发展对国家经济增长的重要性

对一个国家而言，开放发展是其参与全球市场与国际经济大循环的重要途径。通过开放发展，拓展市场范围，提高各国福利水平，推动国内生产力发展，从而实现经济长期增长。开放发展是国家实现经济增长的必然选择。

第一，开放发展是各国提升国家福利水平的重要方式。小国受限于国内资源禀赋和市场规模，通过加入国际市场可以获得更多的资源和市场，从而有效地提高国家收入。而对大国而言，其并非在所有行业都具有绝对的生产优势，即便存在这样的情况，比较优势也表明参与贸易可以改善国家福利。这样一来，经济全球化使得不同国家都能根据自身的资源禀赋和比较优势参与国际贸易，从而提高整体福利。

第二，开放发展是提高生产力水平的重要途径。提高一国的生产力水平，是实现国家富强的保证，只有生产力水平提高，才能够提供经济增长的长久动力。而其中，实现市场一体化，鼓励市场竞争，加强创新能力是

---

① 《世界经济概论》编写组：《世界经济概论》，高等教育出版社、人民出版社，2011。

实现生产力飞跃的重要途径。无论是李斯特的产业发展理论还是国际贸易理论，都认为开放是后发国家吸收先进生产方式和技术的重要途径，只有通过开放的学习，才能够尽快实现产业发展。由于规模效应的存在，知识集聚将创造更多的知识，任何隔绝于世界市场的行为都会导致创新效率的降低，从而减弱生产力的提升。①

第三，开放发展是一国国内经济长期发展的重要动力。即便是关注于国内市场发展，贸易也具有增长引擎的本质作用。由于出口部门与国内产业部门通过要素流动、中间投入品以及市场竞争而实现广泛关联，出口贸易部门能通过对非出口部门的技术扩散效应、资源配置效应、产品竞争效应以及市场规模效应等途径最终服务于国内大循环。② 若一国国内市场分割严重，产品和要素流动受阻，将增加生产和交易成本，国内的生产力水平下降，进而影响该产品的国际竞争力，而这又反过来进一步影响国内经济的发展。

因此，开放发展是促进生产力发展的重要途径。现代经济增长由创新推动，而创新的产生离不开在世界市场中的交流，同时，为了推动国内经济的增长，促进国内市场一体化，对外开放也是必不可少的。只有充分调动各种资源的合理配置，利用好市场的资源配置功能，发挥规模经济的经济外部性，才能更好地解放和发展生产力，而这正是开放发展所能带来的好处。

三 开放发展对企业的重要性

随着全球价值链的兴起，越来越多的企业参与到全球产业链中，在此背景下，企业发展必须依靠开放发展，产业升级也需要开放发展。因此，开放发展对企业的发展也具有至关重要的作用。

第一，开放发展是全球生产网络下企业生产的必要条件。当前跨国公司快速发展，其根据自身经营战略的需要将不同地区和国家的生产要素加以优化组合，在全球范围内建立生产、供应和销售网络，从而将原本分散到所属不同国家的公司的分工内化为企业在不同国家的内部分工，这是全

---

① Iaria 等考察了一战期间协约国和同盟国之间的科学家交流中断带来的长期影响，结果表明，交流的中断导致基础科学生产和新技术应用的下降。
② 易先忠、欧阳峣：《大国如何出口：国际经验与中国贸易模式回归》，《财贸经济》2018年第3期。

球生产的主要载体，也是经济全球化的主要微观驱动力。① 因此，开放发展对企业全球生产具有至关重要的作用。

第二，开放发展是企业组织上下游产业群的必然要求。跨国企业虽然能够在全球范围内将国际分工内化为企业内部分工，但是在不完全契约等因素的制约下，跨国企业也无法将所有生产环节内部化，因而仍然会采用供应商供应的形式。但与以往不同的是，领先企业和从属供应商的市场地位并不对等，存在一个大型领军企业带领数量众多、分散在世界各国的上游供应商集群，从而形成一个公司组织起整个产业上下游集群的现象。② 这一情况下，整个产业集群的组织、生产和管理，就必须要在开放的前提下进行。

第三，开放发展是企业实现产业链地位攀升的重要保障。企业参与全球价值链分工，可以通过地域整合形成产业集聚，并且逐步培育国内市场，实现产业链升级。此外，开放发展为企业产品升级、工艺流程升级、功能升级以及价值链攀升提供了机会。如果没有开放发展，企业升级的成本和时间都会大大延长。

第三节 开放发展在经济循环中发挥的重要作用

开放发展要求一国积极参与国际市场，发挥国际循环在经济循环中的作用，从而实现更高水平的经济循环赋能。具体而言，开放发展扩大了市场范围，为更广泛的生产分工提供了空间；开放发展促进了竞争，提高了效率；开放发展提供了交换经济资源的机会，为商品和要素在更广阔的市场上交换提供了条件；开放发展也有利于知识溢出，促进科技创新。

一 开放发展扩大市场范围

开放发展意味着商品、要素在全球范围内的自由流动，这是一种市场范围的扩大。更加广阔的市场不仅为各国提供了交换各自优势经济资源的场所，也提供了潜在的分工机会，这为统筹国内国际市场提供了条件。

---

① 《世界经济概论》编写组：《世界经济概论》，高等教育出版社、人民出版社，2011。
② 〔美〕加里·杰里菲等：《全球价值链和国际发展：理论框架、研究发现和政策分析》，曹文、李可译，上海人民出版社，2017。

第一，开放发展降低了贸易成本，扩大了商品市场范围。在1994年"乌拉圭回合谈判"结束后，世界贸易组织成员的平均关税降幅为34.3%。2005年《纺织品和服装协定》终止，发展中国家对主要发达国家的纺织品和服装出口增加了82%和93%。① 到2015年，世界贸易组织推动的贸易便利化协定（Trade Facilitation Agreement，TFA）成为接下来推动贸易成本降低，扩大全球贸易，建立全新国际贸易秩序的重点。② 随着贸易成本的持续降低，商品的进口和出口市场范围都得到了明显的扩展。出口商品的交换范围扩大，意味着在每一个细分市场上，拥有不同优势资源的企业可以根据其比较优势找到目标市场。进口商品的交换范围扩大，意味着国内市场的竞争加剧，而消费者的选择变多、面对的价格降低，这对一国增进消费者福利是有利的。国际循环可以通过学习效应、溢出效应和示范效应等渠道提高国内供给能力，扩大国内需求并提高需求质量，进而推动国内循环结构升级。③

第二，开放发展推动形成更加统一的全球市场，扩大了要素市场范围。根据联合国贸发会议2021年发布的《国际投资报告》，超大型区域国际投资协定激增，大大扩展了投资条约网络。借助这些网络，各国要素市场得到了联系和整合。从宏观层面看，国家可以通过开放获得包括原材料、能源资源以及资金等在内的各种发展所需的资源。由于不同国家的资源禀赋存在差异，国际贸易可以通过交换实现资源在世界各国的配置，从而缓解一国资源匮乏的问题。从微观层面看，要在激烈的竞争中不断增强自身优势，每个企业需要不断重组内部外部各种资源。只有充分利用国际市场集成资源的功能，使商品和要素自由流动，才能更好地提高国内产业生产力水平，从而为经济循环提供持续动力。

第三，开放发展为各国参与国际分工提供了机会。通过开放发展参与国际分工能够减少对供需市场两方面的考量，集中关注本国生产的供给市场。通过参与国际市场，出口商品能够进入更大的消费市场，从而在其中更加容易找到消费目的国，完成资本流转。与此同时，对于本国暂时无法

---

① 《世界经济概论》编写组：《世界经济概论》，高等教育出版社、人民出版社，2011。
② World Trade Organization, 2015, *World Trade Report 2015: Speeding up Trade: Benefits and Challenges of Implementing the WTO Trade Facilitation Agreement*.
③ 钱学锋、裴婷：《国内国际双循环新发展格局：理论逻辑与内生动力》，《重庆大学学报》（社会科学版）2021年第1期。

承担的消费供给，则可以借由广阔的国际市场来完成供给，这极大地降低了一国实现经济循环的难度。

二　开放发展促进经济竞争

开放发展扩大了市场范围，从而极大地促进了竞争，而竞争提高了生产效率，这也是开放赋能经济循环的重要途径。具体而言，开放发展促进经济竞争表现在以下几个方面。

第一，开放发展使参与交易的主体增多。由于国际市场规模更大，原本在国内市场处于垄断地位的企业，在开放条件下要面对更多同类企业，市场主体的增加使得单个厂商的市场力量减弱。参与出口的企业面对竞争更加激烈的市场，其产品的价格会降低，质量会改善，这也能够提升参与国际贸易的国家的福利。

第二，开放发展使交易对象的范围扩大。国际市场增加了消费产品的种类并降低了产品的价格。由于规模经济和不完全竞争的存在，国际贸易可以极大地丰富产品多样性，这种多样性不仅体现了同质化产品的种类变多，也体现了不同质量层级产品的多样化，同时，消费者存在对多样化产品的偏好，这又能够为不同收入水平的人群提供更多的消费选择。[①]

第三，开放发展使市场机制发挥作用，提高了效率。在更激烈的市场竞争之下，只有产品质量更高、生产力水平更高的企业才能够存活，这有利于提高整个行业的生产效率和消费者福利。开放发展为促进国内经济发展和改善国内福利提供了便利，从而使参与贸易的国家更好地发挥其比较优势，并通过贸易提高居民生活水平，为经济循环赋能。

三　开放发展推动技术进步

创新的产生和扩散不仅是一个国家经济发展的长期动力，也是后发国家实现经济发展的重要途径，而开放发展是其中极为重要的方法之一。开放发展不仅通过规模经济促进创新活动产生，也通过溢出效应加速知识的交流和传播。

第一，开放发展扩大了市场规模，并通过规模经济激发创新。随着跨

[①] 张宇燕将市场规模的扩大归纳为五个维度：一是参与交易的人口数量的增多；二是参与者因人力资本积累和技术创新而提高了财富创造能力；三是可交易对象范围的扩大；四是货币化程度攀升；五是有效制度安排之覆盖面的拓展和执行力度的加大。

国企业兴起和全球价值链的深入，开放发展对创新的作用越发重要，新技术的发明需要整合全球的人才和资源，发挥知识规模经济的作用。对后发国家而言，只有积极加入国际市场，才能够借助国际循环学习先进的科学技术，加速国内人力资本的积累，从而尽快实现赶超。而对于发达国家而言，更是需要利用全球市场整合资源，吸纳各方面人才，发挥集聚效应，引领创新。同时，借助全球市场来推动新技术的运用，从而占据更高层次的价值链环节。因此，开放发展是促进创新产生和传播的重要方法，只有创新，才能够提供经济循环的长久动力。

第二，开放发展促进了新产品、新方法、新市场、新原料和新组织方式的产生和扩散。20世纪90年代信息技术革命的兴起，互联网通信设备产品的发明，个人电子产品市场的出现，甚至全球价值链的兴起，都是各国不断推动开放发展的结果。当前，在新一代通信技术和数字技术的加持下，复杂技术全球分工、服务业全球分工和创新活动全球分工等新兴全球化快速发展，数字技术和数字产业成为未来经济全球化的主要动力，[1] 这都是开放发展带来的全新机遇。

第三，开放发展促进了知识在全球的溢出，从而提高全要素生产率。经济增长理论认为，短期内的资本投资可以促进经济增长，但长期而言，只有全要素生产率才是经济增长的唯一源泉。而提高全要素生产率的关键在于创新。技术出口大国往往也是技术进口大国，只有双向高度参与全球创新链，才能为自己带来最强的技术能力。高水平的产品，往往需要集成全球最高水平的技术，因此这类产品的全球技术网络密集。[2] 在经济循环中，对外开放既是继续吸引技术转移和技术合作的重要基础，也是引入国际竞争刺激国内自主研发潜能的重要方式，可以为国内大循环中的技术进步提供动能。

总而言之，开放发展通过扩大市场规模，拓展了产品分工的空间，为各方充分发挥比较优势提供条件；通过增强经济竞争，提高生产率和产品质量；通过交换各方资源，为经济循环的运行提供要素供给；通过促进新技术的创造和传播，为经济循环提供持久的动力。

---

[1] 江小涓、孟丽君：《内循环为主、外循环赋能与更高水平双循环——国际经验与中国实践》，《管理世界》2021年第1期。

[2] 江小涓、孟丽君：《内循环为主、外循环赋能与更高水平双循环——国际经验与中国实践》，《管理世界》2021年第1期。

第二章 中国经济循环与开放发展的历史演变

加快构建以国内大循环为主体、国内国际双循环相互促进的新发展格局，是中国未来一段时间经济建设的重点，也是开创中国特色社会主义新时代的重要组成部分。以国内大循环为主体，并不是要形成封闭的单循环，而是要形成开放的国内国际双循环。① 回顾中国从近代开始一直到改革开放后的经济发展历程，可以更加清楚地认识开放发展在经济循环中的角色，以及开放发展是如何在中国的现实经济发展中发挥作用的。中国经济的开放发展在不同的历史时期所表现出的特征建立在不同时期的不同现实基础之上，而对不同阶段的开放发展如何实现当时经济发展的任务，不同时期经济发展的问题又如何解决这些问题的历史性回顾，有助于更好地理解中国为什么要推动高质量对外开放，以及应该如何推动高质量对外开放。

第一节 新中国成立前经济循环与开放发展的演变

鸦片战争以来，中国逐渐沦落为西方列强的商品倾销地和资源掠夺地。近代中国被迫卷入了资本主义全球化浪潮，西方列强利用通商口岸城市向中国内地倾销商品，同时在这些口岸城市设立工厂，掠夺资源。农村地区虽然也遭到了外国商品的冲击，但自给自足的小农经济仍然占据主导经济地位，受到外部市场冲击的影响远没有城市大。因此，中国从晚清以来就形成了国内市场和国际市场并存的局面，而且借由通商口岸城市将两个市场连接，形成了早期的国内国际两个市场的双循环结构。然而，中国经济的这种早期双循环结构是极其脆弱和不稳定的，而且两个市场之间的

---

① 王一鸣：《百年大变局、高质量发展与构建新发展格局》，《管理世界》2020年第12期。

互动十分有限。在此阶段，开放发展并没有彻底改变中国长久以来以小农经济为主的经济结构，不同地区、行业对国内市场和国外市场的依赖程度有很大的差异。中国经济的开放发展被动依附于整个国际市场的发展。

一 历史背景

1840 年鸦片战争之后，中国开始逐步打开国门，被迫卷入了西方资本主义世界市场。但是，此时中国的传统农业社会在西方资本主义经济入侵的情况下仍然保持着顽强的生命力。随着晚清政府与西方列强签订了更多的不平等条约，一大批口岸逐步开放，中国成为西方列强的商品倾销国和资源掠夺国。在外来商品的冲击下，原本占据主导地位的封建小农经济开始逐步解体，农民和手工业者变成劳动力的出卖者，中国国内出现了服务于现代工商业的劳动力市场。[1] 中国的资本主义工商业也在此基础上逐步形成。在条约通商口岸城市，现代资本主义工商业快速发展。与此同时，条约通商口岸城市开始快速地与国际市场接轨，城市周围的农村地区也在外来商品冲击和城市经济虹吸效应的双重影响下快速发生变化。农民在土地兼并中失去土地，而城市的快速发展吸收了这些过剩劳动力，在国际市场的影响下，中国国内大市场开始逐步形成。

然而，这种来自外部的冲击并没有从根本上动摇中国的小农经济。虽然在城市中各种经济形式都有了快速发展，但是在广大内陆农村地区，小农经济始终是占据主导地位的经济形式。无论城市中的变化多么剧烈，农村始终保持了其稳定的自给自足的经济模式。在封建主义、帝国主义和官僚资本主义的压迫下，自给自足的小农经济所承受的负担越来越大，1949 年以前的中国仍然是一个落后的农业国。

二 经济循环模式与开放发展特点

1949 年以前，中国经济的发展始终不能获得稳定的发展环境，开放发展对中国经济的影响极其有限。这一时期，中国的经济循环有以下三个特点。

第一，总体经济的内循环水平较低。1949 年以前，小农经济始终是中国经济最主要的构成部分，被迫开放对这一时期中国经济结构的影响微乎

---

[1] 李新主编《中华民国史：第一卷（1894~1912）（上）》，中华书局，2011。

其微。根据刘大中和叶孔嘉对1933年中国经济的估计，在1840年鸦片战争发生近百年后，中国农业部门就业人口仍占总就业人口的79%，总人口中农业人口占比达73%。① 与此同时，工业部门对整个经济的产出占比仅为10%左右，而其中超过2/3的工业产值是由手工业贡献的。② 由于近代中国自给自足的小农经济始终是占据主导地位的经济形式，这一时期的国内经济循环水平始终较低。

第二，经济对外循环的依赖很大。1949年以前，中国对外贸易进口长期高于出口，国内制造业不仅面临外国同类企业的竞争，也极度依赖进口机器设备等中间产品。在出口行业中，包含纺织品、面粉、火柴等在内的轻工业制品是主要的出口产品。③ 这是由于这些行业的劳动密集程度较高，中国廉价的劳动力优势能够使其在国际市场中占据一些优势，同时，在两次世界大战之间，世界各国的国内需求旺盛，中国出口产品的海外市场也相应扩张。然而，中国出口企业的规模和生产能力受制于当时中国城市经济的困境无法进一步发展，同时，对外国市场的依赖导致中国的出口行业受到国际市场波动的严重影响，随着20世纪30年代的金融危机以及其后爆发的二战，中国出口行业迅速萎缩。

第三，经济内外循环脱节。对外贸易和外国资本流入对中国经济的总体影响十分有限。以1933年中国国民收入计算，对外贸易仅占国民总收入的7%。而考虑到中国东北沦陷和世界经济大萧条的影响，对外贸易对国民总收入的贡献在10%左右。④ 外国资本流入对中国经济的影响也微乎其微，当时的外国资本主要投资于运输业、制造业、房地产业和金融业，投资于进出口行业的外资不足总外资投入的1/5，这些投资也大部分集中于

---

① 刘大中、叶孔嘉：《中国大陆的经济——1933~1955年的国民收入与经济发展》，普林斯顿大学出版社，1965。
② 根据刘大中和叶孔嘉的估算，1933年的国内净产值中，农业约占65%，工业约占10.5%。巫宝三1948年在哈佛的博士论文《中国的资本形成和消费者开支》中根据其著作《中国国民所得（一九三三年）》进行了总结，其中的数据表明，1933年农业占当年国内净产值的约62%，工业约占10.5%，与刘大中和叶孔嘉的估计类似。关永强对两者就1993年国民收入估算的差异进行了细致的比较。
③ 以棉纺织品为例，1880年到1890年，进口棉纱值从3645112关两，增加为19391696关两。详见严中平《中国棉纺织史稿》，第79页。
④ 〔美〕费正清等编《剑桥中华民国史：1912~1949年（上卷）》，杨品泉等译，中国社会科学出版社，2007。

上海、东北等地区。① 城乡二元结构和沿海—内地的二元经济格局始终没有发生根本性变化，经济外循环的发展没有推动国内经济内循环的转变。

三 经济发展与潜在问题

1949年以前的中国经济也取得了一定的成效，主要表现在以下几个方面。第一，工商业得到一定程度的发展。辛亥革命后，中国的工业迎来了一个发展高峰。根据华裔学者章长基编制的全国工业矿业生产指数（见表2-1），由于一战以及国内政策的利好，中国工业经历了相当快的发展。而在1913年到1936年，以棉纺和面粉为代表的轻工业行业甚至出现了"进口替代"的发展趋势。② 但在此之后再也没有这样的发展机遇了，随着1937年抗日战争全面爆发，工业发展陷入了停滞。这样的大趋势在另外两位学者关权和久保亨所计算的中国工矿业生产指数中也得到印证。③ 第二，沿海口岸城市发展迅速。上海、广州、烟台等一大批重要口岸城市在此阶段得到了快速的发展，奠定了中国主要的经济地理结构基础。在新中国成立后，直至今天，中国工业制造业的集中区域仍然与民国时期的口岸城市以及沿海沿江大城市相吻合。第三，为新中国成立后的工业化发展提供了宝贵的经验和人力资本。晚清到民国时期培养的一大批工人和一些知识分子，成为新中国成立初期工业恢复和发展的重要人力资本。新中国成立之前的工业聚集区，如东北和上海，在新中国成立后也依然是最重要的工业区。

表2-1 近代中国工业生产在不同时期的年均增长率

单位：%

时间	章长基指数	关权指数	久保亨指数
1912~1920年	16.8	9.6	10.5
1927~1936年	7.0	7.4	6.5
1912~1936年	10.6	6.1	8.4

---

① Hou, C., *Foreign Investment and Economic Development in China, 1840-1937*, Harvard University Press, 2013.
② 袁欣：《近代中国的对外贸易与工业"进口替代"》，《南开经济研究》1996年第1期。
③ 关权和久保亨都曾参与由日本一桥大学"亚洲长期经济统计"研究项目的矿业和工业估算，两者分别进行了对1912年到1949年中国全国矿业和工矿业生产指数的新估算。

续表

时间	章长基指数	关权指数	久保亨指数
1937~1946年	1.8	-5.7	2.5
1912~1949年	7.3	3.9	5.4

注：关永强指出，在近代中国的工业统计中，由于手工业数据繁杂零散，建筑业资料匮乏，仅有工厂工业和矿冶业能有较为连续全面的数据用来计算生产指数，他研究的中国工业指数仅包括中国工厂工业和矿冶业。本书沿用关永强对工业生产指数的狭义界定，但这种对工业的狭义定义不会改变工业生产指数所反映的近代中国工业发展的趋势。

资料来源：关永强《近代中国工业生产指数探微》，《中国经济史研究》2021年第5期。

但1949年以前的中国经济双循环仍然存在很多问题。第一，城乡二元结构下的经济双循环脱节。随着口岸开放城市和外国资本在华长期的经营，中国的城市经济已经有了巨大的变化，围绕在城市的第二产业和第三产业快速发展，这与同时期广大农村经济形态的相对停滞形成了鲜明对照。相比农村，城市更加紧密地与国际市场的变化联系在一起，但是城市经济对中国农村经济的影响却很小。第二，过度依赖外循环导致经济对外部市场的依赖极高。中国工业在新中国成立之前曾取得过不错的发展，但是，这并不能从根本上扭转中国制造业严重受制于国际市场变化和外国势力的基本情况，也不能推动中国国内经济结构转型。同时，从1937年开始的战乱更是彻底打断了中国经济发展的步伐，经过抗日战争及解放战争，1949年中国经济同之前最高水平相比，工业总产值减少一半，重工业产值减少70%，轻工业产值减少30%，人均国民收入仅27美元，不足整个亚洲平均水平的2/3。[1]

第二节　新中国成立初期中国经济循环与开放发展的演变

中华人民共和国成立后，通过三大改造基本建立起统一的国内大市场，并且根据优先发展重工业的目标对国内的经济循环进行了整体性安排。同时期，中国的经济外循环仅占整个经济活动很小的部分，最终形成主要依赖国内经济大循环的经济发展模式，经济外循环对经济的贡献较小。这种过分依赖国内经济循环但同时极为独立自主的经济模式是新中国成立后30年的基本形态。中国国内大市场虽然形式上得到了统一，但内循

---

[1] 中共中央党史研究室著，胡绳主编《中国共产党的七十年》，中共党史出版社，2005。

环依旧处于较低水平。与国际市场的分隔对中国经济的长期发展十分不利，中国也开始在20世纪70年代中后期积极参与国际市场。

一　历史背景

第一，以"一五"计划为依托，中国全面开展工业化建设。1951年，中共中央开始着手编制"第一个五年计划"，最终于1955年7月在第一届全国人民代表大会第二次会议上审议通过。"一五"计划的任务时期涵盖1953年到1957年，其主要任务包括集中力量开展工业化建设和对农业、手工业和私营工商业进行社会主义改造。"一五"计划的工业化建设目标，是以苏联援建中国的156个大型项目为中心并由694个大中型建设项目共同组成的。[1] 对农业手工业的改造，则是通过快速推动合作化实现。到1956年底，三大改造基本完成，中国的社会主义制度正式确立起来。

第二，中国经济在社会主义建设时期经历了反复的政策调整。1956年4月和5月，毛泽东同志分别向中央政治局扩大会议和最高国务会议作《论十大关系》的讲话和报告，[2] 这代表了新时期社会主义建设的基本判断。同年9月，中共八大分析了国内基本矛盾，提出了党在今后的基本任务，为之后的经济建设奠定了理论和思想基础。但是，在此之后受"大跃进"等影响，农业生产受到极大破坏。因此，到1960年，中央开始全面调整政策，1961年中共八届九中全会提出对国民经济实行"调整、巩固、充实、提高"八字方针。虽然1963年至1965年的经济调整对国内的三大产业结构有了较好的调整，生产秩序得到了稳定和恢复，但是1966年"文化大革命"开始，中国经济现代化的步伐再度被打断。

第三，对外贸易的发展与国家对外战略调整紧密相关。在新中国成立初期，中国的对外贸易主要与社会主义阵营国家开展，其中主要的成果就是中苏在"一五"期间的贸易，但这种贸易带有更强的援助色彩。进入20世纪60年代，中国与苏联关系进一步恶化。20世纪70年代后中国开始调整对外政策，积极接触西方国家。1972年时任美国总统尼克松访华，成为

---

[1] 邓力群：《中华人民共和国国史百科全书》，中国大百科全书出版社，1999。
[2] 当代中国研究所：《新中国70年》，当代中国出版社，2019。

中国重新打开国际市场的重要开始。此后，中日关系正常化，中国与西欧国家集中建交，中国逐渐开始了与其他国家的经贸往来。

二 经济循环模式与开放发展特点

在新中国成立后到1978年改革开放之前这30年间，中国经济循环的模式相比新中国成立前有了极大改善，尤其体现在对国内市场的建设上，并且围绕工业化目标构建了相对完整的国内产业循环体系。但是这一时期外循环在经济发展中的作用却相当有限，经济循环仍存在诸多问题。

第一，经济内循环的水平较高。中国经济循环在"一五"计划之后基本确立了以国内大市场建设为主体，国际市场仅为补充的模式。中国的国内大市场体系以重工业为核心，并围绕工业发展建立起包括农村集体化、统购统销、城乡户籍制度等的一系列制度安排。具体而言，中国工业化道路的核心是优先快速发展重工业，其主要特点是以政府作为投资主体、国家指令性计划作为配置资源手段。[1] 中国形成了宏观上扭曲价格信号、行政上计划配置资源、微观上剥夺企业自主权的"三位一体"制度安排。[2]

第二，经济发展对外循环的依赖较低，经济外循环发展不充分。在新中国成立后的30年里，经济外循环对中国经济的贡献主要集中在"一五"时期的技术引进，以及20世纪70年代中国与西方国家外交、经贸关系的全面改善这两个时期，除此以外的其他时期，经济外循环对中国经济的贡献都很低。"一五"期间，苏联援建的156个大型项目，吸收了整个"一五"计划一半以上的工业投资，其中包括7个钢铁厂、24座发电站以及63个机器制造厂。[3] 这些援建项目多以重工业项目为主，中苏之间的贸易也主要围绕这些项目展开，这一时期的外循环也具有很强的援助性质。而20世纪70年代中国改善与以美国为首的西方资本主义国家的关系则可视为改革开放的先声。以中美关系为例，1972年尼克松访华后，当年中美贸易总额从上一年的近500万美元增长为约9600万美元，1973年更进一步增长为超过8亿美元。[4] 但即便如此，从1952年到1978年，我国净出口占国内

---

[1] 黄群慧：《中国共产党领导社会主义工业化建设及其历史经验》，《中国社会科学》2021年第7期。
[2] 林毅夫：《解读中国经济》，北京大学出版社，2012。
[3] 赵学军：《"156项"建设项目对中国工业化的历史贡献》，《中国经济史研究》2021年第4期。
[4] Eckstein, A., 1975, "China's Trade Policy and Sino-American Relations", *Foreign Affairs*, Vol. 54, No. 1.

生产总值的比重最高不超过1.1%。①

第三，经济循环中各个环节脱节严重。虽然中国建立起了相对完整的国内经济循环，但重工业作为资本密集型行业无法吸收大量的就业人口，而城市集中了绝大部分重工业行业，在工农业产品交换中，农产品价格低于其价值，被极大地压缩了收入的农业人口有很强的动力前往城市寻找工作机会，因此，城乡二元户籍制度被建立起来，城乡人员流动被强制中断，城市与农村被分割为两个具有不同特征的市场，这成为中国国内经济大循环之下的两个子循环。此外，各省的经济发展也往往各自为政，区域间经济往来障碍较高，依赖中央的统一调配。而外循环发展的滞后，使中国经济与全球经济发展相隔绝，以内循环为驱动的中国经济在封闭中逐渐陷入停滞。

三 经济发展与潜在问题

经过三十年的经济建设，新中国从一个落后的农业国顺利转变为一个独立自主的工业国。具体而言，从1952年到1980年，工农业总产值年均增长8.2%，其中工业部门年均增长11.1%，农业部门年均增长3.4%。大量新中国成立前没有的工业部门被建立起来，包括发电设备制造业、高精度机床制造业、汽车制造业、石油化工业、电子工业、核工业以及航天工业等，② 这些工业部门在整个工业体系中占据重要的节点和领导地位，中国在这些领域的突破性建设，极大地增强了工业自主能力，并为之后的经济建设积累了经验。③ 基础设施建设方面，1949年到1980年，新建的铁路干线75%以上分布在内陆地区，除西藏地区以外，各省、自治区、直辖市都通了火车。铁路通车里程从1949年的2.2万公里增至1980年的5.19万公里，增长了1.36倍；同期公路通车里程增至88.82万里，增长了近10倍；内河航运里程从1949年的7.36万公里增长至1980年的10.08万公里，水运货物周转量达到5053亿吨，是1949年的80倍；民航里程增长

---

① 中华人民共和国国家统计局编《新中国六十五年》，中国统计出版社，2014。
② 中共中央文献研究室：《关于建国以来党的若干历史问题的决议注释本》（修订），人民出版社，1985。
③ 蔡昉指出，优先发展重工业为中国突破"卡脖子"技术的封锁，实现中国在部分工业行业发展的领先优势。

15.82倍。① 中国不仅在这一阶段成功地完成"两弹一星"工程,在国防以及一些关系国计民生的重大领域实现了空白填补,还通过长期的基层工作提高了劳动力人口的素质,改善了人民的生活。文盲率由1964年的33.58%下降到1982年的22.81%;小学教育基本普及,到1980年,小学学龄儿童净入学率达到93%。② 全面提高的人民基础认知能力改善了劳动力的素质,而上山下乡运动和三线建设带来的人才流动促进了来自东部、发达城市的先进知识技术向西部、落后地区的传播,从而促进了不同地区的生产经验交流以及劳动力素质的提高。③ 除此之外,新中国通过多次爱国卫生运动,向乡村推广"赤脚医生"模式,改善了基层的卫生医疗条件,有效延长了人均寿命,人口死亡率从1949年20‰下降到1980年6.34‰。④

但不容忽视的是,这一时期中国经济循环模式仍然存在很多不合理的部分,并逐渐成为限制中国经济发展的问题。

第一,中国经济的产业结构不合理。具体而言,由于重工业优先的发展策略,虽然到20世纪70年代末第二产业占中国国民收入的比重已经接近50%,但第二产业就业人口在总人口的比重却始终没有超过20%,劳动力就业人口中占据绝对统治地位的依旧是农业人口。⑤ 这表明虽然中国成为工业国,但仍然是一个以农业人口为主的国家。

第二,企业竞争力不足。工业并非新中国具有比较优势的产业,工业企业在发展中格外依赖国家的财政补贴和贷款,重工业再生产需要的资本投入绝大部分来自国家财政,企业自身并不以营利为目的,因此在生产上缺乏长期稳定的激励来改进技术提高产量。国有企业掌握着国家关键的行业领域,享受了巨大的价格红利和政府补贴,但是缺乏实际的行业竞争力,也没有自我革新改进生产技术的动力和能力。这一问题在计划经济下被国家的统一资源调配所掩盖,却是中国在改革开放后很长一段时间国有

---

① 中共中央文献研究室:《关于建国以来党的若干历史问题的决议注释本》(修订),人民出版社,1985。
② 中华人民共和国国家统计局编《新中国六十五年》,中国统计出版社,2014。
③ Fan和Zou的研究表明中国"三线建设"带来的制造业初始优势对当地制造业能力具有长期积极影响。
④ 中华人民共和国国家统计局编《新中国六十五年》,中国统计出版社,2014。
⑤ 根据国家统计局的数据,到1978年,第二产业占国内生产总值的比重达到47.9%,其中工业占比就高达41.3%,而同期第二产业就业人数只占全体就业人数的17.3%。

企业缺乏竞争力的原因。①

第三，城乡经济发展不平衡。中国工业化快速发展的代价是农业发展的不充分以及农村经济发展的巨大牺牲。农村与城市的经济差距被拉大，同时农民的生产积极性在集体化的模式下被严重抑制，农民的生产负担逐渐增加。与此相反的是，由于城市集中了大部分工人和其他服务业人口，大量的资源都在城市集聚，城市人口享受了更多的社会福利，而城乡户籍制度的隔绝使得农村人口无法享受类似优待，城乡发展几乎隔绝，城市的发展非但没有帮助农村提高生活水平，反而需要农村来接收过剩人口来维持城市的高福利。② 虽然在新中国成立初期城乡收入的整体水平都很低，城乡发展的差距并不明显，但是城乡发展的不平衡问题并没有因此消失，反而有所强化。

第三节 改革开放后中国经济循环与开放发展的演变

1978年，中国开启改革开放进程，开始全面融入世界市场，90年代初确定了经济体制改革的主要目标，即建立社会主义市场经济体制。1991年苏联解体后，全球市场的分裂已不复存在。2001年，中国正式加入世界贸易组织（World Trade Organizatron，WTO），形成了依靠国际大市场的外向型经济模式，由此，经济外循环成为中国经济发展的主要动力。2008年，中国通过参与国际大循环推动经济快速增长，实现了经济总量年均10%以上的增长，成为继"亚洲四小龙"之后的又一个"东亚奇迹"。2008年金融危机以后，国际大循环促进经济增长的动力不足，中国再次开始重视国内市场建设。尤其是党的十九届五中全会以来，中央提出要"构建以国内大循环为主体、国内国际双循环相互促进的新发展格局"③，中国经济双循环建设进入了全新阶段。

---

① 吴敬琏在其著作《当代中国经济改革》中将传统国有企业的特点总结为以下四条：国企是"国家辛迪加"的基层单位；具有多重角色和任务；所有权割裂；存在预算软约束。
② 林毅夫（2012）将新中国成立前为了配合重工业优先的赶超战略形成的农村经济制度总结为四点：统购统销、合作化运动、地区性粮食自给和城乡隔绝的供给制度。
③ 习近平总书记2021年1月11日在省部级主要领导干部学习贯彻党的十九届五中全会精神专题研讨班上的讲话。

一　历史背景

随着"文化大革命"的结束，中国进入了改革开放的新时代。随着世界经济格局的剧烈变化，尤其是进入"后冷战"时期，经济全球化快速发展，以"亚洲四小龙"为代表的新兴发达国家和地区开启了新一轮产业转移，这为中国积极参与国际分工和加入全球贸易体系提供了历史机遇。中国开始积极推动国内改革并积极融入经济全球化的大潮。

第一，中国经济发展的指导思想发生了巨大转变。1976年"文化大革命"结束，中国开始探索新的经济发展道路。1978年12月，中国共产党第十一届中央委员会第三次全体会议召开，标志着中国正式转变了过去以阶级斗争为纲的指导思想，开始了全面经济建设的新阶段。

第二，发展市场经济成为中国经济改革的主要目标。从1979年到1993年，中国经济采取"增量改革"战略，扩大企业自主权，并学习东欧社会主义国家的商品经济。[①]同时，在农村推广了家庭联产承包责任制，并鼓励民营经济发展，尝试通过设立经济特区的方式，探索改革的方向。1980年确立了深圳、珠海、汕头、厦门4个经济特区，1984年决定开放14个沿海港口城市。与此同时，为了转向市场经济，国内放松了计划经济的价格体制，允许一部分商品由市场决定价格，从而形成了价格的"双轨制"。1992年中共十四大正式确立了建立社会主义市场经济体制的改革总目标。1993年11月，中共十四届三中全会通过了《中共中央关于建立社会主义市场经济体制若干问题的决定》，明确了改革的细致目标，对财税体制、金融体制、外汇管理体制、国有企业等出台了较为明确的改革实施方案。

第三，中国开始"复关""入世"谈判。1986年，中国开始了漫长的"复关"谈判。1995年，世界贸易组织成立，并取代关贸总协定成为协调国际贸易的最大国际组织，中国的"复关"谈判也随即转变为"入世"谈判。1999年7月，中日完成双边贸易谈判并发表联合公报。1999年11月，中美达成双边贸易协定。2000年5月，中欧就中国加入世贸组织完成谈判。2001年9月，中国与墨西哥完成了中国加入世贸组织的谈判。至此，中国完成了与所有世贸组织成员国的双边市场准入谈判，并最终顺利加入

[①] 吴敬琏：《当代中国经济改革》，中信出版社，2017。

世界贸易组织。[①]

二 经济循环模式的主要内容

在改革开放后的40多年中,中国的双循环模式是以利用国际大市场为核心的国际大循环驱动的经济循环模式,即以低要素成本为基础,抓住招商引资和扩大出口的重要机遇,形成"两头在外、大进大出"模式,成为国际循环的重要参与者。[②] 中国在改革开放后建立的以外循环为主的经济循环体系是从4个方面着手进行的。

第一,充分发挥劳动力资源丰富的比较优势。中国调整了过去重工业优先的发展战略,转而发挥国内劳动力比较优势发展劳动力密集型制造业,通过以来料加工、来件装配、来样加工和补偿贸易为主要表现形式的加工贸易实现经济外向型转型。这个战略调整一方面缓解了改革开放初期中国外汇紧缺问题,另一方面抓住了当时产业转移的浪潮,积极发展劳动密集型产业。1987年10月,时任国家计划委员会经济研究所副研究员的王建在其《关于国际大循环经济发展战略的构想》中,首次提到中国要在沿海地区发展劳动密集型加工外向型经济,积极参与国际大循环,这是最早关于中国加入国际大循环的构想。这一构想得到了当时的国家领导人的认可。经过前期"三来一补"的加工贸易积累的外汇和经验,中国进一步推动国内制造业发展壮大,并依托国内完整工业体系的基础,积极推动出口替代产业的发展,培育自己的出口制造业,从而实现向一般贸易模式的转变。

第二,全面推动市场化改革。为了推动经济发展模式的转变,在经济微观主体方面,中国主要进行了三方面的改革。其一,企业所有制改革。包括积极创造条件发展民营经济,以及对国有企业进行市场化改革,推动国有企业混合所有制改革。[③] 其二,财税体制改革。改革开放后,中国通过分税制改革重新划分中央与地方的税收种类,利用财政承担了体制过渡

[①] 《中国复关及入世谈判大事记》,《市场观察》2002年第1期。
[②] 中国宏观经济研究院:《适应引领国际循环变革调整新趋势》,中华人民共和国国家发展和改革委员会网站,2021年7月1日,https://www.ndrc.gov.cn/xxgk/jd/wsdwhfz/202107/t20210701_1285231.html?code=&state=123。
[③] 何瑛和杨琳对改革开放以来的中国国企混改的历程划分为"形式"混合、"资本"混合、"产权"混合与"机制"混合4个阶段。当前的国企混改属于企业内部"机制"混合阶段。

时期的各种成本，通过财政手段调动地方招商引资的积极性，推动了市场经济体制的确立。这与"晋升锦标赛"所阐释的官员晋升激励一同推动了中国经济的快速腾飞。① 其三，调整产业结构。中国鼓励劳动密集型产业的快速发展，调整了过去以资本密集型重工业发展为核心的发展模式，鼓励进出口企业的发展。

第三，推进农业农村改革，加速全国劳动力市场的形成。对农业的改革主要包括以下几方面：其一，普及以包产到户和包产到组为主要形式的"大包干"模式，调动农民生产的积极性以保证国家粮食供给；其二，鼓励农村乡镇企业的发展，培养大量具有初步工业知识的劳动力，将农村劳动力培训为制造业劳动力；其三，放松城乡劳动力流动限制，为农村劳动力进城打工提供便利。与此同时，随着高校扩招、劳动法出台和社保体系建设的完善，全国性劳动力市场开始形成。②

第四，通过加入国际组织倒逼国内改革。与国内改革相伴随的，是中国着力推动对外开放的举措，其核心是推动中国的"复关""入世"。1986年7月，中国正式申请恢复关税总协定缔约国地位。1989年5月，中美第五轮关贸总协定双边磋商达成谅解，但随后"复关"谈判陷入停滞。1992年之后，中国建立社会主义市场经济体制的总目标终于得以确定，中国的"复关""入世"谈判也得到了快速推进，但1994年中国"复关"谈判冲刺失败。1995年，世界贸易组织成立，中国"复关工作组"更名为中国"入世工作组"，中国开始了加入世贸组织的谈判。2001年11月，世贸组织第四次部长级会议在多哈召开，中国正式加入世界贸易组织。③ 中国经济在不断扩大对外开放的同时继续深入国内的市场化改革，具体而言有以下两点。其一，吸引外资来华投资设厂，积极吸收外国先进的技术和管理经验，并利用外资弥补国内资本缺乏的问题，充分利用国内的劳动力优势，承接产业转移，形成了中国制造业的增长和进出口的繁荣。其二，借助中国参与国际贸易的规则谈判推动国内经济体制的改革，实现国内市场和国际市场的连接。中国国内的各方面改革都是以发挥统一市场在资源调

---

① 吕炜等对中国财政在中国经济改革中的角色以及财政理论的演变有较为详细的论述。"晋升锦标赛"是周黎安提出的一种解释中国经济增长奇迹的理论，从微观激励方面论证了中国地方官员治理模式与中国经济高速增长之间的内在联系。
② 吴要武：《70年来中国的劳动力市场》，《中国经济史研究》2020年第4期。
③ 高晓华：《我国复关与入世的历程研究》，《技术经济》2002年第1期。

配中的决定性作用为核心,借助参与国际大市场的机遇的同时整合国内大市场。例如1992年10月,江泽民同志在中国共产党第十四次全国代表大会上的报告中提到,要"深化外贸体制改革,尽快建立适应社会主义市场经济发展的、符合国际贸易规范的新型外贸体制"①。

2007年底,美国次贷危机爆发,随即在2008年演变为波及全球的金融危机。中国外贸出口受到严重冲击,虽然在国家"四万亿"刺激政策的支持下中国经济没有在金融危机中出现"经济硬着陆",但是中国经济的内外部环境在此后发生了较大的变化。后危机时期的经济复苏并不顺利,全球债务的不断积累和贫富差距的不断扩大放大了经济危机发生的可能性。低增长、低通胀和低利率的宏观经济新常态,以及逆全球化和民粹主义的兴起,都是国际市场外部环境发生变化的征兆。② 随着国际形势的变化,中国开启了新的经济双循环模式的改革和调整。

三 经济循环模式与开放发展特点

改革开放新时期下中国的经济循环模式主要依靠参与国际市场分工,全方位地推动各项改革来对接国际市场,并依靠国际市场来推动国内经济体制的改革。相比于新中国成立初期的依赖国内经济循环的经济模式,改革开放时期的经济循环更加倚重国际大循环。

第一,经济内循环得到了一定程度的发展,但水平仍然较低。改革开放后中国国内市场整合程度有了很大提高,③ 但是国内大市场面临的市场分割问题仍然严重。其一,地方主导的产业政策使得政府选择替代了市场竞争。各地方政府为了发展经济往往选择趋同的产业政策,而忽视其所在地方的比较优势,出现重复建设、重复引进、盲目布局的现象。其二,产权交易存在较高的市场壁垒。这体现在地方政府对国有企业的过度偏好使国有企业出现人为市场垄断地位和腐败寻租行为。其三,商品市场仍存在分割现象。黄新飞等人利用长三角城市的微观价格数据,分析了省际边界

---

① 江泽民:《加快改革开放和现代化建设步伐 夺取有中国特色社会主义事业的更大胜利——在中国共产党第十四次全国代表大会上的报告》,《求实》1992年第11期。
② 汤铎铎、刘学良、倪红福等:《全球经济大变局、中国潜在增长率与后疫情时期高质量发展》,《经济研究》2020年第8期。
③ 如桂琦寒等、盛斌和毛其淋等研究认为,中国从1985年以来的国内市场整合程度是上升趋势,且市场一体化对人均GDP的增长贡献高于贸易开放的贡献。

效应问题，其研究表明，即便是市场整合程度相对较高的长三角地区，地区之间的边界效应仍然明显存在。其四，要素市场分割问题仍然严重。其中，劳动力市场分割问题尤为突出。劳动力市场的分割问题主要受限于户籍制度，农村和城市劳动力市场仍然不能实现完全自由流动，而高端劳动力流动仍然受到行政关系的限制，体制内和体制外的劳动力流动也存在巨大的障碍。[1]

第二，经济对外循环的依赖过大。这体现在以下四个方面，其一，中间品出口占总出口的比重较高。1998 年至 2019 年，中国中间产品出口占总出口的比重从 36.5% 提升到 45%，中国出口的中间品占全球中间品出口的比重也从 1998 年的 2.38% 上升到 2019 年的 11.78%。[2] 其二，外商投资企业占出口比重高。外商投资企业的进出口额从 1991 年的 289.55 亿美元上升到 2018 年的 19680.70 亿美元，占全国进出口总额的比重从 1991 年的 21.34% 上升到 2018 年的 42.57%，其中 2005 年前后占比最高，将近 60%。[3] 其三，加工贸易占出口比重高。改革开放后的 30 年间，加工贸易在中国对外贸易中占据重要地位，占对外贸易总额的比重多年高达 50% 以上，占出口总额的比重高达 55% 以上。[4] 其四，外贸依存度高。根据《中国贸易外经统计年鉴》的数据，中国的外贸依存度在改革开放时期明显上升，从 1980 年的 14.1% 上升到 2006 年的最高值 64.48%，外循环在国民经济中长期占据核心地位。

第三，内外循环部分脱节。这具体表现为国内东、中、西部经济发展的不平衡以及国内要素流动仍然存在种种障碍。虽然东部沿海地区在中国改革开放进程中得到了快速的发展，但是，在中国各地区各自追求其经济增长最大化的竞争模式下，经济开放加剧了地方保护，从而导致国内统一市场的分割。[5] 与此同时，中国国内省际贸易成本甚至高于国家间的贸易

---

[1] 刘志彪、孔令池：《从分割走向整合：推进国内统一大市场建设的阻力与对策》，《中国工业经济》2021 年第 8 期。
[2] 资料来源：UNComtradeDatabase。
[3] 江小涓、孟丽君：《内循环为主、外循环赋能与更高水平双循环——国际经验与中国实践》，《管理世界》2021 年第 1 期。
[4] 国家统计局贸易外经统计司：《中国贸易外经统计年鉴（2012）》，中国统计出版社，2012。
[5] 陆铭、陈钊：《分割市场的经济增长——为什么经济开放可能加剧地方保护》，《经济研究》2009 年第 3 期。

成本，这使得企业不得不优先选择出口而非内销，这更进一步加深了经济增长对出口的依赖，而没能通过参与国际大循环推动国内市场整合。①

四　经济发展与潜在问题

中国建立的以外循环为主要驱动的经济循环体制取得了显著的成效。第一，经济保持常年快速增长。从1978年到2017年，中国国内生产总值按不变价计算增长了33.5倍，年均增长9.5%，平均每8年翻一番，从1991年开始连续20年保持了超过8%的GDP增速。GDP规模从1978年不足3000亿美元（以2010年美元不变价计算），到2004年已经突破3万亿美元，且2010年突破6万亿美元并取代日本成为世界第二大经济体，2017年GDP规模突破10万亿美元。人均GDP也从1978年的307美元，增长到2019年的8254美元。中国的城市人口比例已从20%上升到60%以上，第二、第三产业占GDP的比重超过了90%。② 中国已经成为当前世界最大贸易国、世界第一大工业国和出口加工制造国。第二，国民生活水平的大幅提高。中国国民平均预期寿命从1981年的68岁上升为2015年的76岁，人口普查文盲率从1982年的22.8%下降为2020年的2.7%。中国全面实行了免费九年义务教育，小学学龄儿童净入学率由1981年的93%上升至2020年的近100%，初中升学率从1981年的31.5%上升至2020年的94.6%。2020年，中国5岁以下儿童死亡率为7.5‰，较1991年下降了87.7%；新生儿死亡率为3.4‰，较1991年下降了88.9%；婴儿死亡率为5.4‰，较1991年下降了88.9%。③ 中国从有2亿多人处于贫困线以下落后的农业国，成功发展为世界第二大经济体，这是令人瞩目的伟大成就。

但是，中国的外向型经济发展模式存在的问题，在2008年金融危机后更加明显地暴露出来，过分倚重国际市场的经济循环模式在外需疲软的时期失去了动力，而围绕服务国际市场构建的区域经济结构的不平衡问题变得突出，进出口产业升级缓慢，生产长期在产品价值链中处于低端环节而难以摆脱的风险加大，这都成为中国经济更进一步发展的限制

---

① 张学良等建立了一个纳入国内市场分割的Melitz模型，研究了国内市场分割问题如何影响企业的出口与内销的选择。研究表明，国内市场分割加剧会导致企业被迫转向出口。但吴群锋等则分析了国内市场整合水平提高生产率企业的出口可能性。
② 资料来源：国家统计局，http://data.stats.gov.cn/。
③ 资料来源：国家统计局，http://data.stats.gov.cn/。

因素。

第一，区域经济发展失衡。中国东部沿海地区成为中国对外贸易的第一线，大量的进出口企业在东南沿海地区积聚。广大中、西部地区一方面难以建立起具有市场竞争力的制造业企业拉动经济发展，另一方面经济落后导致地方政府无力提供良好的基础设施和服务以吸引外部投资，大量的资源和劳动力都被吸引到东部发达地区。东部与西部的经济差距逐渐拉大。同时制造业进出口行业都集中在城市之中，大量的农村劳动力也被吸引到大城市寻找工作机会，农村面临劳动力流失问题，同时，城乡人口户籍制度的阻隔使城市高速发展带来的福利仅由城市人口享受，农村没能一同享受经济发展的成果，城乡收入差距被进一步拉大。

第二，经济驱动模式单一。2008年金融危机之后，在外部大市场需求萎缩的情况下，中国依靠进出口拉动经济增长的发展模式陷入了瓶颈。消费作为另一个能够拉动经济发展的重要项目在当时的中国国内还没有得到有效的发展，中国国内的高储蓄率是中国经济长期保持高投资的重要来源，但这也同时意味着居民收入中用于消费的部分非常有限。虽然中国是人口最多的国家，但中国的消费市场却并没有得到有效的利用，消费对中国经济发展的贡献远低于投资和进出口。[①]

第三，进出口增加值含量低，所处的价值链环节低。随着国际贸易的不断细化，最终品贸易作为主要贸易形式的跨国贸易被以中间品为主的增加值贸易取代，生产环节在不同地区的分散使得一件商品的贸易环节变得格外复杂。[②] 中国的外向型经济更多地承担了产品组装加工的低增加值生产环节，而欧美发达国家则控制了具有较高增加值的研发和销售环节。中国虽然成为世界最大的贸易国，但实际从国际贸易中获得的增加值却很低，长期处于价值链"微笑曲线"的底端。另一方面，由于产品的上游研发和下游销售都不掌握在中国手中，中国要想在某一产业进行价值链环节跃升，都必然面对发达国家的围堵。这正是未来中国产业升级，从中国制造向中国创造转变的现实困难。

总而言之，中国通过参与国际大循环实现了经济增长奇迹，并且借助

---

① 刘亚军测算2007年外贸对增长的贡献率达到45.6%，但江小涓认为改革开放以来中国的真实出口依存度不超过25%，内需始终是经济增长的主要动力。

② World Trade Organization: World Trade Report 2014 (Trade and Development: Recent Trends and the Role of the WTO), 2014.

参与国际大循环的机遇积极推动国内市场的改革,将国内市场与国际市场相协调,依靠国际大循环驱动国内经济发展。但是,随着世界经济形势的变化,中国外向型经济模式难以为继,中国有必要对国内国际经济循环进行重新安排。

第四节　中国经济开放发展的经验总结

进入新时代,中国新发展格局绝不是封闭的国内循环,而是开放的国内国际双循环。[①] 对外开放作为基本国策,既是中国融入国际大循环的必然要求,也是推动内外循环相互促进的重要手段。

一　顺应全球趋势,对外开放的大门越来越开

中国经济开放发展是世界经济发展的组成部分,也影响着世界经济发展趋势。在信息技术革命、全球范围内的市场化改革和跨国公司的快速发展三大动力的推动下,经济全球化在未来也将会长期是世界经济发展的基本方向。[②] 因此顺应世界经济全球化趋势,继续深化对外开放是中国经济发展的重要经验。

第一,对世界经济发展趋势有前瞻性的判断。自20世纪80年代开始,世界经济格局进入经济全球化的新阶段,这一发展趋势一直延续到今天。中国改革开放后能实现经济奇迹,与顺应经济全球化的大趋势,将自身的发展与全球经济发展的大趋势紧密相连,通过对外开放积极参与经济全球化的大潮密切相关。

第二,辩证把握世界经济发展长期大趋势和短期波折之间的关系。2008年金融危机之后,世界经济发生了复杂而深刻的变化,原本的经济增长模式和经济结构进入调整期,新一轮科技创新和产业转型快速发展,世界经济治理体制在加快变革。全球化"退潮"的问题越来越突出,中国也面临着世界经济调整带来的巨大机遇和挑战。虽然世界正处于大发展大变革大调整时期,但是和平与发展仍是时代主题。[③]

---

① 习近平:《正确认识和把握中长期经济社会发展重大问题》,《求是》2021年第2期。
② 《世界经济概论》编写组:《世界经济概论》,高等教育出版社、人民出版社,2011。
③ 习近平:《决胜全面建成小康社会　夺取新时代中国特色社会主义伟大胜利》,《人民日报》2017年10月28日。

第三，发挥主观能动性，推动构建更加开放、更加合理、更加包容的世界经济新格局。2012年党的十八大明确提出"要倡导人类命运共同体意识，在追求本国利益时兼顾他国合理关切"。2017年习近平在联合国日内瓦总部上发表《共同构建人类命运共同体》的演讲，提出"坚持对话协商，坚持共建共享，坚持合作共赢，坚持交流互鉴，坚持绿色低碳。中国愿同联合国广大成员国、国际组织和机构一道，共同推进构建人类命运共同体的伟大进程"[①]。《中共中央关于党的百年奋斗重大成就和历史经验的决议》也强调要坚持开放，不搞封闭。[②] 只有和世界各国携手共进，才能推动世界经济向着更加合理的全球化发展方向前进，从而在发展中解决发展的问题。

二 立足本国国情，促进开放与改革良性互动

立足本国国情，坚持实事求是，是中国共产党百年奋斗的重要经验，也是中国共产党的宝贵理论成果。中国共产党坚持马克思主义指导，与时俱进地对国情进行科学认识和系统把握，探索符合自己国情的社会主义工业化道路。[③] 坚持立足本国国情，选择符合中国国情的发展道路，统筹对内改革和对外开放，是中国经济取得丰硕成果的保证。

第一，坚持经济发展的主要任务，统筹开放和改革两种手段。新中国成立后，中国快速推动社会主义工业化建设。"一五"计划的开展，一方面依赖于苏联援助的多个重点工业项目，另一方面中国也积极建设自主研究设计的工业项目，并且始终将实现工业化作为重要目标，从而最终构建起相对完善的工业体系，开展以国内大循环为主的经济循环模式。

第二，根据国内经济现实，在对外开放和对内改革中有所侧重。在新中国成立初期，中国依靠对外开放发展经济的模式并不现实，因此该时期中国更加侧重国内市场的改革，通过对国内经济体制的改造建立起以国内大循环为主的经济循环发展模式。而在改革开放新时期，中国主要通过对

---

① 习近平：《共同构建人类命运共同体》，《人民日报》2017年1月20日。
② 《中共中央关于党的百年奋斗重大成就和历史经验的决议》，《人民日报》2021年11月17日。
③ 黄群慧：《中国共产党领导社会主义工业化建设及其历史经验》，《中国社会科学》2021年第7期。

外开放来促进经济发展，通过积极融入世界市场，全面改革过去的经济发展模式，从而建立起外向型的经济循环新模式。

第三，服务经济发展目标，使改革和开放相互促进。近代以来中国工业化道路的曲折和困难，很大程度上是因为当时的经济发展缺乏开放和改革的联动。虽然近代中国在沿海地区也发展出了与国际市场紧密相连的资本主义经济，但是国内经济的改革举步维艰，民族资本主义始终无法摆脱对西方资本主义国家的依赖。改革开放后，中国的改革与开放借助参与国际市场的机会推动国内市场改革，并解放思想、发展经济，在通过对外开放保证工业化进程的创新动力和经济效率、促进产业结构不断升级的同时，积极推动国内市场改革，保证社会变革与经济发展相协调。[①] 这是中国在改革开放新时期取得跨越式发展的重要原因。

三 结合发展阶段，动态调整开放重点和策略

回顾中国百年来的经济循环发展历史，在不同的历史发展阶段，中国所面临的国内国际局势都发生了巨大的变化。进入新时代，面对"百年未有之大变局"，中国更要根据发展阶段适时调整开放的重点和策略，充分利用开放对经济发展的积极影响，降低开放对经济的消极影响。

第一，紧密结合当时国家经济结构的现状，抓住经济发展的重点难点。新中国成立前的中国资本主义工商业发展的曲折道路表明，如果不能解决小农经济的发展问题，仅一味地对外开放，则不能促进本国的工业化进程。新中国成立后采取的以内循环为主的自给自足的经济建立在冷战格局下的国际环境，以及维护国家独立的首要目标之上。中国作为一个后进国家，应通过优先发展重工业，为国家的长期发展奠定必要的物质基础。因此，根据国情和经济发展规律适时调整的开放策略至关重要。

第二，紧密联系当时的国内国际环境，灵活调整开放发展策略。改革开放之后，中国坚定地走上开放发展的道路，积极融入国际大循环，推动国内市场化改革，并且取得了举世瞩目的增长奇迹。从优先发展重工业到改革开放，从"两头在外，大进大出"到双循环发展新格局的提出，都是中国基于对国内国际形势的正确认识，合理统筹国内国际两个市场在不同

[①] 黄群慧：《中国共产党领导社会主义工业化建设及其历史经验》，《中国社会科学》2021年第7期。

经济发展阶段对经济发展的不同作用，而形成的实事求是的战略选择和判断。在科学认识、全面把握工业化进程的基本规律的基础上，正确处理工业化进程中各类生产要素之间、企业之间、产业之间、区域之间、经济和社会之间的复杂关系，[①] 及时调整对外开放政策，是中国保持长期经济稳定发展的重要经验。

第三，坚定对长期世界经济形势的判断，统筹短期开放策略和长期开放战略的关系。1997年亚洲金融危机之后，中国"两头在外，大进大出"的模式受到挑战，随后1998年末的中央经济工作会议提出要"扩大国内需求，开拓国内市场"。2008年金融危机之后，国内外向型经济体制增长乏力，2010年中共十七届五中全会提出要"加快转变经济发展方式"。[②] 进入新时代，虽然外部环境和中国国内发展所具有的要素禀赋发生变化，市场和资源"两头在外"的国际大循环动能有所减弱，但国内需求潜力不断释放。在国内大循环活力日益强劲的背景下，党中央适时提出要建立"以内循环为主，国内国际双循环相互促进"的经济发展新格局。可以看到，虽然中国长期坚持对外开放，但中国仍然需要在不同时期调整对外开放的具体政策。

四 树立底线思维，主动防范开放的各种风险

中国经济发展的重要经验还有树立底线思维，防范各种开放风险，牢牢把握经济主权，坚持独立自主的发展道路。经济安全观总是与特定的历史阶段、时代背景联系在一起，且因时因地而异，但其中自有脉络可寻。中国的经济安全始终考虑自身在相应时段的发展目标和国家能力，以及外部世界对此构成的助力与制约，尤其是国际体系内主导国的态度。[③]

第一，把握经济发展的主导权。1949年以前，中国的对外开放受到外部势力的强力干预，其结果就是中国的民族资本主义工商业长期得不到良好发展，且严重依赖国际市场。1949年以后，新中国通过一系列国内政策实现了国内市场的整合，从而促进了国内资源工业化发展。改革开放新时

[①] 黄群慧:《中国共产党领导社会主义工业化建设及其历史经验》,《中国社会科学》2021年第7期。

[②] 王一鸣:《百年大变局、高质量发展与构建新发展格局》,《管理世界》2020年第12期。

[③] 孙伊然、何曜、黎兵:《"入世"20年中国经济安全观的演进逻辑》,《世界经济研究》2021年第12期。

期，中国采取政府导向式改革的方式逐步推动对外开放，积极管控改革开放过程中的种种风险，牢牢掌握经济发展的主动权。

第二，树立底线思维，积极应对新时期新风险。进入新时代，面对"百年未有之大变局"，中国面对的重要挑战是如何一方面积极参与国际分工、最大限度收获国际分工带来的红利，另一方面最大限度维护中国产业体系安全。[1] 这要求中国必须树立底线思维，且必须坚持底线思维、居安思危、未雨绸缪，坚持国家利益至上，以人民安全为宗旨，以政治安全为根本，以经济安全为基础，以军事、科技、文化、社会安全为保障，以促进国际安全为依托，统筹发展和安全，统筹开放和安全，统筹传统安全和非传统安全，统筹自身安全和共同安全，统筹维护国家安全和塑造国家安全。[2] 只有做好对开放后各种潜在风险的应对准备，才能在大变局之下更加坚定地坚持对外开放不动摇，才能充分发挥国际大循环在经济循环中的积极作用，为构建更高质量对外开放提供保障。

第三，充分认识风险的"双刃剑"作用，化风险为机遇。对外开放是中国经济快速发展的重要途径，但对外开放同时为中国经济发展带来了巨大风险，例如1998年金融危机和2008年金融危机这两个全球性金融危机。1998年金融危机之后，中国通过优先开放经常账户、有限制地开放金融账户的方式，防范外部金融风险，为中国外向型经济循环体制建立提供保障。而2008年金融危机后，中国开始意识到过度依赖国际市场的弊端，开始重视国内市场建设，为新时期中国经济双循环建设奠定基础。因此只有统筹好对外开放带来的机遇和挑战，化挑战为机遇，才能够更好地实现高质量开放发展。

---

[1] 余永定：《"双循环"和中国发展战略的调整》，《中国经济报告》2021年第5期。
[2] 《中共中央关于党的百年奋斗重大成就和历史经验的决议》，《人民日报》2021年11月17日。

第三章　新发展格局下中国开放发展的新环境

目前，世界正经历新一轮大发展大变革大调整，大国战略博弈全面加剧，国际体系和国际秩序深度调整，人类文明发展面临的新机遇新挑战层出不穷，不确定不稳定因素明显增多，国际经济、科技、文化、安全、政治等格局都在发生深刻调整，当前和今后一个时期，中国发展的外部环境将面临更加深刻复杂的变化。[①] 但与此同时，和平与发展仍然是时代主题，各国人民求和平、谋发展、促合作、图共赢的期待更加强烈，中国开放发展外部环境的挑战与机遇并存。

第一节　中国经济开放发展的新环境

当今世界，发展和变革风起云涌，新科技革命和产业变革深入发展，全球治理体系深刻重塑，国际格局加速演变。同时，全球发展深层次矛盾突出，保护主义、单边主义思潮抬头，多边贸易体制受到冲击，世界经济整体发展环境面临诸多风险和不确定。对于中国经济来说，"大变局"之下的开放发展面临着机遇和挑战并存的情况。

一　经济全球化处于发展、调整的关键时期

自 2008 年全球金融危机以来，经济全球化不复往日的高速增长态势，国际贸易和投资的增长速度都有一定程度下降，"逆经济全球化"思潮在世界各国泛滥，一些国家的贸易保护主义措施也卷土重来。[②] 经济全球化

[①] 杨洁篪：《积极营造良好外部环境》，《人民日报》2020 年 11 月 30 日。
[②] 裴长洪、刘洪愧：《习近平经济全球化科学论述的学习与研究》，《经济学动态》2018 年第 4 期。

正处于发展、调整的关键时期。

（一）世界经济增长乏力

2008年金融危机后，全球化存在的问题和缺陷全面暴露，虽然世界经济在2010年和2017年有过两次短暂复苏，但全球经济活动仍呈低迷态势。虽然目前世界主要经济体采取的较为积极的货币和财政政策可以在短时间内刺激经济复苏，但很难从根本上逆转世界经济增长疲软的整体趋势。

第一，受乌克兰危机等影响，全球经济持续低迷。从世界经济的整体增长情况上看，世界经济在经历了2009年的衰退和2010年的反弹后，近10年来全球GDP的平均增长率仅维持在2.5%左右，[①]始终未能恢复到2000~2018年的加速增长态势。国际形势变化带来的直接和间接冲击对生产端和消费端都造成了难以衡量的巨大影响。根据国际货币基金组织2021年10月发布的《世界经济展望》，2020年全球经济出现了负增长（-4.3%），其下滑程度远超2009年金融危机后的-1.67%，本就增长乏力的世界经济遭遇了堪比"大萧条"和两次世界大战的巨大冲击。2022年，乌克兰危机再次造成全球经济增速显著放缓，能源和粮食价格快速上涨，在推升通胀的同时也给世界经济埋下了流动性危机和债务危机的陷阱。国际货币基金组织2022年4月发布的《世界经济展望》中将2022年全球经济增速的预期下调至3.6%，相较于2021年底的经济增速预期降低了1.3个百分点。在地缘矛盾不断凸显等变局之下，世界经济的增长将持续面临挑战。

第二，发达经济体增长潜力透支。对于发达经济体来说，老龄化、去工业化、技术创新瓶颈等因素降低了其全要素生产率，而其GDP增长率自2000年起就一直落后于世界平均水平，这一差距在2008年金融危机后更加明显，是全球经济增长乏力的重要原因。2020年，发达经济体的GDP出现了-5.4%的大幅下滑，虽然世界银行预估发达经济体在2021年会迎来超过3.0%的反弹，但这一比率仍低于新兴市场和发展中经济体近2个百分点，经济复苏相对乏力。与此同时，面对2008年以来的长期性增长放缓，美国、欧洲、日本等主要发达经济体普遍采用了较为积极的财政政策和总体扩张的货币政策，在相对宽松的全球金融环境中，全球政府和企业

---

① 参见世界银行数据库"GDP增长率（年百分比）"。

的债务水平始终居高不下。2020年，以美国和欧洲为代表的发达经济体均出台了大规模的财政和货币支持政策，其总体力度已经超过2008年金融危机时期，最终导致全球债务显著增加，在2020年底达到了创纪录的281万亿美元，债务与GDP之比超过355%。发达经济体不断提高的债务水平进一步压缩了各国政府实施刺激政策的调整空间，这在一定程度上透支了经济增长的潜力。

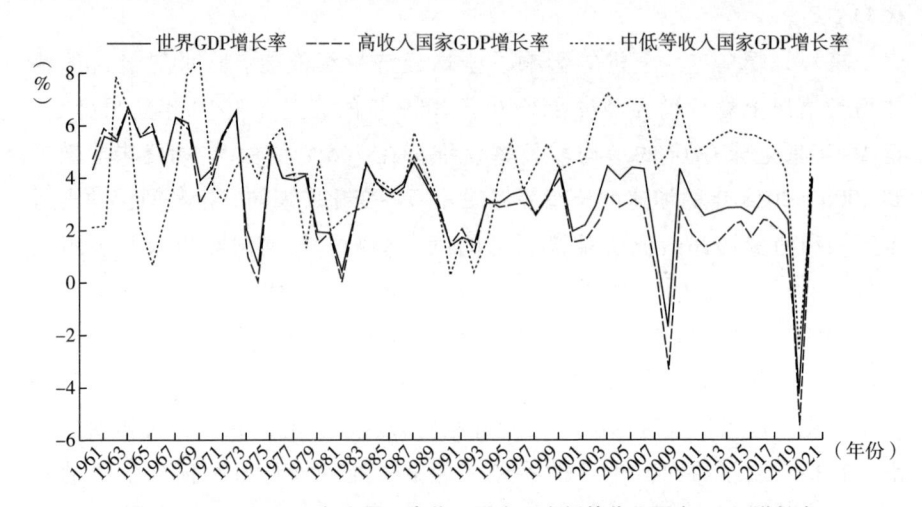

图3-1 1961~2021年世界、高收入国家、中低等收入国家GDP增长率

注：1961~2019年数据为世界银行国民经济核算数据，2020年、2021年数据为世界银行《全球经济展望》预测数据。

资料来源：作者根据世界银行数据自制。

第三，新兴市场和发展中经济体出现增长分化。相对于发达经济体而言，新兴市场和发展中经济体在近几十年，总体保持着较快的经济增长速度，但在金融危机等影响下，新兴市场和发展中经济体内部呈分化趋势。在此背景下，发达国家与新兴市场国家和发展中国家在全球经济占比变化构成了当前世界经济格局演变的重要特征。但在2008年金融危机后，新兴市场和发展中经济体同样面临自身经济增长动能减弱和外部经济环境恶化的双重影响，增长速度逐渐分化。其一，东亚和太平洋地区（不包括高收入）在中国经济的带动下发展势头良好。近30年来该地区保持了7.84%的年均GDP增长率，是世界上经济发展最为迅速的区域，世界银行对该地区2021年的经济复苏给出了增长7.4%的积极预测；南亚地区是近30年全球经济增长第二快的区域，年均GDP增长率达到5.86%，但在2020年，南亚地区的GDP增长率为-6.7%，经济衰退程度仅次于拉丁美洲与加勒比海地区，其经济增长的不确定性显著增加。其二，中东与北非地区、撒哈拉以南非洲地区（不包括高收入）在近30年分别保持着3.91%和3.53%的年均增速，高于全球平均水平。其中，中东与北非地区在20世纪70年代甚至还出现过18%的GDP增速，但由于其过度依赖资源出口，始终未能完成自身工业化转型，地区内经济体的经济增速在2008年金融危机后明显下降，其2020年以后的经济增速也落后于世界平均水平。其三，拉丁美洲与加勒比海地区（不包括高收入）、欧洲与中亚地区（不包括高收入）的新兴市场和发展中经济体在近30年中一直未能摆脱"中等收入陷阱"的影响，GDP增速落后于全球平均水平。加之这些地区内经济体与发达国家的政治经济联系较为紧密，其国内经济在外部需求减弱的冲击下更显脆弱（见图3-2）。

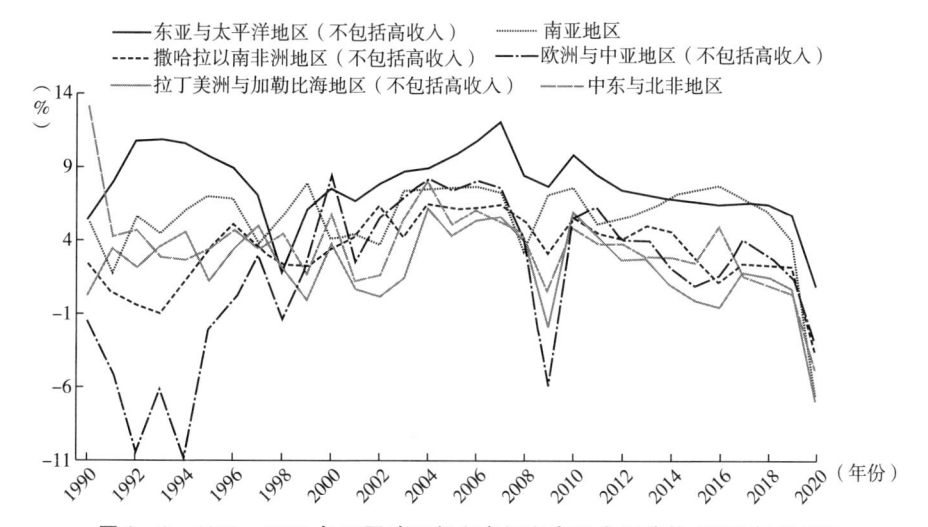

图3-2　1990~2020年不同地区新兴市场和发展中经济体GDP年增长率

注：欧洲与中亚地区（不包括高收入）的GDP增长率数据自1990起开始统计，故本书选取1990~2019年的世界银行国民经济核算数据和2020年《全球经济展望》预测数据。

资料来源：作者根据世界银行数据自制。

（二）全球化进程受阻

如果把全球化理解为各国经济相互依存度不断提升的过程，则可以发现，冷战结束以后至2008年，全球化都在快速推进，但这一进程在2008年后出现了趋缓甚至倒退。① 具体来说，全球化进程的受阻体现在国际贸易和投资增长的放缓，也体现在全球、区域和双边层面一体化进程的停滞。

第一，全球贸易缩水。第二次世界大战后，特别是20世纪50年代到20世纪70年代初期，西方资本主义国家普遍推行贸易自由化政策，全球平均关税税率大幅下降，国际贸易迅速发展。随着世界主要经济体普遍融入全球产业链和价值链体系，贸易在全球GDP中的占比持续上升，对外贸易增长逐渐成为推动全球经济持续增长的重要动力。2008年金融危机爆发后，伴随着世界经济增长步伐的停滞，发达经济体和主要新兴市场经济体的投资和耐用消费品需求持续低迷，全球消费的疲软导致全球贸易总额和其对全球经济增长的贡献率均出现断崖式萎缩，虽然全球贸易总额在此后有所回升，但增长速度持续放缓，贸易对全球经济增长的贡献率更是出现了长达6年的连续下滑，特别对于中国等新兴经济体而言，其对外贸易对全球经济增长的贡献率的下降趋势更为明显。而2017年以来，国际形势变化等一系列事件则进一步对现有的国际贸易规则和国际贸易体系提出了挑战，增加了全球贸易发展的不确定性，在短期内导致全球贸易增长不断放缓，在中长期开启了国际贸易格局和国际贸易体系的深度调整。

第二，跨国投资萎缩。20世纪80年代以来，全球外国直接投资（Foreign Direct Investment，FDI）总量快速增长，全球FDI流入量增速曾在2006年达到48%的高位，FDI已经成为国际资本流动的主要方式。其中，新兴市场和发展中经济体因其低廉的劳动力价格和不断开放的贸易政策越来越多地吸引着全球FDI的流入。而FDI向新兴市场和发展中经济体的大量流入不仅缓解了东道国经济发展过程中资本短缺的问题，加快了东道国经济工业化、市场化和国际化的步伐，更通过技术外溢效应使东道国的技术水平和组织效率得到提升，从而提高了世界经济的综合要素生产率，②构成了世界经济增长的重要动力。金融危机爆发之后，世界经济呈低增长、低贸易流动、低利率等特征，全球FDI总量同样随之萎缩，至今未能恢复至金融危机前的水平，跨国投资对于世界经济的贡献率同样呈下滑趋势。国际形势的变化更是进一步冲击了现有的国际生产体系，加剧了世界经济的不确定性，2020年全球FDI总量出现了近40%的负增长，这是全球

---

① 姚枝仲：《世界经济面临四大挑战》，《国际经济评论》2017年第4期。
② 沈坤荣、耿强：《外国直接投资、技术外溢与内生经济增长——中国数据的计量检验与实证分析》，《中国社会科学》2001年第5期。

FDI总量自2005年以来首次低于1万亿美元。根据联合国贸发会议的预测,2021年,全球FDI总量将进一步减少5~10个百分点,同时,现阶段经济全球化的脆弱性也会充分暴露,进而加快技术更新影响下国际生产体系的转变。①

图3-3 1970~2018年全球贸易、投资GDP占比情况统计
资料来源:作者根据世界银行数据自制。

第三,经济一体化进程趋缓。除了国际贸易和投资的增长速度放缓以及其对经济增长的贡献率的下降,全球、区域、双边层面一体化进程的趋缓可以更加直观地反映经济全球化进程的停滞。其一,在全球层面,多边贸易体制的改革遭遇瓶颈。二战后,以WTO为代表的多边贸易体系在维护世界贸易秩序方面发挥了关键作用,为经济全球化的发展提供了重要保障。随着经济全球化的深度发展,全球产业布局不断变化调整,新的产业链、价值链、供应链日益形成,但贸易和投资规则未能跟上新形势的变化,机制封闭化、规则碎片化的问题日益突出,现有规则体系权威性存疑、有效性较低、与经贸现实相关性不足的弊端不断暴露,以WTO为代表的全球多边贸易体系的改革势在必行。② 但就目前来看,由于各成员国的诉求存在较大分歧,全球多边贸易体制的改革一直没有取得实质性进展。其二,在区域层面,区域贸易投资协定的签署呈放缓趋势。2008年以

---

① World Investment Report 2020, UNCTAD, 16 June, 2020.
② 王琛:《WTO二十五周年:回顾、评估和未来前景》,《亚太经济》2021年第3期。

后，除《区域全面经济伙伴关系协定》(RCEP)外，没有一个重要的双边和区域贸易投资协定生效，即使已经完成谈判的《跨太平洋伙伴关系协定》(TPP)，也因为特朗普的反对而无法生效；以《跨大西洋贸易与投资伙伴关系》(TTIP)和《国际服务贸易协定》(TISA)为代表的新一代贸易投资规则谈判基本陷入停滞。① 其三，在双边层面，新增贸易促进措施减少，贸易保护措施增加。全球贸易预警 (Global Trade Alert) 数据库②的数据显示，2009~2020 年，全球主要经济体每年新增实施的贸易保护措施数量明显上升，于 2018 年和 2020 年两度达到年 2000 条以上的峰值，各国之间的一体化程度也呈普遍下降的趋势。

(三) 民粹主义、贸易保护主义抬头

历次的经济全球化及其背后的"赫克歇尔—俄林"分工秩序都有一个明确的福利指向，那就是要素在一国内部及国际的相对收入改变。当这种变化所产生的矛盾没有得到有效调和时，代表失意者诉求的民粹和保护主义政治力量就会开始聚集和强化。③ 在世界经济整体低迷、失衡加剧的大背景下，将全球经济失衡和本国经济的结构性矛盾归咎于"逆全球化""反全球化"的思潮蠢蠢欲动，民粹主义和贸易保护主义大多呈抬头之势。

第一，美国国内的民粹主义和贸易保护主义正在回潮。美国作为世界第一大经济体，是本轮全球化的主要推动者和领导者，也是二战后自由贸易规则的主要制定者。但在目前的全球产业链和价值链分工中，美国国内大量劳动力密集型的生产环节逐渐转移至劳动力更为廉价的新兴经济体，作为美国传统中产阶级重要组成部分的制造业工人遭遇严重冲击。在国内收入差距扩大、代际流动性下滑、社会矛盾突出等因素的影响下，美国国内有关民粹主义和贸易保护主义的呼声正在放大。2016 年，"愤怒的中产阶级"最终将选举中不断强调"美国优先"原则、呼吁改变"不公平的国际经贸秩序"的特朗普选为美国总统。为了迎合底层选民的偏好，这位反建制的美国总统基本兑现了其退出 TPP、就 NAFTA 重新谈判、对"不公平

---

① 姚枝仲：《世界经济面临四大挑战》，《国际经济评论》2017 年第 4 期。
② 资料来源：英国经济政策研究中心 (CEPR) 2009 年 6 月创建的全球贸易预警 (Global Trade Alert) 数据库，该数据库详细统计了金融危机以来世界主要国家实施的贸易保护和贸易促进措施。
③ 佟家栋：《"逆全球化"浪潮的源起及其走向：基于历史比较的视角》，《中国工业经济》2017 年第 6 期。

贸易国家"征收惩罚性关税的竞选承诺,在国际贸易、移民、种族等问题上屡屡做出惊人之举,进一步放大了美国国内的民粹主义和贸易保护主义情绪,也给世界经济和全球化的发展增加了大量不确定性因素。

第二,欧洲面临民粹主义的巨大压力。欧盟作为现阶段代表区域经济一体化最高水平的典范,是推动全球自由贸易和资本流动的重要力量。但和美国一样,2008年金融危机后,欧盟各国之间和各国内部的收入差距和不平等状况都出现了不同程度的恶化。尤其是在高福利传统的影响下,欧洲国家年轻人失业率居高的结构性问题更加严重,各国国内的民粹主义和贸易保护主义情绪同样呈愈演愈烈态势。在民粹主义方面,受欧债危机、乌克兰危机、难民危机、英国脱欧等事件的影响,欧洲各国间的分歧和矛盾暴露,原本较为边缘的欧洲极端政党利用自身在贸易自由化、难民移民等问题上的强硬态度,取得了大量在全球化中利益受损的底层民众的支持。在法国,国民阵线的勒庞在2017年进入大选终轮;在德国,选择党在议会选举中成为第三大政党;在意大利,联盟党与五星运动党联手,成功上台执政;而在2020年5月举行的欧洲议会选举中,欧洲政治进一步碎片化,传统优势党团的实力再次减弱,极右翼政党的支持率有所上升。在贸易保护主义方面,欧洲国家近10年新增的贸易自由化措施基本保持稳定,但采取的贸易保护措施却明显上升,其保护措施既包括针对联盟外部国家的关税和非关税壁垒,也包括劳动力市场领域针对联盟内部成员特别是新成员的过度保护,这些都充分说明了欧洲贸易保护主义的回潮。

第三,发展中经济体和新兴经济体也在兴起不同程度的民粹主义和贸易保护主义。随着美国和欧洲国家民粹主义和贸易保护主义的兴起,其外部性迅速发酵,越来越多的发展中国家和新兴经济体内部兴起了民粹主义和贸易保护主义的思潮。例如,在巴西,博索纳罗及其代表的极右翼政党在2018年的大选中赢得了除最贫困人口之外的几乎所有收入群体的支持;[①] 在东南亚,虽然其民粹主义既缺乏欧美民粹主义那种深刻影响全球政治和经济形势的能力,也缺乏拉丁美洲民粹主义那种持久影响国家政策的能力,但印尼、越南的经济增长失衡酝酿的民粹主义乱象也会对国家和地区经济一体化的发展产生阶段性的冲击。[②]

[①] 夏涛、叶坚:《巴西右翼民粹主义政府与民主政治危机》,《国外社会科学》2021年第3期。
[②] 林红:《政治转型与民粹主义的生成——以东南亚国家为例》,《东南亚纵横》2018年第2期。

二 新一轮科技革命和产业变革加速兴起

在经济全球化进入发展、调整的关键时期的同时，新一轮科技革命和产业变革正在加速兴起，深刻影响着中国经济开放发展的外部环境。具体来说，尽管学者们出于不同的关注点对当前新产业革命的表述有所不同，但是新一轮科技革命和产业变革正在孕育兴起已经是目前各界比较一致的认识。相较于前几次产业革命，本轮新产业革命呈科技创新多点突破、产业变革交叉融合、经济和社会影响更广泛深远三大典型特征。

（一）科技创新多点突破

科技创新是产业变革的先导和源泉。而相较于前三次产业革命，本轮新产业革命依托的先导性科技创新不再以单一技术为主导，而是呈多点、群发性突破的态势。[1] 信息、生命、能源等各领域科技创新相互支撑、齐头并进的链式变革正在形成，科技创新对于产业变革的重要性已经上升到了空前的高度。

具体来说，虽然有关于新产业革命的研究数量众多，但各类研究基本都认同本次新产业革命中科技创新呈多点突破的特征。例如，Rifkin 就认为，目前通信技术、共享经济、新能源技术等多个领域的技术创新均已经构成"熊彼特意义上的创造性破坏"，一场影响深远的"第三次工业革命"正在发生；[2] Klaus Schwab 将当前的产业变革称为"第四次产业革命"，并提出"本次产业革命融合了物理、数字和生物等多学科的科技创新，发展速度和影响深度空前提高"；[3] 在二十国集团（G20）杭州峰会通过的《二十国集团新工业革命行动计划》则更加具体地将物联网、大数据、云计算等 10 多个领域的技术突破总结为新产业革命发展的主要背景。[4] 综合相关研究来看，本次新产业革命的兴起至少包含信息、生命、能源等多个领域的科技创新。其中，新一代信息科技创新包含人工智能、量子信息、移动通信、物联网、区块链等子领域；生命科学创新包含合成生物学、基因编

---

[1] 白春礼：《科技革命与产业变革：趋势与启示》，《科技导报》2021 年第 2 期。
[2] Rifkin, J., *The Third Industrial Revolution: How Lateral Power is Transforming Energy, the Economy, and the World*, Macmillan, 2011.
[3] Schwab, K., *The Fourth Industrial Revolution*, Currency, 2017.
[4] 《二十国集团新工业革命行动计划》，G20 峰会官网，2016 年 9 月 20 日，http://www.g20chn.org/hywj/dncgwj/201609/t20160920_3475.html。

辑、脑科学、再生医学等子领域;① 新能源科技创新包含大规模储能、先进核能、高效太阳能、智能电网等子领域,科技创新多点突破的特征已经非常明显。

(二) 产业变革交叉融合

相较于前三次产业革命,在科技创新多点突破的背景下,本次新产业革命表现出科技创新和产业变革相互促进、不同产业变革相互渗透的总体趋势,产业变革交叉融合的典型特征日趋明显。

科技创新和产业变革的相互促进主要体现在科技创新与产业变革的同步化。在本次新产业革命中,科技创新与产业变革之间的联系和互动空前密切,从科学发现到关键技术发明再到规模化生产应用的转化速度大大加快,科技成果转化为实际生产力的应用周期不断缩短。与此同时,面向实际应用、开发全新市场的场景式研发与创新对科学研究形成了强大的逆向牵引。② 在科学、技术、生产三者综合化、一体化的趋势之下,科技创新和产业变革几乎已经同步展开。

产业变革的相互渗透主要体现在不同产业之间边界的模糊化。本次新产业革命的先导产业主要包括智能制造、车联网、智慧城市、智能电网、远程医疗等智能化、数字化、网络化技术密集应用和深度交叉融合的新兴领域。③ 这些先导产业的变革本质上是制造业、汽车、基础设施、医药等传统产业自身的变革与信息技术产业变革相互渗透、相互融合的产物,各产业间的边界已经日趋模糊。不仅如此,随着信息技术、生命科学、新能源等科技领域的多点突破,新兴的技术和商业模式还会不断向更多的传统产业渗透,逐步打开这些行业新的增长空间,使这些产业成为新产业革命中的产业。

(三) 经济和社会影响深远广泛

新产业革命自身具有科技创新多点突破、产业变革交叉融合的特征,其经济和社会影响还具有系统性、颠覆性的特点。具体来说,本轮新产业革命不但会带来生产方式和生产关系的系统性变革,还会产生国家间的竞争格局重塑等颠覆性的影响。

第一,新产业革命带来生产方式的变革。新产业革命正在推动大规模

---

① 习近平:《努力成为世界主要科学中心和创新高地》,《求是》2021 年第 6 期。
② 李万:《范式变革与规律涌现:世界科技发展新趋势》,《学习时报》2019 年 12 月 4 日。
③ 谢伏瞻:《论新工业革命加速拓展与全球治理变革方向》,《经济研究》2019 年第 7 期。

生产转向定制化生产、工厂化生产转向社会化生产。其中，在定制化生产方面，随着智能制造领域的多点突破，满足个性化需求的定制化生产成本不断降低，大规模标准化生产"低成本"的优势有所减弱、"低效用"的劣势更加凸显，①定制化逐渐成为未来制造业的主流。在社会化生产方面，信息技术产业的发展使大量物质流被成功虚拟化并转化为信息流，除必要的实物生产资料和产品外，生产组织中的各环节可被无限细分，从而使生产方式呈社会化生产的重要特征。②

第二，新产业革命带来生产关系的变革。在新产业革命第二、第三产业深度融合的背景之下，信息和数据逐步成为极为重要的独立投入产出要素。继机械化、大规模生产、柔性制造之后，智能制造正在成为新产业革命中新的主导制造范式。信息和数据作为投入产出要素，可以借助数字物理系统等工具大幅提高边际效率，成为决定社会经济运行效率、促进可持续发展以及提升现代化水平的关键因素，③并会对劳动力、资本、技术等传统生产要素造成不同程度的冲击。

第三，新产业革命产生全球创新版图重构、世界经济格局重塑等颠覆性影响。在全球创新版图重构方面，新产业革命科技多点突破、产业交叉融合的特征为后发国家的科技创新提供了"弯道超车"甚至"换道超车"的历史性机遇，美国等单一国家很难继续在各领域保持科技创新的垄断地位。在全球经济结构重塑方面，鉴于在新产业革命中不断涌现的新技术兼具节省劳动与节约资源的特点，技术领先国家"赢家通吃"的能力进一步强化。④因此，在创新版图重构的背景下，一旦哪个国家率先完成技术突破和产业变革，就会对现有的世界不同国家间的经济实力对比产生颠覆性的影响。

三 世界经济和政治格局深刻演变

受经济全球化调整和新一轮科技革命兴起的双重影响，世界经济和政

---

① 吴义爽、盛亚、蔡宁：《基于互联网+的大规模智能定制研究——青岛红领服饰与佛山维尚家具案例》，《中国工业经济》2016 年第 4 期。
② 眭纪刚：《结构调整、范式转换与"第三次工业革命"》，《中国科学院院刊》2014 年第 6 期。
③ 黄群慧、贺俊：《未来 30 年中国工业化进程与产业变革的重大趋势》，《学习与探索》2019 年第 8 期。
④ Anton Korinek and E. Joseph, "Stiglitz, Artificial Intelligence, Globalization, and Strategies for Economic Development", *NBER Working Paper*, Feb., 2021.

治格局正在进行深刻演变。多极化深度发展、不平等问题突出,大国博弈加剧,中国经济开放发展的外部环境正在面临更大的不确定性挑战。

(一) 多极化深度发展

萌发于 20 世纪五六十年代的世界多极化是一个长期而复杂的历史进程,到 20 世纪 90 年代冷战结束后,随着两极格局宣告终结,多极化的趋势开始出现。[①] 世界多极化的演变趋势是促成当前国际经济格局演变的最为重要的动因之一。

第一,新兴市场国家和发展中国家群体性经济崛起推动了世界经济多极化的发展。在冷战结束后 30 年的发展中,新兴市场和发展中经济体借助经济全球化的推进快速崛起,相关国家的经济总量在全球经济中的占比已经接近 40%,对世界经济增长的贡献率更是超过了 80%,成为世界经济中不可忽视的重要力量。其中,5 个金砖国家对世界经济增长的贡献率就已经达到了 50%,经济总量占全球经济的比重上升至 23%。[②] 新兴市场国家和发展中国家的崛起不但为世界经济提供了重要的生产能力,也给世界经济提供了广阔的消费和投资市场。

第二,伴随经济多极化的推进,世界政治多极化也在深度发展。随着新兴市场国家和发展中国家在国际事务和全球治理中的话语权和影响力的提升,更多新兴市场国家和发展中国家参与的"G20"全球治理模式正在取代由发达国家主导的"G7"模式成为国际经济合作的重要平台。

(二) 不平等问题日益突出

理论上,经济全球化的深度发展必然带来不同经济体之间和内部分配非中性的动态调整,绝对的平等并不存在。但是,受现有国际经贸规则和分配体系滞后的影响,不断加剧的不平等问题已经脱离了良性轨道,对全球经济的发展产生了负面影响,并衍生出一系列经济社会问题。[③] 事实上,增长和分配、资本和劳动、效率和公平等一系列矛盾日益突出,发达国家和发展中国家都感受到了压力和冲击,全球不平等问题既体现在国家之间,也体现在国家内部。

第一,国家间贫富差距扩大。到目前为止,本轮经济全球化主要集中于

[①] 金鑫:《共同推动世界多极化深入发展》,《人民日报》2019 年 2 月 15 日。
[②] 金鑫:《共同推动世界多极化深入发展》,《人民日报》2019 年 2 月 15 日。
[③] 董志勇、李成明:《全球失衡与再平衡:特征、动因与应对》,《国外社会科学》2020 年第 6 期。

贸易、投资、金融的自由化和便利化，但忽视了全球经济的均衡发展。尤其是20世纪70年代以来，以产业间和产业内贸易为主导的旧国际分工开始向以企业间和产品内贸易为主导的新国际分工转变。新的国际分工成为全球生产和贸易一体化的主要推动力量，改变了发达国家与发展中国家之间单一的贸易结构。随着技术的不断进步，加上贸易、投资、金融自由化的推波助澜，完备的全球分工体系已基本构建完毕，发达国家保留了既有的先发优势，新兴经济体也在全球价值链中找到了一席之地。但是，部分被排除在全球价值链、产业链以外的发展中国家并未享受到全球化带来的福利提升。相反，这些国家和其他国家间的贫富差距持续扩大。2018年世界银行发布的数据显示，人均GDP全球排名后10的布隆迪、中非共和国、尼日尔、刚果等国平均的人均GDP为443.59美元，仅为排名前10的卢森堡、挪威、瑞士等国平均数值的1/219，相比20世纪80年代的1/150，贫富差距进一步拉大，发达国家和最不发达国家间的巨大贫富差距并未随着全球化的发展得到缓解。2020年全球贫困人口出现了20年以来的首次增长，极端贫困人口增加8800万~9300万，高等收入和低等收入国家间的发展失衡进一步的放大。国家间长期存在的发展失衡不仅会带来一系列的道德问题和政治风险，低等收入国家消费力严重不足、劳动力难以得到有效利用等问题更是严重制约了全球经济的健康发展。

第二，发达国家内部不平等问题凸显。在本轮经济全球化的发展中，商品和资本自由流动和全球价值链分工带来的资源配置虽然提高了全球整体福利，但由于劳动力、技术、资本等生产要素的国际流动具有显著的非对称性，同一经济体内部不同经济部门、不同产业、不同企业在全球化中的收益必然有所不同。在二次分配调整有限的情况下，世界主要经济体特别是部分西方发达国家国内分配不均、贫富差距进一步拉大的现象已经普遍出现。世界银行的统计数据显示，无论是作为世界第一大经济体的美国，还是作为高福利国家代表的德国，其基尼系数自1974年以来，都呈较为明显的上涨趋势。当面对全球性的重大危机时，主要经济体普遍采取"大水漫灌"的货币和财政政策，这进一步助推了资产性收入的提高，加剧了国家内部分配的失衡。随着国家内部分配失衡的积累，发达经济体原本较为健康的"纺锤型"社会结构逐渐向"金字塔型"演变。消失的中产阶级和扩大的贫富差距不但造成了消费疲软、劳动积极性降低、生产效率下降等直接性的经济问题，更为逆全球化思潮和民粹主义提供了蔓延和发

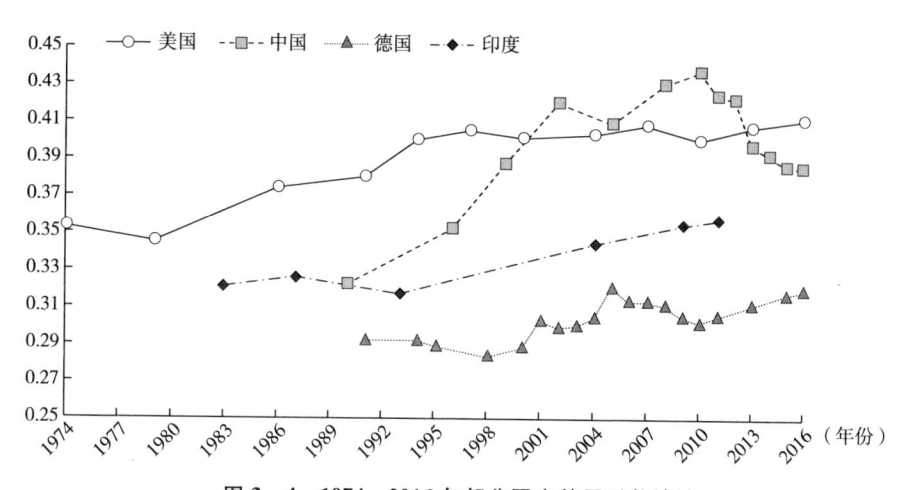

展的"温床",成为引发当今全球化变局中乱象频发的直接动力。

图 3-4　1974~2016 年部分国家基尼系数统计

注：由于不同国家的基尼系数统计的时间和频率有所差异，本图表中选用了部分数据。
资料来源：作者根据世界银行数据自制。

第三，发展中国家内部不平等问题凸显。不平等问题的加剧不仅出现在发达国家，发展中国家同样普遍面临不平等加剧的挑战。具体来说，在过去几十年中，几乎全球所有国家居民收入差距都在以不同的速度拉大，印度、俄罗斯等新兴经济体居民收入不平等增长较快，内部不平等问题本就较为严峻的中东和南美国家的收入水平分化依旧不容乐观，[①] 仅有中国在2010年后实现了基尼系数的持续性下降。

（三）大国博弈加剧

大国间的实力对比和竞合关系的变化既是世界政治经济格局演变的表现，也是推动世界政治经济格局加速演变的重要动力。随着多极化的深度发展和不平等问题的日益突出，大国之间的博弈和竞争正在呈不断加剧的趋势。

第一，大国是参与世界经济运转最为重要的行为主体，大国间的实力对比和竞合关系是影响世界经济格局的重要动力。中美两国作为世界前两大经济体，其双边关系对于双方自身和世界经济的整体环境都有着极为重要的影响，无论是国际分配、国际货币体系、国际关系的再平衡，还是国

---

① 世界不平均实验室：《世界不平均报告2018》，https：//www.docin.com/p-2067470203.html。

际经贸规则的重构，都无法绕开中美双方在市场、技术和制度上的竞合。而从中美关系的历史看，自两国在20世纪70年代结束战略对抗、实现关系正常化后，两国既有合作也有竞争。但进入21世纪以来，中美关系中的竞争性因素上升、大国博弈加剧的趋势较为明显。

第二，大国博弈加剧是当下国际格局发生重大变化的产物。中美两个大国不但是现阶段全球经济格局中最为重要的力量，也是未来高科技领域难以回避的竞争对手。就经济体量而言，2018年中国和美国的国内生产总值分别为20.4万亿元和13.6万亿美元，根据两国在增长速度上的差距，中国经济总量超越美国只是时间问题。而从经济发展潜力上看，中国出于自身发展的合理需要，正逐渐向产业链和价值链的高端发展，开始挑战美国在高技术领域的垄断地位。以高科技企业为例，在全球326家"独角兽"企业中，中国拥有94家，仅次于美国（156家）。美国为了巩固和保持自身在全球产业链和价值链中的垄断性优势地位，将继续控制高技术产业的核心技术，占据产业链和价值链中附加值最多的环节，攫取绝大部分经济全球化带来的新增福利，阻止中国的崛起。

第三，大国博弈加剧的趋势在短期内很难发生逆转。其一，中美两国的竞争在一定程度上是经济实力和治理能力的竞争，中美两国经济实力和国际影响力不断接近，将中国作为主要"战略竞争对手"已经成为美国两党的共识，在中国取得对美绝对优势之前，双方竞争大于合作、博弈总体加剧的态势不会得到缓解。其二，中美两国作为全球治理的重要参与者，双方博弈的影响不仅限于双边层面，在国际和区域经贸合作中也会产生"竞争性供给"的现象。具体来说，中国作为世界第二大经济体，无疑需要承担更大的责任，为世界经济发展和全球治理提供更多的公共品，提出有利于全球协调发展的"中国方案"、贡献"中国力量"，但由于不同资源禀赋、不同发展程度、不同政治地缘、不同文化背景的国家在参与全球化的过程中具有"异质性需求"，在原有全球多边架构下的经贸合作趋于停滞的背景下，更多的国家会在大国提供的全球治理的公共品中做出选择，大国间的博弈可能因此升级为两到三个经济集团间的长期博弈，进而为世界经济带来一系列挑战。

第二节　新环境带给中国开放发展的挑战

改革开放以来，中国成功抓住了新一轮全球化的浪潮，形成了"出口—

投资"驱动、"两头在外、大进大出"的外向型发展模式，充分利用两种资源、两个市场，保持了40多年年均9.5%以上的中高速增长，创造了经济快速发展的"中国奇迹"。但是，在经济整体低迷、经济失衡加剧、民粹主义和贸易保护主义抬头、大国博弈加剧等外部环境变化的大背景之下，国际环境日趋复杂，不稳定性不确定性明显增加，中国经济正面临市场需求逆转、国际分工调整、不确定性风险增加等一系列外部挑战，"两头在外"的发展模式难以持续。

一　中国面临外部需求逆转的挑战

基于"大变局"之下经济整体低迷、经济失衡加剧、民粹主义和贸易保护主义抬头、大国博弈加剧等整体趋势，外部环境变化带给中国经济的首要冲击，是需求端外部市场的需求逆转。具体来说，外部需求对于中国经济前一阶段的快速发展具有极为重要的特殊意义，正因如此，外部总体需求增长停滞、外需对中国经济增长的贡献率下降这两项事实，是中国经济必须面对的重要调整。

（一）外部需求对于中国经济的重要意义

从外部需求对中国经济的重要性上看，虽然外部需求在中国的总需求中基本居于次要地位，但是与其他大国的相同发展阶段相比，外部需求对中国经济增长的贡献相对更大，更为重要的是，外部需求在调整国内经济结构、促进经济体制改革、吸纳就业、提高劳动者收入等方面的积极作用不可替代。外部需求占据重要地位是中国发展模式有别于其他大国的一个显著标志，也是解释中国持续高速增长、结构调整和体制改革的重要因素。[①]

第一，外部需求是中国经济增长的重要引擎。从外部需求对中国经济增长的直接贡献上看，1978~2020年中国的出口依存度为19.2%，高于美国（10.3%）、印度（13.6%）、巴西（11.0%）等代表性发达大国和新兴经济体。在实证研究方面，林毅夫等的测算更是说明，中国在20世纪90年代出口每增长10%可以促进国内生产总值增长约1%。[②]

第二，外部需求是中国经济体制改革和创新的重要推动力。从经济体

[①] 江小涓：《大国双引擎增长模式——中国经济增长中的内需和外需》，《管理世界》2020年第6期。
[②] 林毅夫、李永军：《必要的修正——对外贸易与经济增长关系的再考察》，《国际贸易》2001年第9期。

制改革和创新的角度来看，外部需求促使中国积极融入全球贸易体系，最终实现了"以开放促改革"。为了更好地对接外部需求，中国实施了一系列经济体制改革，为中国经济的发展提供了动力和保障。特别是以加入WTO为契机，中国在促进贸易平衡发展、提高贸易便利化水平、大幅放宽外商准入、加快实施自贸区建设等领域进行了体制改革和制度创新。

第三，外部需求是吸纳就业和提高劳动者收入的重要渠道。改革开放后，对外贸易逐渐成为中国开放型经济体系的重要部分，提供了大量的就业岗位。据统计，2012年中国对外贸易直接带动国内就业人口超过8000万人，其中60%以上来自农村，就业者的收入和生活水平得到显著提高。纳入间接带动的就业岗位，对外贸易在国内共创造了约1.8亿个就业岗位，创造了18%的全国税收。①

由此可见，旺盛的外部需求不但促使出口成为中国经济传统的"三驾马车"之一，更促进了中国经济体制改革和国内经济结构调整，并通过吸纳就业、提高劳动者收入，对国内消费市场的培育、劳动力质量改善起到了重要的积极作用。也正因如此，外部需求的逆转是"大变局"下中国经济亟待解决的重要挑战。

（二）中国外部需求增长停滞

在世界经济整体低迷、经济失衡有所加剧、民粹主义和贸易保护主义抬头、大国博弈加剧的外部大环境影响下，中国外部需求的增长已经有所放缓，外部需求结构也正面临调整。

从全球市场的外部总体需求上看，2008~2019年全球居民最终消费支出的年均增长率为2.46%，相比1998~2007年3.38%的年均增长率下降了近30%，全球消费市场整体需求的增长明显减慢。受部分国家贸易保护主义等因素的影响，全球商品和服务贸易的增长率下滑更快，2008~2019年3.09%的年均增长率相较上一个十年6.36%的年均增长率下降了50%以上。② 受国际形势影响，全球经济增长出现大幅倒退，国际贸易一度出现双向中断，全球消费市场和国际贸易的增长大概率会出现进一步下滑，形势不容乐观。

具体对中国而言，虽然中国自2009年起已经连续9年保持着第一出口

---

① 《〈中国的对外贸易〉白皮书》，中华人民共和国国务院新闻办公室网站，2011年12月7日，http://www.scio.gov.cn/ztk/dtzt/66/2/Document/1061092/1061092_1.htm。
② 资料来源：世界银行数据库。

大国和第二进口大国的地位，但货物和服务出口总额的增长趋势同样有所放缓，在2008年、2014年、2015年和2018年甚至还出现了4次负增长，外部需求的逆转已经对中国的出口产生了实质性的负面影响（见图3-5）。

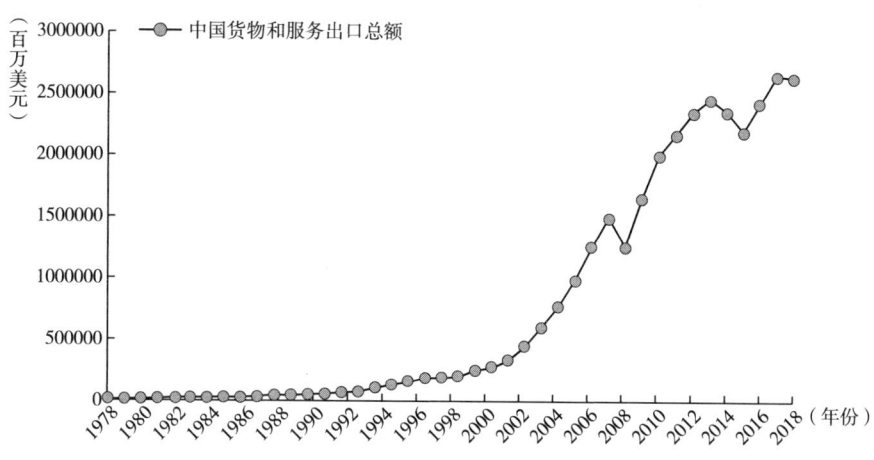

图3-5 1978~2018年中国货物和服务出口总额
资料来源：作者根据世界银行数据整理。

（三）外部需求对中国经济的贡献率持续下降

除了外部总体需求和出口增长的停滞，外部需求逆转带给中国经济的挑战还体现在其对中国经济的支撑和促进作用持续下降。

第一，外部需求对中国经济增长的贡献率降低。中国经济的出口依存度在改革开放后经历了近30年的快速增长，从1979年的5.16%最终达到了2006年36.03%的峰值，外部需求对于中国国民经济的重要性也由此到达顶峰。但随着中国国内经济的快速发展，在2006年后，尤其是2008年全球金融危机爆发以来，在内外部市场此消彼长的作用下，以加工贸易为主的"外循环"在中国国民经济中的占比持续下降，截至2019年已经回落至18.4%左右（见图3-6）。结合世界经济和中国经济的基本面来看，中国在较长的时间里仍会保持高于世界平均水平经济增速，相对于快速发展的国内消费市场，增长缓慢的外部需求对国民经济增长的贡献率仍会继续下降。

第二，外部需求对劳动力市场的支撑作用减弱。改革开放后，广阔的世界市场是促进中国劳动力市场发展、劳动参与率提高和居民就业增长的重要因素。但随着中国经济体量的扩张和外需增长的停滞，内需的重要作

图 3-6　1979~2019 年中国出口依存度统计

资料来源：作者根据世界银行数据整理①。

用不断凸显，外部需求对中国劳动力市场的支持作用有所减弱。以就业为例，2020 年中国有进出口实绩的企业共有 47.8 万家，外贸带动就业人数达到 1.8 亿，这一数字基本与 2012 年的水平保持一致，而外部需求在近几年来并未吸纳更多的新增就业人口。

第三，外部需求对中国经济结构转型的推动作用减弱。经过改革开放 40 多年的发展，中国已经建立了全世界最完整的现代工业体系，成为制造业第一大国，② 中国经济逐渐由高速增长阶段转向高质量发展阶段。随着中国国内生产要素价格的上涨，中国自身生产成本的上升正在削弱中国出口产品的竞争优势，传统的对外经济发展模式难以持续。在这一时期，中国经济结构转型调整的重点在于创新驱动的转型升级，需要在关键核心领域对"卡脖子"技术进行突破。

二　中国面临全球价值链重构的挑战

在中国改革开放后"出口—投资"的外循环模式中，以加工贸易和外商直接投资为特征的出口导向战略取得了巨大的成功。但在外部环境变化的影响下，传统的外循环发展模式除了在消费端面临外部市场需求逆转的影响，在生产端同样需要面对现有国际分工体系的深度调整带来的挑战。

---

① Table7. 1 - Federal Debt at the End of Year：1940 - 2027，https：//www.whitehouse.gov/omb/historical-tables/.

② 习近平：《在庆祝改革开放 40 周年大会上的讲话》，《人民日报》2018 年 12 月 18 日。

具体来说，价值链分工为当前国际分工的主要形式，"大变局"之下全球价值链的收缩和重组的趋势会从纵向分工和横向分工两方面为中国经济带来挑战，单一的"外循环"模式难以持续。

（一）价值链分工是目前国际分工的主要形式

国际分工这一概念随着工业革命以来贸易、生产、技术在全球范围内的扩散而得以形成。第二次世界大战结束后，随着以"宗主国—卫星国—殖民地"为主要特征的国际贸易与生产分工结构瓦解、贸易和投资自由化影响下全球贸易壁垒的降低，以及全球范围内交通成本和通信成本的降低，国际分工逐渐从生产不同最终产品的产业间分工转向产业内基于垂直专业化的生产要素分工。

在新的分工形式下，价值链上具有劳动要素密集、资本要素密集、技术要素密集等特征的各个生产环节被分配到具有不同要素禀赋的国家和地区。[1] 冷战结束后，美国主导下的基于产业链、价值链的世界产业分工秩序得到了进一步发展和完善，如果说 20 世纪 80 年代之前存在的价值链分工更多地集中于发达经济体之间的"北—北"模式，那如今的分工格局则是"北—北"模式与"南—北""南—南"模式的并存。[2] 随着越来越多的发展和转型经济体逐渐参与到这一分工体系之中，全球价值链分工最终成为经济全球化与国际分工的新常态。从具体数据来看，近年来中间品贸易总额已经超过最终品贸易，占据全球贸易量的 60% 以上，产品的价值创造不再局限于单一国家，价值链上的不同国家基于自身要素禀赋和技术水平从事产品生产的不同工序，全球经济已经基本进入了价值链主导的分工时代。

特别是对于中国来说，中国在改革开放后逐渐占据了发达国家价值链环流和发展中国家价值链环流之间"共轭环流"的枢纽地位，[3] 是现阶段全球价值链分工的重要受益者之一。正因如此，外部环境变化导致的全球价值链回缩和重组以及中国自身全球价值链中的地位攀升遭遇的瓶颈为中

---

[1] 蒋彦庆：《全球性人口转型与新一轮国际分工调整》，《人民论坛·学术前沿》2020 年第 11 期。

[2] 程大中：《中国参与全球价值链分工的程度及演变趋势——基于跨国投入产出分析》，《经济研究》2015 年第 9 期。

[3] 洪俊杰、商辉：《中国开放型经济的"共轭环流论"：理论与证据》，《中国社会科学》2019 年第 1 期。

国经济带来严峻挑战。

（二）价值链重构是国际分工调整的主要表现

深度发展的价值链分工是当前世界经济最为重要的分工形式，也是中国外循环发展模式的重要依托。因此，"大变局"之下全球价值链的回缩和重组既是国际分工体系调整的主要表现，也是中国经济发展面对的重要挑战。具体而言，全球价值链的回缩和重组主要受到技术进步、发达经济体内部失衡和重大突发事件三方面的影响。

第一，新一轮科技革命和产业变革的兴起是导致全球价值链重组的根本动力。在新一轮科技革命和产业变革方兴未艾的背景下，新一代信息技术、生命科学技术、新能源技术等的新兴技术不断发展，传统的经济业态不断优化，新经济业态不断产生。人类生产生活方式的变革直接导致新兴市场和发展中经济体较为丰裕的劳动力、土地等生产要素在价值链中地位下降，而发达经济体较为丰裕的技术、资本等生产要素在价值链中地位上升，最终提高了将生产活动从劳动力丰富的发展中经济体重新转移到发达经济体的可能性。[①]

第二，全球经济失衡是推动全球价值链重组的重要原因。从全球经济失衡的角度来看，以发达国家跨国企业为主导的全球价值链分工并没有让民众享受到全球化带来的整体福利上升，甚至还加剧了国内的分配失衡，面对国内的政治压力，美国、德国、法国、日本等主要发达经济体都出台了各自版本的"制造业回流"和"再工业化"计划，对全球产业链的继续发展构成了一定的阻力。

第三，国际形势变化加速了全球价值链的重构。在突发事件的影响下，全球经济的不确定性有所上升，一定程度上暴露出过长、过于碎片化的供应链、产业链和价值链在效率和安全之间的失衡，导致越来越多的经济主体倾向于通过加强近岸外包和价值链区域化的方式规避风险，进一步压缩了全球价值链的发展空间。

（三）全球价值链重构对中国经济的影响深远

中国作为全球价值链分工体系中的受益者之一，改革开放后"外循环"发展模式取得的巨大成功离不开全球产业链快速扩张产生的历史性机

[①] 江小涓、孟丽君：《内循环为主、外循环赋能与更高水平双循环——国际经验与中国实践》，《管理世界》2021年第1期。

遇。在全球价值链收缩和重组的背景下，中国经济将会在纵向分工和横向分工上分别面临发达经济体技术垄断优势强化、发展经济体分工竞争加剧这两大挑战。

在纵向分工上，随着全球价值链向区域化、数字化转型，发达国家的技术垄断地位不断强化，中国向价值链上下游纵向突破的难度不断增加。与上一轮科技革命相比，人工智能、智能制造等新技术的应用都需要基于底层核心技术的突破来予以实现，通过引进发达国家相对成熟的技术进行适应性改进和创新来实现本国的技术升级和追赶的难度大大提高，进行底层技术创新的国家拥有了更大的垄断性技术空间，通过西方国家主导的全球和区域价值链实现技术突破难度很大。

在横向分工上，中国也面临日益激烈的国际竞争。随着技术要素和资本要素在价值链中重要性的不断上升，劳动力和土地等其他生产要素的议价权有所下滑，进一步降低了中低端分工环节在地理空间上的迁移成本，加上中国自身人力资源成本的不断上升，以及基于供应链安全考虑的近岸外包和区域价值链分工模式的不断发展等因素的影响，中国作为"世界工厂"会面临来自其他发展中经济体更加激烈的横向竞争。

三 中国面临外部环境不确定性增加的挑战

除了需求端的外部需求逆转和供给端的国际分工体系调整，世界发展大变革大调整大转型造成的外部环境变化对中国开放发展的影响还在于不确定性的增加。尤其是在中国新发展格局全面贯彻落实总体国家安全观，科学统筹发展和安全两件大事的要求之下，外部环境不断上升的不确定性风险让对外贸易和投资的稳定性和可靠性持续下降，中国单一的外循环发展模式面临巨大挑战。具体来看，外部环境的不确定性增加在全球、区域、双边等多个层面均有体现。

（一）全球层面：全球治理体系变革的不确定

对于中国经济来说，全球多边层面的不确定性主要来源于全球治理体系的变革和国际经贸规则的变革与重构。在世界政治经济格局已经发生重大改变的背景下，现有的由发达经济体主导的全球治理体系和全球经贸规则已不能完全适应当前世界经济运行的实际需求。虽然对全球治理体系和国际经贸规则进行改革已成为大多数发达经济体和发展中经济体的共同诉求，但在变革实际发生的过程中，不同经济体之间的利益诉求仍有分歧，新的治理体系和经贸规则也会对现有的体系和规则造成冲击。

具体来说，虽然国际格局的演变是已经存在的客观事实，与之对应的更公正、更合理的国际政治经济新秩序是历史的大势所趋，但鉴于治理体系和规则的变革具有一定的滞后性，短期内变革的具体方向和进度仍具有很强的不确定性。以国际经贸规则为例，现有的 WTO 规则还大体停留在约 25 年前的"乌拉圭回合谈判"时代，经贸规则的深度和广度都十分有限，有关环境保护、知识产权、数字贸易、跨境投资、竞争政策等深度全球化的内容比较匮乏，很难适应现阶段全球价值链分工的新要求。但是各国出于国家利益的考量，对于国际规则的态度往往取决于该国在全球价值链和产业链中的地位，南北国家关于经贸规则的制定争议不断，全球治理体系变革的过程充满了竞争和博弈。在全球治理体系变革，尤其是权力转移的过程中，新旧体系、新旧规则、新旧力量之间的冲突和矛盾会随之暴露，从而对世界经济和中国经济的发展带来大量不确定因素。

（二）区域层面：地缘政治与经济联系的不确定

在世界经济格局加速演变、全球治理体系和经贸规则面临变革的背景下，区域层面的不确定性因素也在随之增加。对于中国经济而言，区域层面的不确定性增加主要来自区域经济合作与地缘政治的不确定。

地缘博弈的不确定。受到世界经济整体低迷、全球经济失衡加剧、民粹主义和贸易保护主义抬头、大国博弈加剧等大环境的影响，全球范围内的地缘政治风险显著上升。乌克兰危机、美国印太战略等地缘博弈愈演愈烈，严重影响了区域政治经济局势的稳定。中国与世界经济的联系极为紧密，对于中国经济来说，中美博弈、欧洲一体化倒退，甚至部分国家的政治局势波动等地缘政治不确定都会导致中国开放发展外部环境的不确定性增加。

区域经济合作的不确定。在全球多边合作进展缓慢的情况下，更加满足不同经济体异质性需求的区域和双边性经贸规则正在蓬勃发展，例如欧盟、非盟、《北美自由贸易协定》和《美加墨贸易协定》的形成，相互临近的国家和地区纷纷试图构建更加符合自身利益的区域制度安排。作为经济全球化的重要组成部分和推动力量，区域经济一体化和双边经贸规则的制定，在提高区域内经济体依存度的同时，也使得世界经济呈排他性、碎片化的发展态势。相较于单一的经贸合作模式和全球治理体系，更加多元、更加多变的区域性经济合作在增加中国经济参与其中的难度的同时，也会增加更多的不确定因素。

（三）双边层面：与主要经济体关系的不确定

除了全球和区域层面的不确定性挑战，中国与主要经济体之间的双边关系也是影响中国经济外部环境的重要因素。具体来说，在中美博弈长期化、复杂化的同时，中国与欧盟、东盟等主要经济体之间的不确定性也逐渐上升。

中美关系的不确定。中美关系是当今世界上最重要的双边关系之一，中美之间的大国博弈加剧也是中国经济外部环境变化的重要特征。事实上，虽然中国一再强调中美两国在维护世界和平稳定、促进全球发展繁荣方面拥有广泛的共同利益，但随着双方在经济、政治、军事、科技、制度、规则等诸多领域竞争性因素的不断上升，强调对华竞争、减少对华依赖已经成为美国各界的基本共识。中美大国博弈长期化、复杂化的总体发展趋势在短时间内很难逆转。

中欧关系的不确定。中国和欧盟互为对方最大的贸易伙伴，然而双方长期关系的不确定性因素仍不容忽视。2020年中国与欧盟正式签订《中欧双边投资协定》，标志着中欧关系迈上了提质升级的新台阶，但在欧洲内外部反华势力的干扰下，该协定迟迟未能得到欧洲议会的最终通过，中欧关系变数犹存。尤其是欧盟国家自身人口老龄化、债务提升等结构问题始终没有得到妥善解决，难民危机等现实问题更是加剧了欧盟内部的分化，在欧盟右翼势力不断崛起的背景下，中欧中长期关系的不确定因素不容忽视。

中国与周边国家关系的不确定。东盟作为蓬勃发展的新兴市场经济体，是中国的第二大贸易伙伴，也是中国对外经济合作的重要增长点。但是东盟国家同样存在集体决策困境，不同成员国由于利益诉求的差异，存在着不同的对华态度，在部分东盟国家国内局势并不稳定的背景下，中国与东盟的双边经贸关系同样存在一定的不确定性因素。

第三节　外部环境变化带给中国开放发展的机遇

进入新发展阶段，外部环境的深刻变化为中国带来了一系列新的挑战，也带来了一系列新的机遇，可谓是危机并存、危中有机、危可转机。[①]

---

① 杨洁篪：《积极营造良好外部环境》，《人民日报》2020年11月30日。

总体而言，中国发展仍然处于重要战略机遇期。① 具体来说，在"大变局"的深刻演变中，经济全球化的调整提升了中国经济的相对地位，新产业革命为中国提供了弯道超车的历史性机遇，而国际公共品缺失则为中国参与全球治理提供了广阔的空间。

一 经济全球化的调整提升中国经济的相对地位

纵览国际历史，一国要走近或者居于世界舞台中央，一定要先成为全球经济中一种构成性乃至领导性力量。② 在现有的世界格局中，经济实力的快速发展是国际地位提升最为重要的物质基础。对于中国来说，中国经济和社会发展都在改革开放后取得了举世瞩目的成就，主要经济社会发展指标占世界的比重持续提高，居世界的位次不断前移，国际地位显著提升。③ 而世界经济的整体低迷更是进一步凸显了中国经济的"引擎"作用，为中国国际话语权的提升提供了重要机遇。

（一）世界经济增长趋缓放大中国经济的"引擎"作用

世界经济增长乏力是经济全球化深度调整的重要表现。但是，世界经济的整体低迷与中国经济的稳定发展形成了鲜明对比，进一步放大了中国经济的"引擎"作用，提高了中国经济相对地位。

第一，中国自身经济快速增长，对世界经济的贡献率不断提升。2006年以来，中国对世界经济增长的贡献率稳居世界第1位，2018年中国对世界经济增长的贡献率达到27.5%，超过了美国、日本贡献率的总和，拉动世界经济增长了近0.8个百分点，是世界经济增长当之无愧的第一引擎。2021年，中国GDP增长率达到8.1%，大幅高于世界同期平均水平，在拥有巨大经济体量的同时保持了世界领先的经济增长潜力，为全球经济复苏提供了重要力量。

第二，中国经济的稳定发展提振了全球经济复苏的信心，为稳定全球经

---

① 《中共中央关于制定国民经济和社会发展第十四个五年规划和二〇三五年远景目标的建议》，中国政府网，2020年11月3日，http://www.gov.cn/zhengce/2020-11/03/content_5556991.htm。
② 王存刚：《百年未有之大变局与中国共产党外交领导力》，《世界经济与政治》2020年第5期。
③ 《国际地位显著提高 国际影响力持续增强——新中国成立70周年经济社会发展成就系列报告之二十三》，中国政府网，2019年8月30日，http://www.gov.cn/xinwen/2019-08/30/content_5425839.htm。

济秩序发挥了巨大的作用。在全球性经济危机后续影响持续发酵的背景下,中国经济保持平稳较快的增长,为世界经济贸易乃至社会政治格局的稳定贡献了中国力量,为全球各国的经济发展提供了全新的"中国道路"。[①]

第三,中国为稳定全球产业链、供应链做出了重要贡献。中国作为世界第二大经济体、世界第一制造业大国,拥有全球最完整且规模最大的工业体系、强大的生产能力、完善的配套设施,是全球产业链、供应链最为重要的参与者,因此,中国有能力维护全球产业链、供应链稳定畅通。

(二) 全球消费端低迷凸显中国市场的重要地位

中国不仅是全球第二大消费市场,还拥有巨大的市场增长潜力和开放意愿,是世界市场中不可忽视的重要力量。随着中国市场在世界市场中的重要性不断提升,中国在开放发展的过程中获得了更多的议价能力。

第一,中国已经成为全球第二大商品消费市场,超大规模市场优势更加明显。数据显示,党的十八大以来,中国最终消费支出由2012年的27.5万亿元提升到2020年的56.1万亿元,最终消费支出占GDP的比重由51.1%提升到54.7%。中国消费市场快速发展,不仅改善了中国人民的生活,也为世界各国提供了更多的发展机遇。2021年,中国消费品进口额达到1.7万亿元,相比2012年增长了1倍以上,[②]与世界经济的整体低迷形成鲜明的对比。

第二,中国消费市场潜力巨大,消费结构持续升级。相对于中国经济的巨大体量来看,中国消费市场还拥有巨大的发展潜力。与此同时,中国居民消费已经开始从注重量的满足向追求质的提升转变,从以商品消费为主向商品和服务消费并重转变,从模仿型向个性化、多样化转变。

第三,中国政府坚定地扩大开放,与世界共享发展成果。进入新时代以来,中国政府一直致力于推动经济全球化朝着更加开放、包容、普惠、平衡、共赢的方向发展,推动构建人类命运共同体,坚定不移地发展开放型世界经济,在开放中分享机会和利益,实现互利共赢,通过积极扩大进

[①] 万相昱、张涛:《中国的经济增长为世界经济作出了重要贡献》,《红旗文稿》2017年第13期。

[②] 《党的十八大以来,我国成为全球第二大消费市场》,中国政府网,2022年5月21日,http://www.gov.cn/xinwen/2022-05/21/content_5691573.htm。

口来主动开放"中国市场"。① 习近平主席在2018年举办的首届中国国际进口博览会开幕式上更是承诺中国主动扩大进口不是权宜之计,而是面向世界、面向未来、促进共同发展的长远考量。

(三)相对地位的变化提升了中国经济的国际影响力

在世界主要经济体的经济实力对比变化中,中国经济相对地位的变化提升了中国经济的影响力,既有助于中国在国际博弈中获得更多的筹码,也有助于中国在双边层面结交更多的战略伙伴,为中国经济开放发展过程中主动改善外部环境提供了宝贵机遇。

第一,在全球层面,经济地位和影响力的提升有利于增强中国在全球治理中的话语权。近年来,中国在杭州成功举办G20峰会、推动人民币加入特别提款权货币篮子、在世界银行和国际货币基金组织的投票权进一步提升至5.71%和6.09%、多次举办进口博览会等一系列标志性事件都充分说明,随着经济地位的提升,中国正在从全球经济治理的融入者和参与者向推动者和引领者转变。

第二,在区域层面,经济地位和影响力的提升有利于中国结交更多的战略伙伴。在改革开放后的前20年里,"韬光养晦"的外交政策主要着眼于通过经济合作带来中国自身的经济发展,虽然中国对外贸易总额在全球的占比已经提高至10%左右,但这未能给中国带来更多的战略伙伴,也未能帮助中国建立起良好的国际形象,中国与世界其他国家和地区的关系没有得到实质性的改善,② 不利于大变局之下中国经济的长期、稳定发展。但随着经济地位和国际影响力的提高,中国发起和建立了包括"一带一路"倡议、亚洲基础设施投资银行等多项区域多边合作机制,越来越多的国家开始听见"中国声音",开始接受强调互利共赢的"中国方案"。

第三,在双边层面,中国经济地位和影响力的提高强化了世界经济对于中国经济的敏感性,给予了中国经济更多的博弈筹码。随着中国经济在世界经济中的重要性不断凸显,中国在双边博弈之中的话语权已经明显增强。中国拥有更多的机会和可能性在大国博弈中推动世界政治经济新秩序朝着更加公平、合理的方向发展。

---

① 魏浩、郭也、巫俊:《中国市场、进口贸易与世界经济增长》,《世界经济与政治论坛》2021年第3期。

② 阎学通:《从韬光养晦到奋发有为》,《国际政治科学》2014年第4期。

二 新产业革命为中国提供弯道超车的机遇

按照经济结构、生产力水平、主导技术和主导产业、关键生产要素、人类生产生活方式等标准划分,世界经济史上至少已经发生过三次标志性的产业革命。[①] 在过往的三次产业革命中,英国、美国、日本等国家抓住产业革命的历史性机遇,实现了经济的快速发展和国际地位的迅速提高。虽然新一轮科技革命和产业变革的互动模式变得更为复杂,但中国却拥有独特的优势和发展机遇。

(一) 新产业革命为中国提供了释放"人才红利"的机遇

从历史的经验来看,产业是利用要素组织生产满足需求的载体,随着生产要素在科技创新的创造性破坏中受到非中性的影响,产业结构也会随之发生调整。在科技革命和产业变革的非中性影响下,不同生产要素的供给、需求、相对价格、组织方式都会发生改变,要素会在部门内进行重新配置甚至出现跨部门流动,进而推动产业结构出现动态变化。

在新一轮科技革命和产业变革中,低技能劳动力在生产中的重要性会逐渐下降,掌握先进技术、主导突破性创新的高端人才在全球竞争中的重要性达到了空前的高度。这一发展趋势对于正在经历人口老龄化的中国来说,却正好是将"人口红利"转化为"人才红利"的历史性机遇。事实上,中国人口受教育程度已经明显提升,2020年中国16~59岁劳动年龄人口平均受教育年限达10.75年,相比2010年提高了1.08年,高于世界平均水平。随着教育事业的发展,中国大专及以上受教育程度人口已经达到2.08亿人,占劳动年龄人口的比重达到23.61%,相比2010年大幅提高了11.27个百分点。人才规模的不断扩大为中国在新产业革命中发挥"人才红利"作用提供了坚实基础。

(二) 新产业革命可以将中国庞大的数据资源化为生产要素

从历史的经验来看,科技革命和产业变革可以在生产过程中引入新的生产要素。在农业经济时代,劳动与土地是主要的生产要素,第一次产业

---

① 一般认为产业革命是生产技术和生产关系全面的根本性变革,是科技革命成果在生产过程中的广泛应用。但有关世界经济史上"产业革命"的次数,学界至今仍存在不同的见解。不同学者依据不同的划分标准,有5次、4次、3次等多种结论。其中,以人类进入蒸汽时代、电气时代和信息化时代为标志,认为至少发生过3次"产业革命"是目前较为普遍的划分方式。

革命后，资本在生产中的作用逐渐强化并被纳入生产要素范畴，在第二、第三次产业革命中，随着专业分工不断细化，管理和知识逐步成为新的生产要素。而在当前的新的科技革命和产业变革中，数据对提高生产效率的乘数作用凸显，已经被普遍认为是一种新的生产要素。①

对于中国来说，中国在数字经济领域不但起步较早，还拥有人口基数大、经济体量大的天然优势，所产生的数字资源极为丰富。中国互联网络信息中心（CNNIC）在北京发布的第47次《中国互联网络发展状况统计报告》显示，截至2020年底，依托5G等数字基础设施，中国数字产业快速发展，中国互联网普及率达到70.4%，网民规模已经达到9.89亿，占全球网民总数的25.0%左右。海量用户群体不断产生的数据，正在成为中国在新产业革命背景下发展数字产业的新的比较优势。

（三）新产业革命可以发挥中国"赋能型"政府的制度优势

从历史的经验来看，政府的干预和调控可以优化资源配置，扶持和保护重点产业的发展。在本轮新产业革命中，制造业的经济功能正在被重新定义，国家间产业竞争范式将由企业间竞争和供应链间竞争转向产业生态系统间的竞争，系统的适应性和动态能力成为一国获得产业长期竞争力的关键，②经济发展战略对于促进和推动产业变革的作用更加凸显。Keun和Franco在最新的研究中就以第四次工业革命为背景，指出政府的经济调控能力，特别是前瞻性的政策引导，是发展中国家和新兴经济体把握此次产业变革、最终实现产业升级的关键。③

而中国作为"赋能型"政府的代表性国家，现行的经济体制是有效市场和有为政府的有机结合。基于这一制度优势，中国可以通过社会主义市场经济条件下新型举国体制，支持新一轮科技革命中周期长、风险大、难度高、前景好的战略性科学计划和科学工程，最大限度地激发各类创新主体的潜能、释放各类创新主体的活力，充分发挥国家作为重大科技创新组织者的重要作用。

---

① 谢康、夏正豪、肖静华：《大数据成为现实生产要素的企业实现机制：产品创新视角》，《中国工业经济》2020年第5期。
② 黄群慧、贺俊：《"第三次工业革命"与中国经济发展战略调整——技术经济范式转变的视角》，《中国工业经济》2013年第1期。
③ Keun Lee, Franco Malerba, and Annalisa Primi, "The Fourth Industrial Revolution, Changing Global Value Chains and Industrial Upgrading in Emerging Economies", *Journal of Economic Policy Reform*, 2020.

三　国际公共品缺失为中国参与全球治理提供空间

在经济全球化进入调整、新一轮产业革命加速兴起、世界经济和政治格局深刻演变的大变局之下，国际公共品缺失问题不断暴露。在人类维护共同利益、应对共同挑战的诉求有增无减的情况下，国际公共品的缺失为中国参与全球治理、提出"中国方案"提供了空间和机遇。

（一）维护共同利益的中国机遇

经济全球化之下，世界主要国家间经济交往日益扩大、相互依赖关系不断加深，人类已经成为事实上的"命运共同体"。虽然大变局之中的经济全球化正在遭遇各种挑战，国际贸易和国际投资在增量上存在一定程度的放缓，但从存量上看，国际贸易和国际投资在世界经济中的占比已经超过60%，商品、服务和生产要素正在全球范围内加速流动，国家间的经济交往和相互依赖已经达到了空前密切的程度。不同经济体之间的关系不再是零和游戏，而是"一损俱损，一荣俱荣"的相互依赖关系。在此背景下，维护世界经济的繁荣稳定和可持续发展是世界上绝大多数国家的共同目标。

作为世界第二大经济体和最大的发展中国家，中国不但是世界经济不可或缺的重要组成部分，还是维护世界和平与繁荣的重要力量。近年来，中国不但提出"构建人类命运共同体"的理念，还通过"一带一路"倡议、进口博览会等国际公共品的供给，用实际行动践行这一理念，有效地缩小治理赤字和发展赤字，为提振世界经济注入了"强心剂"。随着中国开放发展外部环境大变局的持续演进，国际公共品缺失的问题必然会更加凸显，中国势必会在未来维护人类共同利益的过程中扮演更加重要的角色。

（二）应对共同挑战的中国机遇

随着世界进入动荡变革期，人类正处在一个挑战层出不穷、风险日益增多的时代。世界经济增长乏力，金融危机阴云不散，发展鸿沟日益突出，冷战思维和强权政治阴魂不散，恐怖主义、难民危机、重大传染性疾病、气候变化等非传统安全威胁持续蔓延。[1] 当前人类社会不仅要应对各种传统的国际政治经济难题，还面临着日益增多的全球性挑战。具体来

---

[1] 习近平：《共同构建人类命运共同体》，《求是》2020年第1期。

说，在军事、政治、安全等传统安全领域，冷战思维与零和博弈残存、结盟对抗观念延续、部分地区持续动荡等问题始终没有得到妥善解决；在非传统安全领域，传染病防治、气候变化、粮食安全、恐怖主义、难民危机等新问题、新挑战层出不穷，海洋、极地、网络、太空等新兴治理领域不断拓展，进一步提高了全球治理的难度。这些挑战对整个人类的生存和发展构成了严重威胁，没有一个国家可以独善其身，也没有一个国家可以独自应对这些难题。

而在国际格局深刻演变的过程中，美国整体实力相对衰落，对外行为模式日益由国际主义向国家主义转化；欧盟内部分化不断，跨大西洋关系日趋冷淡，在现有的全球治理体系占据主导地位的西方文明呈整体性衰落态势。在此背景下，为了应对不断增多的人类共同挑战，中国势必需要承担更重的责任与担当，在新的全球治理体系中发挥更大的作用。

第四章　新发展格局下中国开放发展的内部基础

进入新发展阶段，中国的经济实力、综合国力和人民生活水平跃上新台阶，拥有显著的经济发展优势，具备在危机中孕新机、变局中开新局的坚实基础。与此同时，中国处于经济转型的重要战略机遇期，构建新发展格局是中国提升开放发展质量、培育国际竞争优势的必然选择。

第一节　中国经济发展步入新阶段

经过70多年的发展，中国已从一个人口众多、底子薄弱的东方大国，成长为经济基础扎实、发展势头强劲的东方明珠。经济发展已经步入新阶段，经济发展效益和质量持续提升。与此同时，中国经济转型升级也进入重要窗口期，经济转型升级呈现空间大、动力足、内需增长潜力大的特点，这也对中国经济全面深化改革的广泛性和深刻性提出了更高的要求。总体而言，中国经济转型升级的机遇与挑战并存，经济发展仍处于重要战略机遇期。

一　中国经济发展新阶段的主要特征

进入新发展阶段，中国国内经济转型升级与对外高质量开放协同推进，传统经济与数字经济融合发展，逐步踏上了从"经济大国"走向"经济强国"的道路，国际影响力显著增强。

（一）产业结构优化升级

随着供给侧结构性改革以及需求侧优化升级的不断推进，中国经济结构和产业结构不断优化，主要表现为：第一产业在国民经济中的地位迅速下降，经济增长由第二产业和第三产业共同拉动。这种由"单轮驱动"向

"多轮并驱"的结构性变化，极大增强了中国经济发展的韧性。

其一，第一产业占国内生产总值的比重逐渐下降。从三大产业在国民经济中的占比来看，第一产业的国内生产总值占比不断下降，从1978年的27.7%下降到2020年的7.7%；第二产业的国内生产总值占比先上升后下降，2012年第二产业的占比为45.5%，2020年这一数值下降为37.8%；第三产业的国内生产总值占比不断上升，1984年第三产业的占比仅为24.6%，2020年攀升到了54.5%。1978~2012年第二产业在国内生产总值中所占比重最高，但是2012年以后，第三产业的占比逐渐超过第二产业的占比（见图4-1）。这说明改革开放后，在"坚持以农业为基础，加快推进工业化进程，大力发展第三产业"建设方针的指引下，中国产业结构逐步调整。

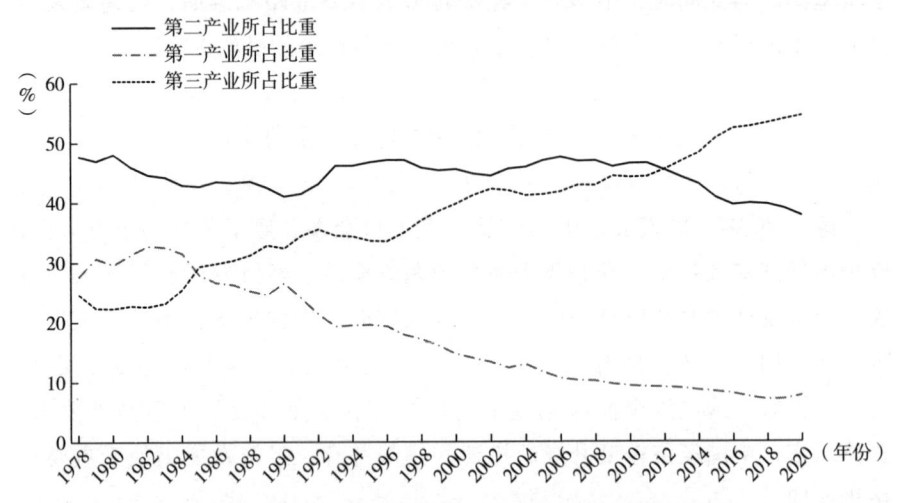

图4-1 1978~2020年中国三次产业所占比重变化趋势

资料来源：国家统计局。

其二，第二、第三产业取代第一产业成为带动经济增长的主力。1978~2021年，第一产业增加值在GDP中的占比不断下降；第二产业增加值在GDP中的占比总体较为稳定，但是近年来开始小幅下降；第三产业增加值在GDP中的比重大体呈上升的趋势（见图4-2）。2021年，第一、第二、第三产业增加值在GDP中的比重分别为7.3%、29.4%和53.3%。可以看出，随着中国经济转型的不断推进以及第二产业发展陷入瓶颈，第三产业开始接替第二产业作为经济增长的新引擎，逐渐成为中国国民经济发展的主导力量。[1]

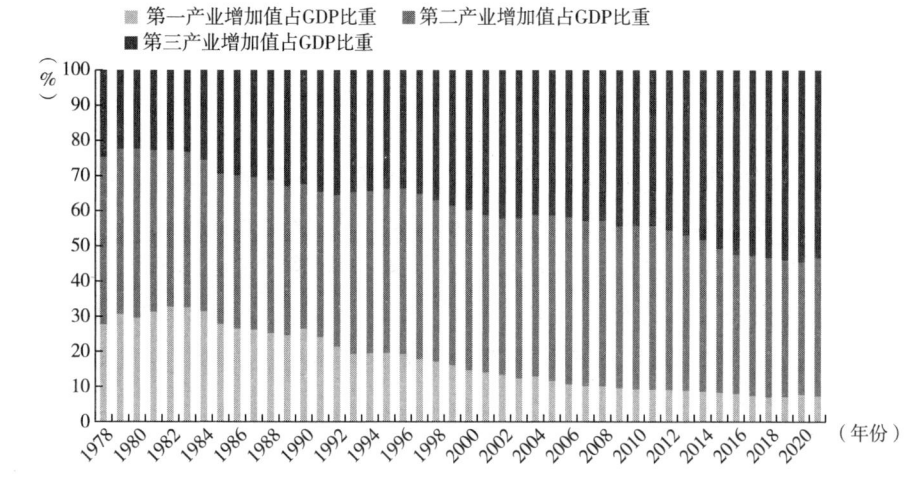

图 4-2 三次产业增加值占 GDP 比重变化趋势

资料来源：国家统计局官网、《中华人民共和国 2021 年国民经济和社会发展统计公报》相关数据计算。

其三，传统产业经济发展模式改造提升。5G、物联网等数字技术的融入使得传统产业发展更具信息化、智能化和数字化，提升了传统产业的资源配置效率，加快了产业升级和经济转型的步伐。在服务业尤其是电子商务、共享经济等领域，数字技术与经济生活不断融合，数字经济迅猛发展。2020 年，中等规模以上互联网企业实现业务收入 1.3 万亿元，同比增长 12.5%。在制造业领域，新一代信息技术与制造业的融合孕育出新技术、新产品、新业态。截至 2020 年底，全国"5G＋工业互联网"建设项目已经超过了 1100 个，涵盖港口、电力、矿山等场景，呈规模化应用的发展趋势。相比于制造业和服务业，农业的数字化转型需求较弱，同时也说明其数字化发展的潜力较大。2020 年农业数字经济渗透率为 8.9%，同比增长 0.7 个百分点。[2]

（二）数字经济快速发展

在全球经济增长乏力甚至衰退的背景下，数字经济已经成为最具活

---

[1] 福建师范大学经济学院中国经济 70 年研究课题组：《中国经济 70 年发展报告（1949～2019）》，经济科学出版社，2019。

[2] 中国信息通信研究院：《中国数字经济发展白皮书》，2021 年 4 月，http://www.caict.ac.cn/kxyj/qwfb/bps/202104/P020210424737615413306.pdf。

力、最具创新力、影响范围最广泛的经济形态，为各国经济增长提供了强劲动力。在建设数字中国的新时代国家信息化发展总体战略指引下，中国数字经济发展取得了显著成效，成为推动世界数字经济发展的主要力量。

第一，数字经济规模不断扩张。在世界经济低迷、国际经济局势存在极大不确定性的背景之下，数字经济成为中国推动经济复苏的关键举措以及经济增长的新引擎。相比于2005年，2020年中国数字经济规模增长了15.1倍，年复合增长率高达19.8%，而同期GDP仅增长了6.4倍，年复合增长率为13.2%，可见中国GDP的增长规模和增长速度均低于数字经济的增长规模和增长速度。同时，2014~2020年，数字经济对中国GDP增长始终保持50%以上的贡献率，2020年数字经济对经济增长的贡献率接近七成，显著高于三次产业对于经济增长的贡献。①

第二，数字贸易增长势头迅猛。中国正处于数字贸易发展的黄金期，数字贸易规模和增速水平位居全球前列。中国数字服务出口增速相比于其他服务出口增速大幅提高，即数字服务出口在服务出口中的比重不断扩大。2010~2019年，中国ICT服务出口在本国数字服务出口中占比提升幅度位居全球第一，达18.9%。② 2020年，中国可数字化交付的服务贸易额为2947.6亿美元，相比于2019年增长了8.4%，相比于"十三五"初期提升了13.9%。③

第三，数字产业竞争力持续提升。数字产业化和产业数字化是经济高质量发展的核心内容，快速提高的数字产业竞争力已经成为中国塑造国际竞争新优势的重要一环。根据《数字经济蓝皮书：全球数字经济国家竞争力发展报告》测算结果，2019年中国数字产业竞争力得分为71.34分，首次超越美国，位居世界第一。2019~2021年，中国数字产业竞争力始终保持在全球第1的位置，并且逐渐拉开与其他国家的差距。2021年，中国数字产业竞争力得分为62.72分，领先位居第2名得分22.57分的美国。其中，中国数字产业经济产出得分达到了最高值100分，构成了中国数字产业的核心竞争力优势。④

---

① 资料来源：根据《中国数字经济发展白皮书（2021年）》相关数据计算得出。
② 资料来源：中国信息通信研究院，《数字贸易发展白皮书（2020年）》。
③ 资料来源：中华人民共和国中央人民政府网站，http://www.gov.cn/xinwen/2021-09/06/content_5635766.htm。
④ 资料来源：《数字经济蓝皮书：全球数字经济国家竞争力发展报告》（2017~2020年）。

（三）对外开放质量提升

改革开放以来，中国面对不同时期的经济发展难点和经济发展任务，始终坚持通过深化经济体制改革、扩大对外开放来完善中国社会主义经济制度、解放和发展生产力。坚持高水平对外开放是中国经济发展的关键点和突破口。随着中国对外开放的空间和领域逐渐拓宽，双向投资水平和质量提高以及对外贸易的结构调整优化，中国对外开放的质量不断提升。

第一，对外开放战略布局逐渐完善。中国对外开放战略布局逐渐完善，主要体现为对外开放范围和深度不断扩展。其一，对外开放空间加大。自形成"全方位、多层次、宽领域"的对外开放格局以来，中国经济特区和沿海城市迅速发展，中国的内陆城市也加快了对外开放的步伐。从先后设立7个国家级经济特区，到国家级新区增至19个，再到推动建设自由贸易试验区以及自由贸易港等开放新高地，中国对外开放的空间不断增大，逐步形成了"陆海内外联动，东西双向互济"的新格局。其二，对外开放从贸易领域逐步拓展到投资领域。在贸易领域，自党的十八大以来，中国加快推进服务业对外开放，加强服务业领域经贸规则的制定；在投资领域，中国积极推动《外商投资法》以及《外商投资法实施条例》的全面落实，将外商投资准入负面清单由40条降低到33条，不断优化营商环境。其三，金融领域对外开放成为未来开放布局的重点内容。中国积极推进人民币国际化进程，加强债券、股票市场基础设施建设，吸引民营资本进入金融业。自2020年2月28日起，中国国债被正式纳入摩根大通全球新兴市场政府债券指数，充分反映了国际投资者对中国金融市场开放的认可和信任程度持续上升。

第二，对外贸易结构优化升级。中国的对外贸易结构持续改善，主要体现为初级产品和工业制成品在对外贸易中的比重、出口产品结构不断优化。其一，初级产品出口额占总出口额比重不断下降。1980年，中国初级产品出口额占总出口额的比重约为50.3%，说明当时中国的工业技术水平较低，在国际市场上的产品竞争力较弱，只能通过大量出口低技术水平的初级产品来增加外汇收入。随着工业经济的不断发展，中国对初级产品的需求日益加大。2020年，中国初级产品出口额占总出口额的比重相比1980年下降了约45.8个百分点，仅为4.5%。其二，工业制成品进口额占总进口额的比重持续下降。随着工业体系的不断完善，中国不再需要大量进口技术水平较高的工业制成品以满足产业发展需求。自1985年以来，中国工业制成品进口份额呈持续下滑态势。2020年，中国工业制成品进口额占总进口额的比重相比1985年下降了约20.7个百分点（见图4-3）。其三，出口商品向高附加值的信息通信技术产品逐渐转型。进入21世纪之后，中国的技术水平得到了极大提升，信息通信技术货物出口占货物总出口的比例大幅增长。2000年中国信息通信技术货物出口额比重只有17.71%，2018年这一数值上升至27.3%。相比之下，美国和日本的信息通信技术货物出口额占货物出口总额的比例却一直下降，2018年分别只有8.9%和8.1%（见图4-4）。

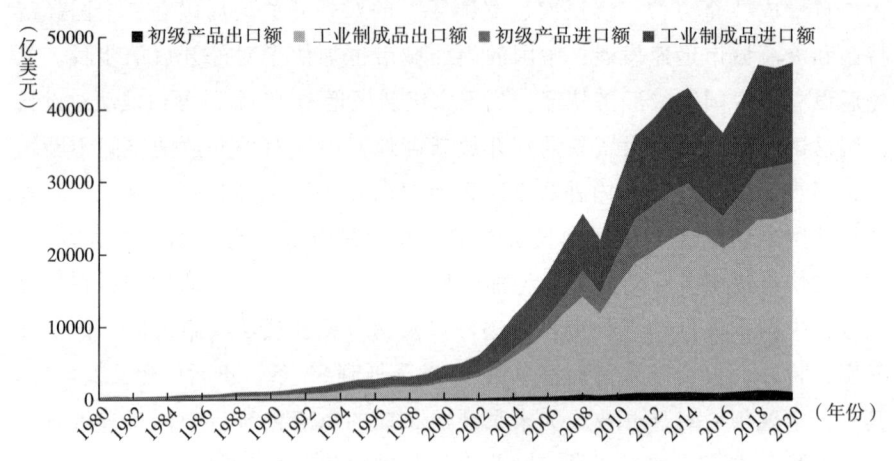

图4-3 初级产品和工业制成品的进出口额变动

资料来源：国家统计局。

第三，"引进来"和"走出去"协调发展。双向投资布局对于更好地统筹协调国内外两个市场、两种资源至关重要，中国坚持"引进来"与"走出去"并重，进入了从产品输出到产业输出、从技术输入到技术合作的新阶段。其一，外商直接投资金额逐年扩大。1983年，中国引入的外商直接投资金额仅为9.2亿美元，2020年这一数值攀升到了1443.7亿美元，中国外商直接投资规模不断壮大。[①] 其二，外资利用质量不断提高。外资主要进入信息传输、软件和信息技术服务业等高新技术产业，而第一产业和第二产业的外商直接投资在逐步减少，说明中国利用外资的质量有所提高。2021年，信息传输、软件和信息技

---

① 资料来源：国家统计局。

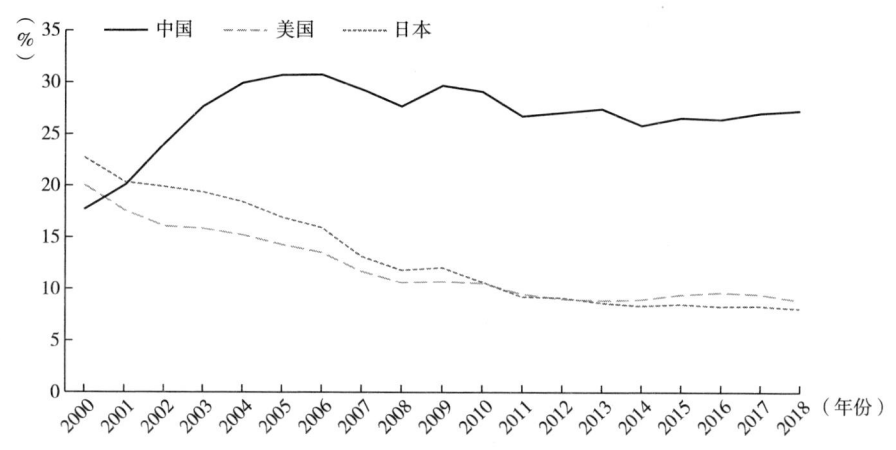

图 4-4　中国、美国和日本信息通信技术货物出口额占货物出口总额的比重情况
资料来源：世界银行。

服务业引入的外商直接投资金额同比增长12.2%，而农林牧渔业和制造业的外商直接投资金额同比下降18.7%和7.9%。[①] 其三，对"一带一路"沿线主要国家的对外投资稳定增长。2020年，中国企业对"一带一路"沿线主要国家实施的并购金额达到31.5亿美元，占中国对外并购总额的11.1%。截至2020年末，中国在"一带一路"沿线主要国家设立的境外企业超过1.1万家，对沿线主要国家累计直接投资达到1398.5亿美元。[②] 其四，对外投资结构持续优化。2020年，中国对外直接投资领域涵盖了国民经济的18个行业大类，且对外直接投资存量的八成集中在服务业，主要分布在租赁和商务服务，批发和零售，信息传输、软件和信息技术服务，金融，房地产，交通运输、仓储和邮政等领域。其中，流向信息传输、软件和信息技术服务业，科学研究和技术服务业的对外投资金额分别为91.9亿美元和37.3亿美元，同比分别增长了60.6%、8.7%。[③]

（四）国际影响力显著增强

当前，大国力量对比改变的显著特点表现为世界经济重心由西向东转移，国际格局从"一超"独大格局转向了多极格局。七十余年的快速发展使得中国开始和平崛起，实现了从经济弱国向经济大国的跃迁，成为影响世界多极格局的重要一极，中国国际地位和国际影响力得到了显著提升。

---

① 资料来源：《中华人民共和国2021年国民经济和社会发展统计公报》。
② 资料来源：《2020年度中国对外直接投资统计公报》。
③ 资料来源：《2020年度中国对外直接投资统计公报》。

第一，世界对中国经济的依存度上升。麦肯锡研究院编制的"中国—世界经济依存度指数"显示，中国对世界在经济上的依存度逐年下降，2017年这一数值下降为0.6，这说明中国经济重点逐步转入国内市场，国内价值链茁壮成长。相比之下，2000~2017年，世界对中国经济的依存度却在不断上升，从2000年的0.4上升到了2017年的1.2，[①] 这说明中国在世界消费、资本市场上扮演着越来越重要的角色，也为中国提升在全球价值链中的地位提供了契机。

第二，中国的主要经济社会指标居世界的位次不断上升。从国内生产总值来看，根据三大国际机构的测算，中国GDP早在2006年就超过了英国，位居世界第4，在2007年超越了德国，位居世界第3。2010年中国首次超越日本成为世界第二大经济体，并且与世界第一大经济体美国之间的差距逐渐缩小。从货物进出口来看，中国货物进出口总额已经跃居世界首位。1978年改革开放以前，中国的货物进出口总额低于300亿元，始终处于较低的水平。随着中国对外开放力度的加大，20世纪90年代以后，中国的进出口总额出现较大幅度的增长，尤其是在2001年加入WTO之后，中国的货物进出口总额快速上涨。自2012年以来，中国的货物进出口总额年均增速约为4.0%，这说明中国的对外贸易保持着稳定增长。2020年中国的货物进出口总额达到了321557亿元，同比增长了1.9%，位居世界第1。[②]

第三，中国成为拉动世界经济增长的主引擎。自2002年以来，中国对全球经济增长的贡献率接近30%，2006年之后，中国对世界经济增长的贡献率稳居世界第1，中国经济已成为全球经济复苏和增长的主要引擎。[③] 同时，随着大国竞争与博弈的加剧，经济全球化受到阻碍，区域经济合作成为推动世界经济发展的重要动力和发展趋势。中国"一带一路"倡议提供了一条实现新型全球化的道路，顺应了世界人民对于"和平发展、互利共赢"的诉求，"一带一路"倡议的引领作用逐渐增强，在中国与周边乃至亚太国家之间建立起面向全球的自由贸易区网络，有利于实现亚洲经济一体化发展目标，为提高世界经济包容性提供了平台。

---

① 麦肯锡全球研究院：《中国与世界：理解变化中的经济联系》，2019年7月。
② 资料来源：国家统计局。
③ 中华人民共和国国务院新闻办公室：《中国与世界贸易组织》，外文出版社，2018。

二 中国经济转型升级处于重要窗口期

随着经济步入新发展阶段，中国经济转型升级也进入了关键变革时期，主要体现为经济转型升级仍存在较大空间、国内大市场内需潜力仍待挖掘、经济发展动力面临新旧动能转换。总体而言，中国经济转型升级的机遇与挑战并存，仍处于重要战略机遇期。

（一）经济转型升级存在较大空间

当前，中国经济发展不平衡不充分的矛盾依旧突出，经济发展方式仍处于结构调整阵痛期之中，主要体现为产业内部之间、城乡之间、区域之间发展不平衡不充分，激活中国经济高质量发展仍存在巨大空间。

第一，产业部门内部结构存在优化空间。中国三大产业内部存在产业结构不合理、发展单一的不协调现象。其一，在农业内部，农、林、牧、渔业各自的占比不平衡。农业的产值和比重虽然呈下降的趋势，但是占比仍然最高，2020年农业总产值的比重为52.1%。而林、牧、渔业总产值的比重虽然逐年上升，但是仍然偏低，其中林业总产值比重的增长幅度最小。可以看出，中国农业发展以种植业为主的状况依旧存在，农业产品种类较为单一，发展速度较慢。其二，在工业内部存在着轻工业和重工业、基础工业和高科技工业之间的不平衡。这主要表现为基础工业、传统加工业占比偏大，而高科技工业、现代高端制造业占比偏低，中国关键技术难题难以突破，自主创新能力依旧较弱。中国重工业的总产值远高于轻工业的总产值，2011年中国重工业的总产值为606569.02亿元，轻工业的总产值为237699.77亿元，仅为重工业总产值的39.2%。[①] 同时，中国出口的工业产品中，纺织品、玩具、服装及衣着附件等低附加值商品依旧占有很大比例，而高科技工业产品比如新材料、精密电子仪器等的出口较少，尚未形成出口优势。其三，服务业中存在生产性服务业占比偏低、传统服务业与新兴服务业之间发展不平衡的现象。

第二，区域协调平衡发展存在改善空间。中国区域发展的不平衡主要表现在东、中、西部和东北地区发展的不平衡。其一，中国东部经济总量占了全国GDP的"半壁江山"。2013～2020年，东部地区的GDP占全国GDP的比重较为稳定，始终保持在51%左右；中部地区和西部地区的GDP占比也

---

① 资料来源：国家统计局。

始终在20%左右，变动幅度很小；东北地区的GDP占比最低，并且呈下降的趋势，2013年东北地区GDP占全国GDP的比重为8.6%，随后逐年递减，2020年这一数值下降至5%，可以见得，经济快速发展的东部地区与经济发展缓慢的东北地区之间的差距在逐渐拉大（见图4-5）。其二，东部地区人均可支配收入高于其他地区。东部地区人均可支配收入最高，中部、西部以及东北地区的人均可支配收入相差不大。值得注意的是，东部地区与东北地区人均可支配收入的差距在逐渐拉大，2013年东部地区人均可支配收入为23658.4元，东北地区为17893.1元，前者是后者的1.32倍；2020年东部地区人均可支配收入为41239.7元，东北地区为28266.2元，前者为后者的1.46倍（见图4-6）。其三，相比于西部地区而言，东部地区拥有更好的市场环境和更完善的制度，吸引了更多的产业入驻和人才流入。

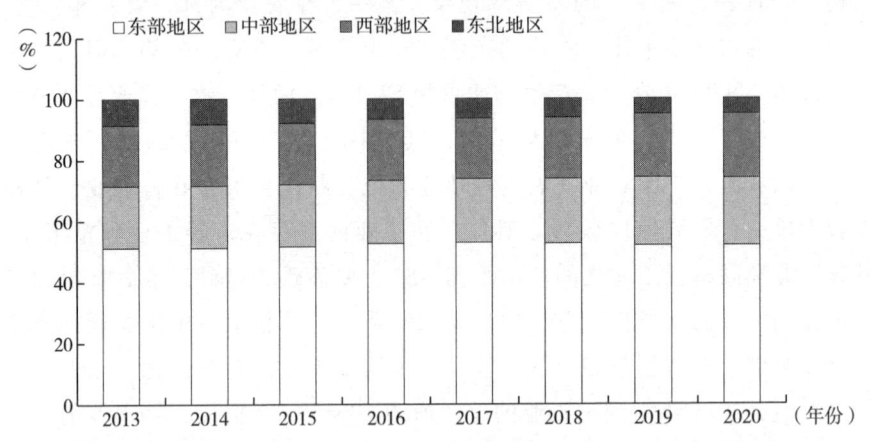

图4-5　东部、中部、西部以及东北地区GDP占全国GDP的比重情况
资料来源：根据2014~2021年《中国统计年鉴》整理。

第三，城乡居民消费结构仍有优化空间。城镇居民和农村居民在提升生活质量的耐用品的拥有量上仍有较大的差距，这说明虽然农村居民基本生活条件得到了较大改善，但是生活品质和生活水平与城镇居民相比还是有较大的差距。例如，农村居民在微波炉、空调、热水器、抽油烟机、计算机、照相机等耐用品上的拥有量都远低于城镇居民，例如2020年，农村居民平均每百户年末计算机和照相机拥有量分别只有28.3台和2.2台，而城镇居民相应分别拥有72.9台和19.3台。[①]

---

① 资料来源：《中国统计年鉴2021》。

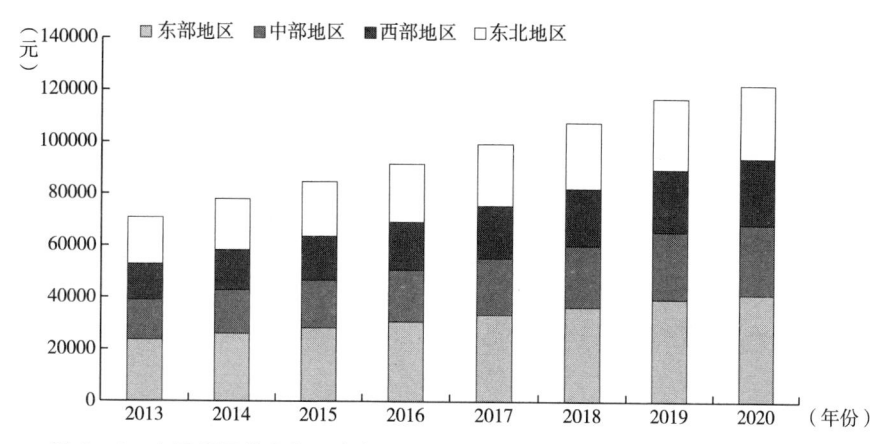

图 4-6　全国居民按东部、中部、西部及东北地区分组的人均可支配收入情况
资料来源：《中国统计年鉴 2021》。

（二）经济转型升级动力持续优化

当前，中国经济增长动力转换的压力逐步增加，处于转换增长动力的攻关期。随着供给侧结构性改革不断推进，中国经济供求两侧均得到了优化升级，同时经济发展新动能持续壮大，中国经济活力不断增强，经济转型新旧动能转换升级，有力地推动了中国经济高质量发展。

第一，需求侧增长动能转换。中国内需与外需、投资与消费失衡的状况得到显著改善，主要表现为经济从过去的依靠投资出口拉动逐渐转向由消费、投资和出口协同拉动，中国也由过去的出口大国转变为进口和出口并重的大国。金融危机发生之后，中国经济发展的内外部环境发生重大变化，表现为外部贸易环境恶化、内部要素成本优势逐渐消失，经济对外依存度下降。自 2016 年以来，我国货物和服务进出口占 GDP 比重均下降至 20% 以下（见图 4-7）。可见，内需已经成为拉动中国经济增长的主要力量，中国最终消费支出对经济的贡献率和拉动率也呈波动上升的趋势。2021 年，中国内需对经济增长贡献率为 79.1%，其中最终消费支出对经济增长的贡献率为 65.4%，比资本形成总额高 50.7 个百分点，与 1978 年最终消费支出对经济增长的贡献率相比上涨了 25.7 个百分点。相比之下，货物和服务净出口的贡献率和拉动率波动幅度大，近年来处于较低的水平，2021 年仅拉动经济增长 1.7 个百分点。①

---

① 资料来源：国家统计局。

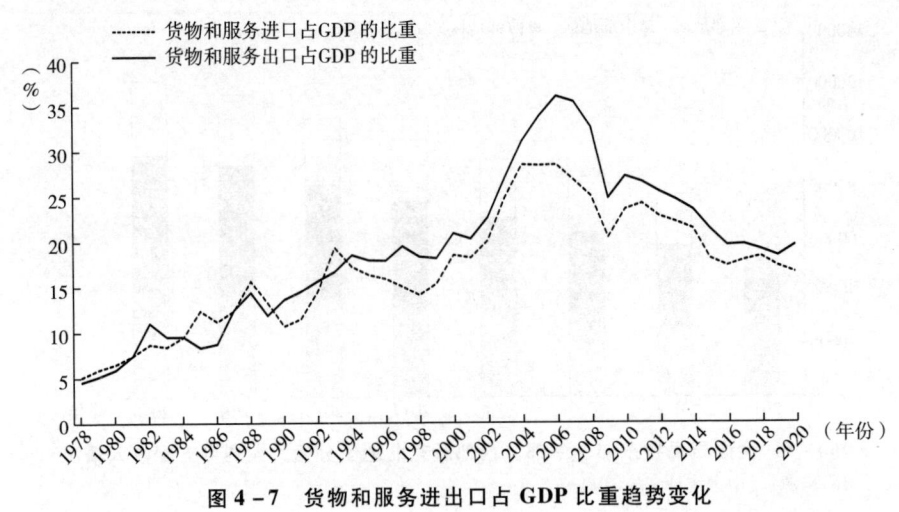

图 4-7 货物和服务进出口占 GDP 比重趋势变化

资料来源：经济合作与发展组织、《中华人民共和国 2020 年国民经济和社会发展统计公报》。

第二，供给侧增长动能升级。中国全要素生产率（TFP）稳定增长，且近年来资本的优化配置逐渐取代了劳动要素的优化配置。供给侧经济增长动力构成表现出三个特点，其一，劳动对中国经济增长的贡献越来越小。2005~2010 年，劳动对中国 GDP 年平均增速的拉动下降到 5% 以下，仅为 3%；2015~2018 年，劳动的年平均增速由正变负，2018 年为 -0.7%，劳动对中国 GDP 年平均增速的拉动为 -12%。其二，TFP 对中国经济增长的拉动呈波动上升的趋势。1990~1995 年，TFP 对中国经济增长的贡献达到顶峰，进入 21 世纪后依旧保持在较为稳定的增速水平上，且呈上涨态势。其三，资本在中国经济增长中一直占据重要地位。1970~2018 年，资本对中国 GDP 增长的年均贡献率为 51%，[①] 同时随着 2010 年后 TFP 贡献率出现下滑，资本对 GDP 增速的贡献率开始上升（见图 4-8）。

第三，经济发展新动能持续发力。从国际比较优势视角来看，中国具有培育经济发展新动能并保持经济长期稳定增长的优势和潜力。中国具有充足的劳动力资源和自然资源，制造业基础雄厚并且门类齐全，同时中国地域辽阔、人口众多，有着巨大的国内市场等明显优势。在这些优势的加持以及技术革命的推动下数字经济蓬勃发展，中国新产业、新业态、新商业模式不断涌现。

---

① 资料来源：APO Productivity Databook 2020。

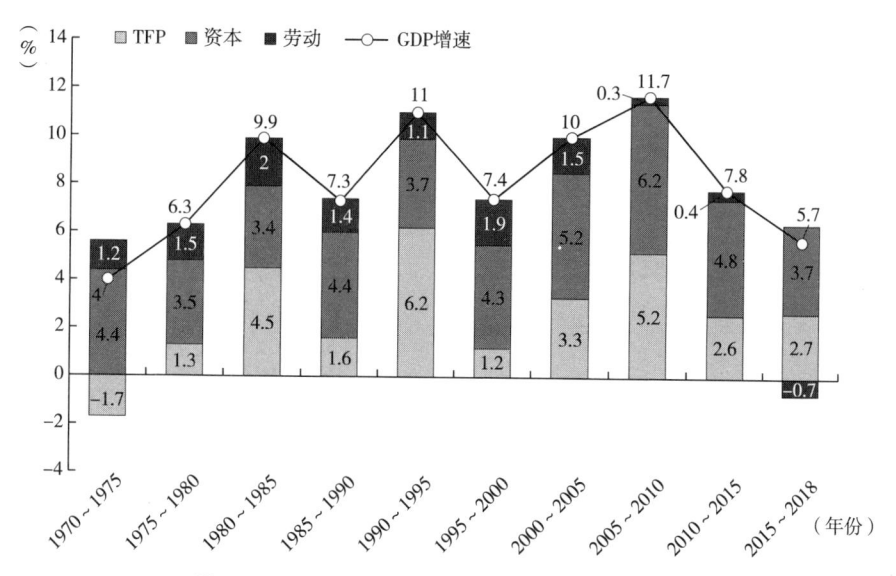

图 4-8 1970~2018 年中国 GDP 增速及构成情况

资料来源：Organization，APO Productivity Databook 2020。

（三）经济转型升级蕴含巨大内需潜力

随着中国经济增长需求侧动力改善，消费已经逐步取代投资成为拉动中国经济增长的第一动力。作为拥有 14 亿人口、中等收入群体超过 4 亿人的大国，中国拥有广阔的市场空间和巨大的内部市场规模，为中国消费扩容升级提供了重要支撑。具体来说，消费补偿性增长、城镇化以及消费新业态为中国扩大内需潜力提供了重要来源和渠道。

第一，居民消费补偿性增长空间巨大。从最终消费支出占 GDP 的比重来看，虽然近年来中国最终消费支出在 GDP 中的比重呈上升趋势，但与发达国家或者是同等发展水平的国家相比仍有很大的提升空间，说明中国居民消费增长潜力巨大。以 2020 年为例，中国居民最终消费支出占 GDP 的比重约为 54.8%，低于发展中国家的一般水平，而同时期美国最终消费支出占 GDP 的比重为 90.0%，[①] 可见中国最终消费支出占 GDP 的比重明显偏低，若最终消费提升到同等发展水平国家的平均水平，那么就会带来极大的消费补偿性增长空间。

第二，城镇化进程的推进提高了居民消费能力。2011 年末，中国城镇人口首次超过了农村人口；截至 2020 年末，中国城镇化率达到了 63.9%，

---

① 资料来源：World Bank。

高于世界55.3%的平均标准,相比1978年增长了约46个百分点,城镇常住人口增加到9.02亿人,相比1978年增加了约7.3亿人,城市数量达到了687个,相比1978年增加了494个。[①] 由于城镇居民人均可支配收入远高于农村居民人均可支配收入,城镇化的快速发展使得城镇人口数量大规模扩张,从而提高了中国居民的整体消费能力。与此同时,城镇化有利于加快商业都市圈的建设和服务业的发展,其产生的聚集效应也有利于供给侧生产效率的提高,从而为居民提供更多样、更高品质的产品和服务,提高中国居民的整体消费倾向。

第三,新型消费模式激发了居民消费潜力。现阶段,"互联网+"的消费模式已经走向成熟,数字技术与新兴消费热点相结合,孕育出在线教育、互联网健康医疗服务、智慧旅游、无接触消费等一系列新消费业态新模式,为促进国内消费、挖掘国内消费市场潜力发挥了重要作用。2020年,中国电子商务平台交易额达到了37.2万亿元,同比增长4.5%。其中,中国网上零售额为11.8万亿元,同比增长10.9%。[②] 2020年,中国网购替代率为81.0%,同比提高0.4个百分点。[③] 可见,以网络购物、移动支付、线上线下融合等新业态为特征的新型消费模式不断成长壮大,线上消费对线下消费的替代作用进一步增强。

三 中国经济面临全面深化改革的攻坚期

随着中国经济水平进入新阶段、经济转型升级开拓新空间,中国经济发展对经济全面深化改革的广泛性和深刻性提出了更高的要求。事实上,中国经济仍处于"三期叠加"的持续影响之下,经济发展正处于全面深化改革的攻坚期,需要在改革中破解短期问题和中长期问题相互叠加的难题,做好解决周期性问题与推进结构性改革两手准备,并结合国际形势解决国内问题。

(一)短期和中长期经济问题叠加

根据熊彼特经济周期理论,宏观经济是在短、中、长三种周期的相互扰动中运行的。改革开放以来,中国以高速追赶型经济闻名,从中长期来看,追赶型经济的本质是经济发展由低向高的阶段性过程,但随着中国的

---

① 资料来源:《新中国60年统计资料汇编》、《中国统计年鉴2021》。
② 商务部电子商务和信息化司,《中国电子商务报告(2020)》,2020年。
③ 资料来源:国家统计局。

中长期经济增长方式由"高速"转向"高质",也会引发短期经济下行,从而造成短期和中长期经济问题的叠加。

第一,短期经济下行风险较大。自2007年以来,中国"追赶型"的经济增长呈持续下落的态势。2020年,中国经济增长速度为2.2%,同比下降3.8个百分点,2020~2021年两年平均增长速度为5.1%。[1] 短期内中国面临着较大的经济下滑风险。此外,2022年中国经济乃至全球经济增速明显放缓。国际货币基金组织2021年10月发布的《亚太地区经济展望》预测2022年中国经济增速为5.5%,相比2021年下调了2.4个百分点。[2] 世界银行2022年1月发布的《全球经济展望》预测2022年全球经济增速为4.1%,相较于前次预测下调了0.2个百分点。[3]

第二,中长期经济发展存在瓶颈制约。以柯布—道格拉斯生产函数为分析基础,劳动增长率、资本产出弹性、资本增长率以及技术进步是影响一国中长期经济增长的关键要素。中国内部经济发展的要素条件发生了深刻变化,为中长期经济发展带来负面影响。其一,第一次人口红利减弱。中国"人口红利"在2010年达到顶峰后迅速下降,2021年中国65岁以上人口占比达到14.2%,而按照联合国制定的人口标准,当65岁以上人口占比超过14.0%后就进入了"老龄"社会。其二,资本回报率下降。1979~2017年,中国资本产出弹性为0.54%,而2009~2017年,资本产出弹性为0.46%,即中国资本产出弹性出现明显回落,这也表明资本形成对经济增长的贡献逐渐减小。[4] 其三,技术创新和制度创新改革存在诸多堵点。中国技术创新和制度创新改革仍存在诸多堵点,面临着市场竞争不充分、知识产权保护制度不完善、市场分割较严重等复杂因素的制约。

第三,供给侧结构性改革与总需求管理之间的关系有待协调。供给侧结构性改革和总需求管理作为中国宏观经济调控的基本手段,侧重点和关注时期并不相同。具体来说,供给侧结构性改革更注重通过解决结构性问题,从而激发经济增长的长期动力;总需求管理则注重通过解决经济总量

---

[1] 资料来源:《中华人民共和国2021年国民经济和社会发展统计公报》。
[2] 国际货币基金组织,https://www.imf.org/zh/Publications/REO/APAC/Issues/2021/10/15/regional-economic-outlook-for-asia-and-pacific-october-2021。
[3] 世界银行,《全球经济展望》,https://www.shihang.org/zh/publication/global-economic-prospects。
[4] 资料来源:国家金融与发展实验室,《NIFD季报国内宏观经济》,2022。

问题,从而实现短期调控目标。中国经济短期和中长期问题叠加使得以往供给侧结构性改革与总需求管理相互独立的政策效果大幅下降,政策制定仍处于需求侧管理和供给侧结构性改革有机结合的关键摸索期。

(二)周期性和结构性问题交织

当前,中国经济运行中所遇到的矛盾既有周期性、总量性因素,也混杂着结构性、体制性问题,主要体现为确定性趋势冲击与周期波动同步、产能过剩和需求结构升级矛盾突出,以及逆周期调节面临现实挑战。

第一,经济趋势性下行与周期性下行同步。Beveridge 和 Nelson 提出产出增长的变化由确定性趋势、随机趋势和周期波动三部分构成,① 中国经济波动是趋势冲击和周期冲击共同作用的结果。② 受外部经济环境恶化、内部经济结构性问题突出的影响,中国经济面临趋势性下行压力。同时,中国经济正处于短周期的下行阶段,2020 年以来,中国制造业 PMI 持续下降。2021 年 12 月中国制造业 PMI 指数为 50.3%,比 2020 年 12 月下降了 1.6 个百分点,可见经济周期性下行压力也较大。③

第二,产能过剩和需求结构升级矛盾突出。产能过剩和需求过剩并存是中国经济结构失衡的突出表现之一。中国产能过剩主要发生在制造业等传统产业,2020 年中国工业产能利用率为 67.3%,同比下降 8.6 个百分点,其中制造业产能利用率为 67.2%,同比下降 9.1 个百分点。④ 同时,中国消费市场存在有效供给不足、供需错位问题,随着中国居民消费形态逐渐从满足基本生活型转向追求高品质享受型、消费品质从中低端向中高端升级,较高收入层次的消费者难以在以低端化为主的市场上匹配到与其需求相对应的商品。

第三,逆周期调节经济政策面临国内与国际经济周期不同步的挑战。从全球经济恢复进程来看,中国经济恢复进程领先其他发达经济体 2~3 个

---

① Beveridge, S., Nelson, C. R., "A New Approach to Decomposition of Economic Time Series into Permanent and Transitory Components with Particular Attention to Measurement of the 'Business Cycle'", *Journal of Monetary Economics*, 1981, 7 (2).

② 胡永刚、苗恩光:《趋势冲击、流动性约束与中国经济波动》,《财经研究》2020 年第 12 期。

③ 资料来源:《2021 年 12 月中国采购经理指数运行情况》,中国政府网,2021 年 12 月 31 日, http: //www. gov. cn/shuju/2021-12/31/content_ 5665732. htm。

④ 资料来源:《2020 年一季度全国工业产能利用率为 67.3%》,国家统计局,2020 年 4 月 17 日, http: //www. stats. gov. cn/tjsj/zxfb/202004/t20200417_ 1739333. html。

季度，但相比之下也更快地进入了经济恢复放缓期，从而产生了新的经济周期不同步。国内与国际经济周期不同步使得中国在应对其他国家经济周期和宏观政策调整时面临较大不确定性，为中国制定逆周期调节经济政策带来现实挑战。[1]

（三）内部矛盾和外部风险并存

当今世界正经历百年未有之大变局，不稳定不确定因素显著增多。与此同时，中国经济内部矛盾依旧凸显，需求端和供给端内部结构均出现明显分化趋势，在内部矛盾与外部风险双重作用之下，中国外需增长面临较大压力。

第一，内部结构分化加剧。中国经济内部结构分化主要体现为生产端结构分化和需求修复结构分化。从生产端来看，制造业和服务业之间分化加大。2012年以来，中国经济结构呈制造业占比迅速下降、服务业占比快速上升的态势。2014~2019年，服务业PMI均远高于制造业PMI，[2] 制造业与服务业的分化趋势日渐明显。现代生产性服务业作为推动制造业转型升级的重要力量，若短期内生产性服务业比重快速上升而制造业比重快速下降，则反映出服务业对于实体经济转型的支撑作用没有充分发挥。从需求端来看，居民消费需求修复的内部结构分化加剧，表现为线上消费恢复好于线下消费、服务类消费持续走低、限额以上企业消费修复优于中小企业以及升级类和生活消费修复较好等现象。[3]

第二，外部风险增加。当今世界正处于百年未有之大变局之中，世界经济与政治格局将发生重要改变，中国经济发展面临的外部环境更加复杂。其一，中美贸易摩擦、俄乌冲突、全球贸易保护主义的抬头、逆全球化浪潮的席卷，导致中国经济和科技发展外部环境发生重大变化，对中国的外部安全环境造成负面冲击。[4] 其二，地缘政治冲突使得跨境贸易和投资明显下降，同时，全球经济增长放缓使得全球需求疲软，这为我国外需增长带来了较多不稳定因素。其三，单边主义和保护主义对国际经贸规则

---

[1] 陈昌盛、杨光普：《我国宏观政策跨周期调节的逻辑与重点》，《中国纪检监察报》2021年9月16日。

[2] 资料来源：于春海：《中国宏观经济：内部结构分化与外部风险增加》，《中国经济报告》2019年第6期。

[3] 资料来源：《寻求三重压力下短期平稳运行与中长期结构转型的中国经济》，中国宏观经济论坛，2022年1月。

[4] 资料来源：清华大学战略与安全研究中心：《2022年中国外部安全风险展望》，2022。

提出了挑战，而中国低要素成本的比较优势不断削弱，新的比较优势尚未形成，在国际规则制定中的话语权仍然较弱。

第三，出口贸易面临较大不确定性。中国出口市场份额的再增长空间有限，出口增长速度波动较大，外需增长并不稳定。2010年中国货物出口额增速为31.3%，2016年这一数值下降至-1.9%，2017年又升高至10.8%。2017~2020年，中国货物出口额的增长速度不断下滑，2020年这一数值下滑至4%。[1]

第二节 双循环新发展格局下中国开放发展具备的优势

党的十九大以来，中国经济发展进入了新的历史方位，中国特色社会主义进入了新时代，[2] 中国经济发展也从高速增长阶段转向高质量发展阶段。近年来，经济下行压力不断增大，保护主义、单边主义上升，国家贫富差距不断扩大，社会动荡程度加剧，经济增长疲软乏力。相比之下，中国经济保持稳中向好、长期向好的态势，逐渐成为世界经济增长的主要动力源。总体而言，中国经济发展有巨大的韧性、潜力和回旋余地，这为中国在双循环发展新格局背景下推动高质量开放提供了基础和条件。

一 物质基础雄厚

随着经济发展迈入新时代，中国经济发展基础已经站在新的历史起点。经过70多年的发展，中国经济建设取得了辉煌的成绩，劳动力、数据以及基础设施等生产要素的储备充裕且质量升级，这为经济持续健康发展提供了历史前提和物质基础，释放出巨大的经济发展潜力。

（一）人力资本供给充足

中国拥有约14亿人口，人口数量相当于发达国家人口的总和，其中劳动年龄人口就接近9亿，为中国经济发展提供了丰富的人力资源。截至2020年底，中国大陆总人口为141212万人，相比1980年的总人口增加了42507万人，增长了43.1%。[3] 尽管中国劳动力成本低廉的比较优势呈逐

---

[1] 资料来源：2010~2020年《中华人民共和国国民经济和社会发展统计公报》相关数据整理。
[2] 中国共产党第十九次全国代表大会习近平总书记作的题为《决胜全面建成小康社会 夺取新时代中国特色社会主义伟大胜利》的报告。
[3] 资料来源：《中国统计年鉴2021》。

渐减弱的趋势，但随着人力资源的素质不断提升、人力资源产业结构分布不断优化，中国经济发展的"人口新红利"日益显现。

第一，劳动年龄人口规模和占比较高。根据第七次人口普查数据，2020年，中国16~59岁劳动年龄人口数量达到了8.8亿人，占全国人口总数的比重为62.3%。① 与此同时，2020年中国就业人数为7.8亿人，居全球劳动力人口数量首位，并且具有较大的领先优势。尽管2020年美国、印度就业人数分别为1.5亿人、1.3亿人，占据全球劳动力人口数量的第2、第3名席位，但是相比中国仍存在较大差距。②

第二，第二次人口红利逐步积累释放。人口预期红利和人口质量红利所引发的双重资本深化效应，成为中国第二次人口红利的内在驱动力。③ 其一，中国人口预期红利效应日渐显著。自1960年以来，中国人口预期寿命不断延长，并于1970年超过世界平均水平。2020年，中国人口预期寿命达到77岁，高于中高等收入国家的平均水平，并且与美国持平。④ 其二，中国人口素质明显提升。2015~2020年，中国青年在校生的受教育程度不断提高。2020年，中国在校研究生数量达到了314.0万人，相比2015年增长了122.9万人，中国普通本专科在校生也达到了3285.3万人，相比2015年增加了660.0万人（见图4-9）。与此同时，中国在校中等职业教育生数量在2015~2018年呈下滑趋势，2019年中国在校中等职业教育生数量有所回升，但相比2015年降低了80.2万人。其三，中国工程师人才红利新优势凸显。自2009年以来，中国科学家工程师总量一直高于美国，2017年中国科技人力资源总量达到8705.0万人，而根据美国《科学与工程指标2018》，2015年，美国科学家工程师总量仅为2320万人。⑤ 2015~2020年，中国全员劳动生产率呈不断上涨的态势，2020年中国劳动生产率达到了117746元/人，同比增长2.5%。⑥

第三，人力资源产业结构分布持续优化。过去中国第一产业劳动人口

---

① 资料来源：根据《中国人口就业统计年鉴2021》相关数据计算得到。
② 资料来源：《中国人口就业统计年鉴2021》、联合国ILO数据库。
③ 王树：《"第二次人口红利"与经济增长：理论渊源、作用机制与数值模拟》，《人口研究》2021年第1期。
④ 资料来源：世界银行数据库。
⑤ 中国科学技术部：《中国科技人力资源发展状况分析》，2019年，http://www.most.gov.cn/xxgk/xinxifenlei/fdzdgknr/kjtjbg/kjtj2019/201904/P020190409331955003970.pdf。
⑥ 资料来源：《中华人民共和国2020年国民经济和社会发展统计公报》。

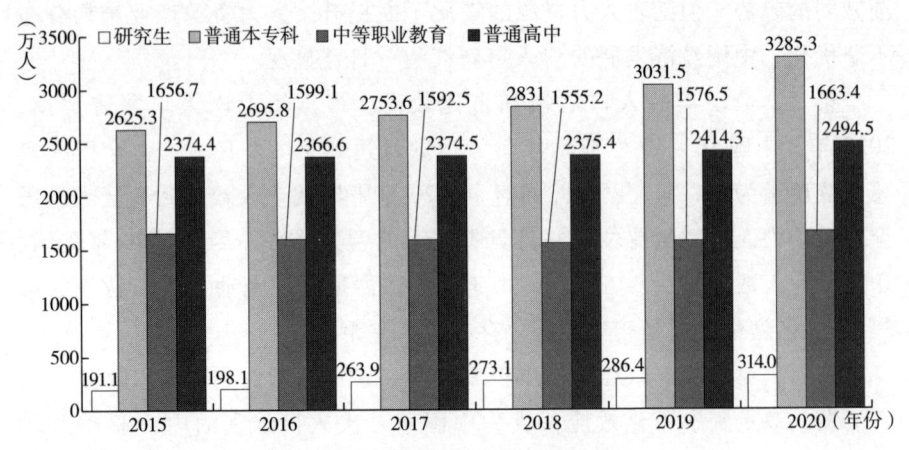

图 4-9 中国青年在校生受教育情况

资料来源：国家统计局历年《中华人民共和国国民经济和社会发展统计报告》。

过于饱和，大量过剩劳动力降低了社会生产效率，第二产业也因资本需求量大、市场逐渐饱和，就业吸纳能力近年来逐渐减弱。相比之下，第三产业就业面广阔，对就业人员包容性强，能够创造大量工作岗位，保障就业渠道，在如今海外需求下降、国内经济下行压力加大的背景下对"稳就业"发挥着举足轻重的作用。从 2002 年开始，中国第一产业就业人数快速下降，第三产业就业人数快速上升，第三产业占比也快速增大。2011 年，第三产业就业人数第一次超过第一产业就业人数，2012 年后第二产业就业人数也开始下降，相反，第三产业就业人数取得了新的增长，2020 年中国第三产业就业人数已经达到了 35806.0 万人，远超第一、第二产业的 17715.0 万人和 21543.0 万人（见图 4-10）。

（二）数据要素资源丰富

2020 年，国务院印发的《关于构建更加完善的要素市场化配置体制机制的意见》首次明确了数据可以作为生产要素按贡献参与分配。在数据经济时代，数据要素是最为关键的生产要素，数据资源丰富是中国发展数字经济的最大优势。

第一，数据要素市场生产规模大。根据中国信息通信研究院统计，2019 年中国数据产量总规模达 3.9ZB，同比增长 29.3%。人均数据产量为 3.0TB，同比增加 25.0%。2019 年，世界数据要素产量总计为 42.0ZB，中国占比为 9.3%，位列世界第 2。同时，中国具备持续扩大数据要素市场生产规模的能力，拥有全球规模最大的 4G 网络和互联网用户群体，能够将

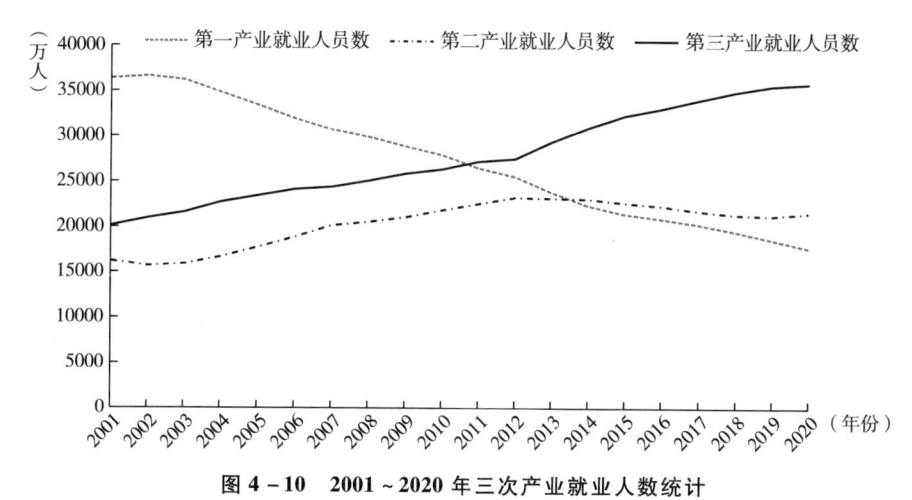

图 4-10　2001~2020 年三次产业就业人数统计

资料来源：国家统计局。

人口红利进一步转为数据红利。

第二，数据要素市场流通方式丰富。数据要素的流通有利于提升社会运行效率，中国不断探索数据要素流通技术推动数据要素市场的流通共享。数据流通方式主要包括数据开放共享、数据跨境流动、"数据可用不可见"模式等，具体来说，在数据共享方面，截至 2020 年，中国地方政府数据开放平台数量总计 142 个，有效数据集约为 9.8 万个，较 2016 年增长超 10 倍；在数据跨境流动方面，随着中国数字丝绸之路的建设以及数据跨境立法政策的完善，[1] 中国多边以及双边数据跨境流通量持续扩大；在其他创新模式方面，蚂蚁集团、平安科技等企业通过联邦学习、API 技术服务等模式高效流通数据。

第三，数据要素市场行业应用广泛。随着 5G、区块链、人工智能等技术与产业行业的加速融合，中国数据要素市场行业应用场景向服务消费、政府应用、金融以及工农业等领域延伸。在服务消费方面，2021 年，中国在"数据+"的刺激下实物商品网上零售额首次突破 10 万亿元，达 10.8 万亿元，同比增长 12%。[2] 在数字政府应用方面，2020 年全国一体化政务服务平台体系初步形成，累计接入地方便民服务数字应用 1.1 万余项，平台实名用户超 8 亿。此外，中国还利用数据赋能工农业，截至 2020 年，中

---

[1] 《中国数据要素市场发展报告（2020~2021）》。

[2] 资料来源：《2021 年我国实物商品网上零售额首次破 10 万亿元》，中国政府网，2022 年 1 月 28 日，http://www.gov.cn/xinwen/2022-01/28/content_5670892.htm。

国工业大数据融合试点项目超90个，同时农业物联网、云农场等农业数字化发展新模式新技术实现蓬勃发展。

（三）基础设施完备

中国已经成为具有全球影响力的基础设施大国，2021年中国基础设施指数全球排名第18，相比2020年上升了4位。① 随着政府不断加大投资力度、拓展投资领域、积极吸收各方资金投入经济建设，中国基础设施建设不断完善、技术水平不断提升，传统基建和新基建的综合效益持续提高。

第一，基础设施投资建设力度持续增长。2020年中国全社会固定资产投资总额为527270亿元，同比增长2.7%，其中基础设施投资同比增长0.9%，这也提高了基础设施的运营能力。2020年，中国新建铁路投产里程4933公里，新建高速公路2521公里，新增民用运输机场3个，全年港口万吨级码头泊位新增通过能力30562万吨。②

第二，互联互通的现代基础设施网络初步形成。2020年，中国高铁营业总里程、高速公路总里程均居世界第1位。同时，2020年中国全年货物运输总量达到了463亿吨，货物运输周转量为196618亿吨公里，港口完成货物吞吐量145亿吨。2020年末中国民用汽车保有量为28087万辆，比2019年增加了1937万辆。交通基础设施的不断完善，极大地提高了中国经济发展的韧性。

第三，新基建成为基础设施建设的发力重点。随着科技成为基础设施建设的新动力，数字经济发展为传统基建转型带来新机遇，中国基础设施建设重点逐渐从传统基建向新基建转移。2020年中国移动通信基站总数达到931万个，其中4G基站总数达到575万个，并且新建5G基站超过60万个。③ 同时，中国已经建成了全球最大、世界领先的光纤通信和移动通信网络，宽带迈入千兆时代。④ 2020年，中国互联网光纤宽带接入用户达到了45414万户，移动互联网用户接入流量达到1656亿GB。⑤

---

① 资料来源：瑞士洛桑国际管理学院，https://worldcompetitiveness.imd.org/countryprofile/CN/wcy。
② 根据《中华人民共和国2020年国民经济和社会发展统计公报》相关数据整理。
③ 《2020年通信业统计公报》，中国政府网，2021年1月26日，http://www.gov.cn/xinwen/2021-01/26/content_5582523.htm。
④ 清华大学互联网产业研究院：《中国新基建竞争力指数白皮书（2020）》，2021年8月20日，http://www.iii.tsinghua.edu.cn/info/1096/2767.htm。
⑤ 资料来源：《中华人民共和国2020年国民经济和社会发展统计公报》。

二 产业发展韧性强

当前，中国是全球唯一拥有联合国产业分类中全部工业门类的国家，已拥有525个小类、191个中类、41个大类，细化的产业分工形成了中国产业链供应链快速的响应能力。同时，中国在全球产业链供应链中处于关键地位，在诸多领域拥有多样化产业集群，这极大增强了中国产业发展的适应性和韧性。

（一）工业门类齐备配套

中国拥有齐备配套的工业体系，制造业增加值连续12年保持世界第1, 220多种工业产品产量位居全球第1。[1] 完整的工业体系为中国工业化发展奠定了坚实的基础，极大提升了中国工业产业生产能力和工业企业质量效益。同时，全而优的工业体系代表着中国拥有良好的产业配套能力以及技术创新发展能力，可为中国经济发展支撑起充足的回旋空间。

第一，工业经济发展迅速。随着中国逐渐建成门类齐全、独立完整的现代工业体系，工业经济规模也迅速发展壮大。中国工业增加值从1952年的119.8亿元上涨到2020年的313071.1亿元，不考虑价格因素影响，工业增加值增长了超2612倍。从工业增加值年增长率来看，20世纪90年代后，中国工业增加值迅速上涨，从1991年至2020年，中国工业增加值年均增速达到13.4%。[2] 2010～2020年中国制造业增加值超过美国，连续11年保持着世界第一制造业大国的地位。2020年，中国制造业增加值占世界的份额接近30%，成为拉动全球工业经济增长的主要动力。[3]

第二，工业产业配套完善。较高的工业技术水平、齐全的工业门类使得中国具备较强的产业配套能力。其一，中国几乎在所有细分领域都配备了完善的分工体系，产业分工呈"细致化"特征。其二，中国产业供应链齐全，为中国企业生产所需的各种原材料以及中间品提供了坚实的供应保障。其三，中国产业链供应链具备较强的自主控制能力，大中小企业互融互通的新发展格局正在逐步形成，对全产业链成本和质量的控制能力不断增强，应对突发性外部冲击的风险机制初步形成。[4]

---

[1] 资料来源：中国共产党新闻网，http://theory.people.com.cn/n1/2022/0429/c40531-32411543.html。

[2] 资料来源：根据国家统计局相关数据计算整理。

[3] 资料来源：世界银行公开数据。

[4] 张其仔等：《中国产业竞争力报告（2021）》，社会科学文献出版社，2021。

第三，工业化和信息化深度融合。随着产业链数字化转型加速，中国技术和工业协同发展、共同进步，制造业数字化发展取得了诸多成果。截至2021年6月，中国制造业重点领域企业数字化研发设计工具普及率达71.5%，企业关键工序数控化率达51.1%，相比上年同期分别增长了1.9个百分点和1.6个百分点。与此同时，中国"5G+工业互联网"模式迅速发展，随着5G技术应用到工业互联网之中，其高速率、超可靠、低延迟以及大连接的优势使得工业生产环节得到改善，[①] 这一通过科技手段加强对原料、人员的高效利用的模式，显著提高了中国工业企业生产率，从而加强了中国技术创新成果转化能力。

（二）产业聚合优势明显

产业集群具有集聚效应，既可以降低生产交易成本，又可以实现知识溢出效应和技术协作，在产生成本优势的同时产生创新和技术优势。中国多样化的产业集群持续发挥其竞争优势，为提高产业竞争力提供了支撑。

第一，产业集群种类具备多样性。中国产业结构调整过程中产业集聚现象明显，由于丰富的自然资源、多元的企业类别、海量的市场需求，中国在发展过程中产生了种类多样的产业集群。根据产业集群驱动因素的不同，中国所拥有的产业集群主要可分为资源驱动型、贸易驱动型、外商投资型、科技资源衍生型、大企业种子型和产业转移型。多样的产业集群有利于不同产业之间的技术互补和合作创新，同时具有多样性和异质性的产业集群能加强中国经济的抗冲击性和增长的持续性。

第二，产业创新集聚影响力大。近年来中国战略新兴产业发展迅速，2021年，高技术制造业增加值同比增长18.2%，增速高出规模以上工业8.6个百分点。依托战略新兴产业的壮大，中国产生了众多具有创新驱动、知识溢出的创新型产业集群。2020年底，中国创新型产业集群共计108个，集群内企业数达25953家，相比2016年分别增长54.3%和86.3%。[②] 创新型产业集群中存在更为密集的高端技术企业，产业集群内部之间企业的密切合作，容易促进新技术的产生与传播，可以通过集群内众多创新主体间的知识溢出和技术协作形成更具影响力和效率的创新体系。

第三，战略性新型产业集群蓬勃发展。数字技术的发展为深化大数

---

① 工业互联网产业联盟、5G应用产业方阵：《5G与工业互联网融合应用发展白皮书》，2019年10月，https://www.waitang.com/report/27503.html。
② 资料来源：根据《中国火炬统计年鉴2021》相关数据整理。

据、人工智能等研发成果的应用以及培育生物医药、新能源汽车、半导体等新兴产业集群创造了有利条件，带动了中国新产业新业态新模式蓬勃发展。2016年和2017年中国全年规模以上工业战略性新兴产业增加值分别增长了10.5%和11.0%，2018年和2019年战略性新兴产业增长率增加值分别增长了8.9%和8.4%。其中，战略性新兴服务业增速明显，2019年该行业的企业营业收入比上年增长12.7%，2021年战略性服务业企业营业收入同比增长16.0%。[①]

（三）产业链综合优势突出

中国产业门类齐全、基础设施完善，在全球贸易中持续发挥稳定作用，也在产业利益共同体的构建中起到引领作用。近年来，随着创新驱动和科技发展持续发力，中国制造业产业链不断向核心技术领域延伸，产业链从大而全向大而强不断发展，持续发挥着产业链不可替代的综合优势作用。

第一，制造业产业增值链条向核心领域延伸。当前中国产业链具备明显的综合优势，同时中国制造业产业链不断向高端领域、核心领域延伸。中国积极利用工业互联网赋能制造业，基于可视化数字化生产流程、产品创新优化和高效协同的供应链体系，实现低成本高质量的智能制造。2020年工业互联网带动制造业的增加值规模达到1.08万亿元，同比增速达9.13%。[②] 同时，近年来中国制造业强国建设进程稳步推进，2020年中国制造业强国发展指数增长至116.02，相比2015年增长9.68%。[③] 在创新驱动和科学布局的基础上，中国不断提高自身制造业在全球价值链中的地位。

第二，产业链在全球贸易中的稳定作用突出。中国拥有配套齐全、聚合度高、创新动力强的产业集群，是全球制造业的中心。同时，中国拥有完整强韧的产业链供应链，是120余个国家和地区最大的贸易伙伴。2010～2020年，中国对世界进口增长的贡献率远超美国和欧盟，达到27.7%。[④] 中国产业链供应链在全球产业链中发挥了不可替代的稳定作用，并且伴随产业创新升级，中国产业链对全球贸易的稳定作用在持续增强。

---

① 资料来源：根据2016～2021年国家统计公报相关数据整理。
② 资料来源：根据《中国工业互联网产业经济发展白皮书（2021年）》相关数据整理。
③ 资料来源：根据《2021中国制造强国发展指数报告》相关数据整理。
④ 资料来源：根据《2021中国进口发展报告》相关数据整理。

第三，以"一带一路"沿线主要国家为代表的新产业利益共同体加速形成。在区域经济一体化的背景下，"一带一路"沿线主要国家的产业链不断融合。中国产业链与"一带一路"沿线主要国家在装备、资金、技术等方面存在需求对接和优势互补，2020 年，中国与"一带一路"沿线主要国家的进出口总额达 9.37 万亿元。① 在互利共赢的前提下，中国与"一带一路"沿线主要国家的产业合作呈现多元化，产能合作方逐渐增多，新产业利益共同体加速构成。

三　国内市场空间广阔

在超大规模国家的基础上，中国形成了一个容纳力、成长力、吸引力较强的国内市场，巨大的市场空间意味着能够通过内部分摊的方式降低外部冲击强度，同时产业、区域梯度发展形成了区域和产业的共振效应，内外市场联动为经济发展提供更大的纵深空间。世界经济论坛发布的《全球竞争力报告2019》中曾特别指出，中国的优势非常显著地表现为其巨大的市场规模（国内与出口市场相结合位列第一）和宏观经济的稳定性。超大规模市场和内需潜力已经成为中国新的比较优势，为实现高质量开放提供有利条件。②

（一）市场容量和规模巨大

中国经济建设中所需的资金、劳动力以及基础设施等生产要素的储备充裕且质量升级，这为中国经济持续健康发展提供了历史前提和物质基础，并释放出巨大的经济发展潜力。中国作为世界第二大经济体，在经济总量、市场主体和消费主体规模方面都拥有巨大优势。庞大的经济体量加上充裕的资金供给使得中国经济有足够抵御外部冲击的底气，这为中国经济发展创造了十分有利的条件。

第一，经济总量庞大。中国的经济总量实现了多次跨越式发展，形成了庞大的体量，逐渐向世界第一经济体量靠拢。从1986年首次突破万亿元大关（10376.15 亿元）到1991年突破两万亿元大关（22005.63 亿元），短短5年内中国的国内生产总值就实现了翻倍扩张。2001年中国正式加入了世界贸易组织，随后几年内中国的经济增长进入了加速赛道，国内生产

---

① 资料来源：根据《中华人民共和国 2020 年国民经济和社会发展统计公报》相关数据整理。
② 资料来源：*The Global Competitiveness Report 2019* "，https://reports.weforum.org/global-competitiveness-report-2019/。

总值从 2001 年的 110863.1 亿元增长到 2007 年的 270092.3 亿元，总量增长超 15 万亿元。近两年中国经济总量连续突破 100 万亿元大关，2021 年达到 114.4 万亿元，占全球经济的比重超过 18%。[1]

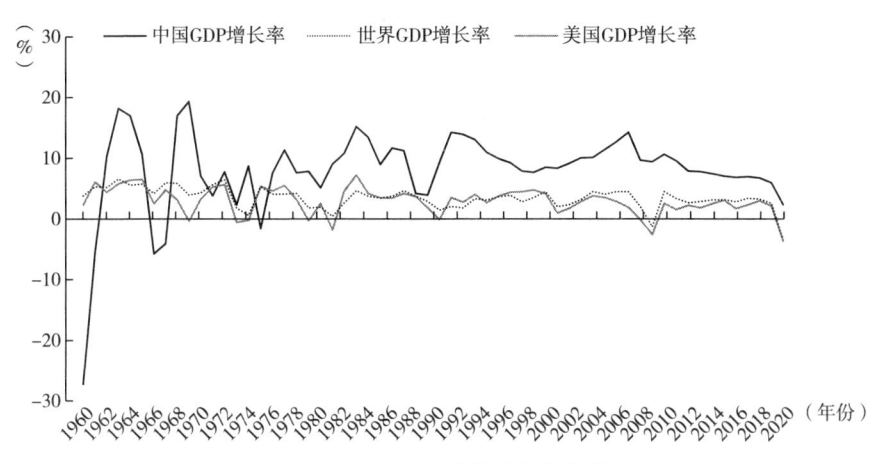

图 4-11　GDP 增长率变化趋势

资料来源：世界银行公开数据。

第二，市场主体基数大。近年来中国不断深化供给侧改革、"放管服"改革，为市场主体发展创造空间的同时释放了市场活力。截至 2021 年底，全国市场主体达 1.54 亿户，同比增长 11.1%，其中个体工商户占比达 66.9%。自 2012 年以来，中国市场主体总量增长 1.8 倍，年均增长率为 12.1%，其中企业年均增长率为 15.1%，个体工商户年均增长率为 10.9%。[2] 庞大的市场主体基数推动着中国经济总量的不断提高、承载着人民生活的衣食住行，是中国经济发展和社会稳定的基本盘。

第三，中等收入群体规模大。国家统计局数据显示，2022 年，中国中等收入群体规模已超 4 亿，超过美国（1.00 亿）、欧盟（2.10 亿）和日本（0.85 亿）的总和。[3] 中等收入群体恩格尔系数约为 35%，拥有较强的购买力和多样的消费需求，是中国庞大市场规模的有力支撑。同时由于中等收入群体的收入和储蓄水平较高，其逐渐升级的消费需求也在推动中国消费结构的转型升级。超 4 亿人口的中等收入群体，为中国乃至全球提供了

---

[1]　资料来源：国家统计局。
[2]　资料来源：根据《中国市场主体发展活力研究报告（2021）》相关数据整理。
[3]　资料来源：国家统计局。

巨大的消费潜力，是中国经济持续发展所具有的无可比拟的优势。

（二）市场发展层次多元化

中国改革开放四十余年来，通过"放管服"等一系列政策措施，不断从制度层面对市场环境进行宽松并提高了市场活力。近年来，中国在庞大市场主体的基础上，形成了多层次多元化的市场环境，并不断推进区域均衡发展以及构建区域市场差异化优势互补新格局。

第一，市场主体多样。中国拥有基数庞大且类别多元的市场主体，是稳定国家经济和提供发展活力的关键力量。其一，中国包含了三大产业不同类型不同规模的市场主体，其中第一产业市场活跃度最高，2021年行业净增新增比为76.91。其二，新增市场主体类型方面，2021年中国新增市场主体2887.0万户，同比增长15.42%。其三，基于不同行业新增市场主体的数量占比方面，批发零售业新增数量最高占比为50.93%，其次为租赁和商务服务（12.17%）以及住宿餐饮（9.52%）。[①] 作为经济发展的基础单元，中国多元且持续丰富的市场主体为提高经济环境的韧性、提升市场创新升级能力增添了动力。

第二，资本市场体系多层次发展。资本是社会主义市场经济发展的重要生产要素，中国不断探索在社会主义市场经济条件下引导资本体系多层次化发展。其一，当前阶段中国资本类型主要包括国有、集体、民营、外国、混合等，同时向更多元更高质量方向发展。其二，中国通过发展地、辩证地把握社会经济的各类资本，建立了较为完善的多层次的资本市场体系，按交易标的可分为股票交易体系、股权市场体系、债券市场、产权市场体系和基金市场体系。其三，在中国多元的资本市场体系中，最为核心的股票交易体系同样具有内部的多样性，有适合大型蓝筹企业的主板，也有适合成长期创新性企业的创业板、科创板。截至2021年底，中国A股总市值为964671万亿元，其中科创板和创业板同比增长分别为70.33%和28.03%，[②] 中国资本市场在契合国情和发展阶段的同时不断推进多样化。

第三，差异化的区域经济布局形成优势互补。中国国土广阔、各地区自然资源差异显著，当前中国积极发挥区域比较优势，促进各要素的有效合理流动和聚集，通过"东西、南北"联动，强化国内经济合作。从东、

[①] 资料来源：根据《中国市场主体发展活力研究报告（2021）》相关数据整理。
[②] 资料来源：Wind数据库。

西部经济布局来看，中国逐步强化西部地区区位优势和开放优势，借助"一带一路"倡议发展西部地区与邻国的经济关系，为东部地区的技术资金国际合作提供更广阔的市场需求。从南、北部经济布局来看，中国充分发挥东北部地区粮食安全、能源安全的战略作用，积极推动东北地区实现全面振兴，通过东部、南部技术赋能为东北产业创新提供新动力。可以认为，中国正逐渐形成具有优势互补的高质量的区域经济发展新格局。

（三）市场空间拓展潜力大

中国不仅拥有巨大的市场容量和多元的市场层次，还蕴含着持续可挖掘的市场潜力。中国正不断通过产业转型、投资转型和发展方式转型拓展新兴市场，激发市场潜力。

第一，产业转型为拓展新市场创造空间。中国正积极引领推动产业创新升级，并形成了产业市场的新热点。中国通过降低企业研发创新成本激发企业创新主体的活力，带动了相关市场的发展。随着新能源领域的技术突破，中国新能源汽车市场规模持续扩大，2020年销量达到136.6万辆，比2015年增长了约4.1倍。[①] 同时，中国利用5G、大数据等技术为医疗、教育等公共服务领域赋能，构建了远程医疗等新公共服务方式，依托技术创新产业转型激发市场需求和潜力。

第二，投资转型为拓展新市场创造空间。中国正逐步扩大有效投资、优化投资结构，为新市场的发展提供资金支持。其一，中国逐步调整投资方向，引导资金向社会发展需要、具有市场潜力的领域流动，着力针对民生工程、幸福产业、新基建和战略新兴产业进行投资。其二，中国稳步加大政府投资力度，保障市场拓展的资金来源。中国积极保持地方政府新增专项债发行的稳定，政府总投资额基本与名义GDP增速一致。其三，中国构建了较为完善的资本市场和技术产业互动机制，积极探索完善资本市场的多样投资方式推动科技成果落地，为技术开拓新市场空间提供多样资金支持。

第三，发展方式转型为拓展新市场创造空间。中国正加速转变经济发展方式，在加强生态保护的基础上推进经济可持续发展，形成了具有广阔空间的"绿色发展"市场。2020年，中国环保产业营业收入约为1.95万亿元，同比增长7.3%。中国环保产业营业收入占GDP的比重也在不断增

---

① 参见中国汽车工业协会统计数据。

加，从2004年的0.4%上升至2020年的1.9%，环保产业在中国国民经济中的地位不断提高。中国在加快向绿色可持续发展方式转型的同时，也为国内环保产业发展拓展了市场空间。

第三节　双循环新发展格局下中国开放发展的现状及问题

中国经济发展仍处于转变发展方式、优化经济结构、转换增长动力的攻关期，"三期叠加"影响持续深化，经济发展面临需求收缩、供给冲击、预期转弱"三重压力"，经济下行压力加大。与此同时，中国产业链体系发展仍存在不少的短板，为提升我国企业国际竞争力带来了负面影响，国内外流通渠道尚不通畅，不利于中国在新发展格局下推进高质量对外开放。

一　经济发展面临"三重压力"

2021年下半年以来，中国经济下行压力持续增加。在此背景下，2021年末中央经济工作会议明确强调我国经济发展面临需求收缩、供给冲击、预期转弱三重压力，中国经济发展面临的风险与挑战增多。

（一）经济发展面临需求收缩压力

中国经济发展面临的需求收缩压力主要表现为消费和投资这两大内需来源的增长速度放缓，对经济增长的拉动效果不稳定，从而导致经济存在负向产出可能和负向潜在增速的可能。[1]

第一，国内需求增速放缓。中国国内需求增长受阻，这主要源于居民债务压力增加带来的消费意愿下降。2011~2021年，中国居民部门杠杆率从27.9%上升至62.2%。IMF统计数据显示，中国居民部门杠杆率在2019年超过了德国和新加坡等发达国家。中国人民银行统计数据显示，截至2020年底，在中国共计63.19万亿元个人贷款中个人住房贷款为34.44万亿元，占比为54.5%。[2] 在高债务压力下居民将更多收入用于偿还房贷等债务，这对消费产生了明显的挤出效应，使得国内需求增长放缓。

第二，消费对经济增长的拉动效果不稳定。2019年中国最终消费对经

---

[1] 陈彦斌、刘哲希：《宏观政策"三策合一"应对"三重压力"》，《财经问题研究》2022年第3期。

[2] 资料来源：中国人民银行统计数据。

济增长的贡献率为57.76%，相比2018年的65.85%下降了8.09个百分点。2020年中国最终消费对经济增长的贡献率下降至-22.00%，自1978年以来贡献率首次为负数。2019年中国最终消费对经济增长的拉动率为3.53%，较2018年的4.44%有较明显的下滑，而2020年最终消费对经济增长的拉动率同样首次下降至负值（-0.5%）。① 同时，在居民负债压力加大、消费意愿降低的背景下，近年来中国经济增长对外需的依赖度有所提升。2021年中国货物贸易进出口、出口、进口总值分别为39.10万亿元、21.73万亿元、17.37万亿元，同比分别增长21.4%、21.2%和21.5%。② 在当前复杂严峻的经济形势下，外需的增长会增加总需求的不稳定性。

第三，投资结构冷暖分化明显。从投资主体来看，中国房地产投资增速下行压力较大、基础建设投资增速处于较低水平，制造业投资成为带动中国固定资产投资的主要力量。2020~2021年，中国固定资产投资两年平均增速为3.9%，其中房地产投资两年平均增速为5.7%，基础建设投资两年平均增速为1.8%，制造业投资两年平均增速为5.4%。③ 在房地产政策收紧的影响下，中国房地产投资增速下滑速度较快，2021年之后制造业投资增速持续攀升，中国各类投资主体投资增速差异明显。

（二）经济发展面临供给冲击压力

中国经济发展面临供给冲击压力主要表现为在大宗商品价格上涨、全球供应链受阻等多重因素影响下，企业成本显著上升和生产约束力度加大，从而对企业生产能力造成不利冲击。

第一，大宗商品价格上涨。截至2021年底，中国大宗商品价格指数为1101，同比增长24.27%。④ 全球大宗商品价格上涨受到多重因素影响：其一，2020年底中美双方均开始进入新一轮的补库存周期，国际投资机构利用资金投入强化市场这一周期性上涨预期；其二，国际形势变化带动大宗商品价格变动，在碳中和背景下，作为储能、输电和变电等技术的主要建筑材料，铜原料及其产品价格上涨迅速，2021年底有色金属（铜）指数为69862，同比增长20.73%。⑤

---

① 根据国家统计局相关数据整理。
② 资料来源：国家统计局。
③ 资料来源：根据2022年3月《NIFD季报国内宏观经济》整理。
④ 资料来源：Wind数据库。
⑤ 资料来源：Wind数据库。

第二，全球供应链稳定性降低。在贸易保护主义等多重因素的影响下，全球产能短缺、运力不足等问题集中爆发，全球供应链断裂风险加剧。其一，全球供应链面临严重冲击，在生产全球化的背景下，产业链中某一环节受阻将会对整体产生扰动。其二，运输的不确定性加剧降低了全球供应链的稳定性，上海航运交易所统计数据显示，2021年全球集装箱船期准点率创历史新低，全年平均准点率低于36%，前三年平均准点率约为70%。① 其三，部分国家推行贸易保护主义使得全球贸易受阻，加剧了全球供应链的不稳定性。

第三，企业资金供给阻力增加。中国加强了对基础建设、房地产和城市投资的政策监管，结合超常规的货币政策逐渐退出，中国整体社会融资增长态势放缓。中国2021年新增社会融资规模31.36万亿元，同比减少10.06%，社会融资存量增速为10.30%，同比下降3个百分点。② 除社会融资额增速放缓外，中国金融服务行业监管政策仍不完善，金融机构水平参差不齐，进一步增加了社会资金对中小微企业的供给难度。

（三）经济发展面临预期减弱压力

在需求收缩和供给冲击的双重压力下，中国经济整体预期上升困难，市场、企业和民众对未来发展信心受到不同程度的冲击，为中国经济持续高质量发展增添了压力与挑战。

第一，宏观经济景气度下降。2021年下半年以来，中国宏观经济整体景气度持续下降。2021年9~12月，中国宏观经济景气一致指数分别为99.34、98.01、96.30、95.20，环比分别下降1.46、1.34、1.74、1.14。2022年第一季度以来，受国际地缘政治格局改变等超预期因素的影响，实体经济下行压力陡增，中国宏观经济景气度面临进一步下调的风险。

第二，中小企业景气度降低。在严峻的经济环境的影响下，企业面临销售市场萎缩、生产运输成本上升、工厂开工受阻等问题。2020年第一季度，企业景气指数达到历史新低，为88.22，比2019年第四季度下降28.20%。2021年底，大中型企业PMI均为51.30%，高于临界点；小企业

---

① 资料来源：上海航运交易所，https://www.sse.net.cn/index/singleIndex?indexType=gcs-pi。
② 资料来源：中国人民银行统计数据，http://www.gov.cn/xinwen/202201/13/content_5667971.htm。

PMI下降至46.50%，比11月下降2个百分点且低于临界值。① 面对宏观经济压力等冲击，中小企业经营压力显著增大，尤其是小企业发展预期恢复乏力。

第三，消费者预期信心不足。受居民债务负担加重、就业压力增大的影响，中国消费者预期总体有所回落，并处于2018年以来的较低位。截至2021年12月，中国消费者信心指数为119.80，比2020年1月下降5.22%。此外，中国居民储蓄意愿显著上升、投资意愿明显下降，2020年中国居民储蓄率为45.07%，同比增长0.66个百分点；2020~2021年全社会固定资产投资（不含农户）平均增速为3.65%。②

二 产业链体系发展存在短板

产业链需要与技术链、资金链以及人才链深度融合，才能为产业体系发展提供有效的支撑。中国工程院发布的《2020中国制造强国发展指数报告》显示，从制造业核心竞争力来看，中国与全球制造强国仍存在较大差距，尚未迈入"制造强国第二阵列"，其中中国制造业产业体系运转效率低下、产业价值链低端是造成这一差距的原因之一。具体而言，中国产业链关键环节的核心技术受制于人的问题尚未解决，产业链与技术链的融合仍有待加强。同时，中国对于产业的研发投入结构仍不完善，并且高质量人才极度缺乏，从而造成中国产业链与资金链和人才链的融合也存在问题。事实上，产业技术、产业供应链以及产业链支撑要素是制约中国产业链体系发展的主要短板。

（一）关键核心技术受制于人

长期以来，中国大部分产业依靠劳动力与土地资源的低成本所形成的比较优势参与全球价值链分工并融入国际经济循环，中国产业大多处于全球价值链的中低端，而发达国家在全球价值链中占据主导地位，中国产业链整体大而不强的局面没有改变。近年来，在创新驱动发展战略的指导下，中国坚持科技独立自主，科技整体能力有了很大提升。但是同时也要认识到，中国科技发展水平与世界先进水平相比还有很大的差距，特别是关键核心技术例如半导体和光学设备受制于

---

① 资料来源：《2022年一季度中国中小企业发展指数继续下降》，中国中小企业协会，2022年4月8日，https://ca-sme.org/content/Content/index/id/33755。

② 资料来源：https://www.ceicdata.com/zh-hans/indicator/china/gross-savings-rate。

人的问题仍未得到根本解决，产业供应链的关键环节面临"卡脖子"风险，产业链存在"断链"隐忧。

第一，我国在通信、电子设备和精密仪器制造等方面对外依存度较高。例如，2017~2020年，中国集成电路的进口数量持续上升，2017年进口数量为3770亿个，同比增长10.1%，2020年进口数量为5435亿个，同比增长22.1%；中国集成电路的进口金额2017年为17592亿元，同比增长17.3%，2018年进口金额首次突破了2万亿元人民币，达到了20584亿元，2020年这一数值达到24207亿元，比上年增长了14.8%（见表4-1）。

第二，半导体芯片产业链全流程受阻。美国对芯片领域龙头企业的打压力度不断加大，对中国芯片产业供应链全局产生波及效应。具体来说，我国芯片产业链上游将面临极紫外光刻（EUV）等先进材料短缺；中游高端芯片设计、制造、封装和测试环节循环受阻；下游芯片应用领域因"缺芯"陷入发展困境。

第三，对于海外知识产权依赖程度较高。近年来，中国引进了大量海外知识产权。2017年中国的知识产权进口额为290亿美元，而知识产权出口额仅为50亿美元左右（约为进口额的17%）。与中国签订技术进口合同的国家的地域集中度非常高，中国超过一半的海外研发采购金额集中流向美国、日本和德国三个国家，流向美国、日本、德国金额比例分别为31%、21%和10%。[①]

表4-1 2017~2020年中国集成电路进口数量及金额

年份	进口数量（亿个）	进口金额（亿元）
2017	3770	17592
2018	2171	20584
2019	4451	21079
2020	5435	24207

资料来源：国家统计局。

（二）产业基础研究投入不足

中国产业发展存在整体研发投入密度不高、研发投入存在重开发但轻

[①] 《中国与世界：理解变化中的经济联系》，麦肯锡全球研究院，2019年7月。

研究的问题。鉴于基础研究是科学理论和知识的源头，且应用研究和试验发展受到基础研究的深度和广度的限制，① 基础研究的投入不足将不利于中国实现高质量创新。

第一，研发投入密度较低。从研发经费总量来看，2015~2020年，中国研究开发经费支出占国内生产总值的比重虽呈小幅度上涨趋势，但仍处于2%左右的较低水平，2020年中国研究开发经费支出在国内生产总值中的占比为2.4%。② 从平均研发经费来看，2018年中国前50强企业的平均研发经费为1207.99百万欧元，仅为美国的30.0%，③ 可见中国的研发投入规模和强度与世界主要创新型国家仍存在较大差距。

第二，研发投入结构尚不合理。2015~2020年，中国基础研究和应用研究在研发经费中占比较小，而试验发展经费占据了研发经费的绝大部分。2020年，中国基础研究经费为1467.0亿元，在研发经费中所占比重为6.01%；应用研究经费为2498.5亿元，在研发经费中所占比重为11.30%；试验发展经费为20168.9亿元，在研发经费中所占比重为82.68%（见图4-12）。最新的国别比较统计显示，2015年美国、日本、韩国的研发投入中用于试验发展的经费比重分别为63.5%、63.7%和61.9%，④ 可以见得以美、日、韩为代表的发达国家相比中国来说更加重视基础研究和应用研究，而不是试验开发，因此，其相比于中国获得了更多研发投入带来的创新突破。

第三，研发投入主体结构待优化。中国科研经费主要投入主体为高校院所，而企业投入严重偏低。2013~2018年，中国基础研究政府投资额占基础研究投资总额的比重约为94%，而企业基础研究投资额占比不足3%。相比之下，发达国家的基础研究政府投资额占比低于50%，企业基础研究投资额占比接近20%，远高于中国企业研发投入水平。2018年，中国企业基础研究投资额占基础研究投资总额的比重为3.1%，而美国在2015年这一指标就达到了17.15%的水平。⑤

---

① 赵玉林、刘超、谷军健：《研发投入结构对高质量创新的影响——兼论有为政府和有效市场的协同效应》，《中国科技论坛》2021年第1期。
② 资料来源：《中国统计年鉴2020》。
③ 朱承亮、王珺：《中国企业研发经费投入现状及国际比较》，《技术经济》2022年第1期。
④ 资料来源：National Science Board。
⑤ 朱承亮、王珺：《中国企业研发经费投入现状及国际比较》，《技术经济》2022年第1期。

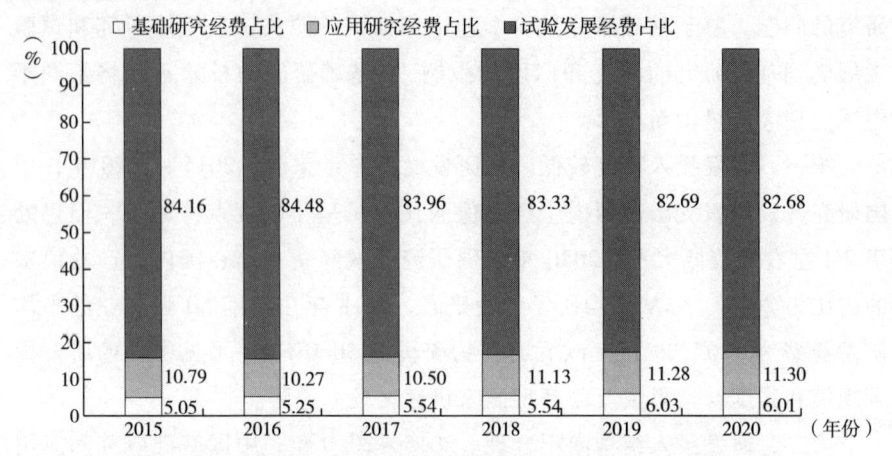

图 4-12　2015~2020 年中国不同类型研究活动的研发经费占比

资料来源：《中国统计年鉴 2020》《中国统计年鉴 2021》。

（三）高精尖技术人才缺口较大

随着中国经济发展进入由高速增长转向高质量发展的阶段，人才作为首要资源，是提升中国产业链体系质量和效率的重要因素。在大众创业、万众创新的新势态下，中国新零售、新能源、金融等多个领域快速发展，对于创新人才的需求达到了历史高点。而相较于技术的快速发展和落地，中国高质量创新人才十分缺乏，不仅人才结构与经济发展需求不匹配，人才的区域分布差异也较大。

第一，高层次人才有效供给不足。中国人力资本结构尚未达到经济转型和产业升级的要求，创新发展受到制约。中国金融科技人才缺口预计超过 150 万人，[①] 中国的半导体人才缺口超过 40 万人。[②] 1970 年以来，尽管中国高等教育入学率持续上升，但是相比于美国和英国等发达国家来说，中国高等教育入学率依旧较低。2018 年，中国、美国、英国的高等教育入学率分别为 50.6%、88.3% 和 61.4%，中国相比于发达国家仍存在较大差距。2020 年，中国高等教育入学率为 54.4%，仍处于较低水平（见图 4-13）。

第二，人力资本投资水平与发达国家相比依旧较低。从教育经费投入总量来看，尽管中国近年来公共教育经费支出持续上涨，2020 年中国财政

[①] 德勤中国：《中国创新崛起——中国创新生态发展报告 2019》，2019。

[②] Chris Richard, Karthik Ramachandran and Ivan Pandoy, *Looming talent gap challenges semiconductorindustry*, Semi, 2019.

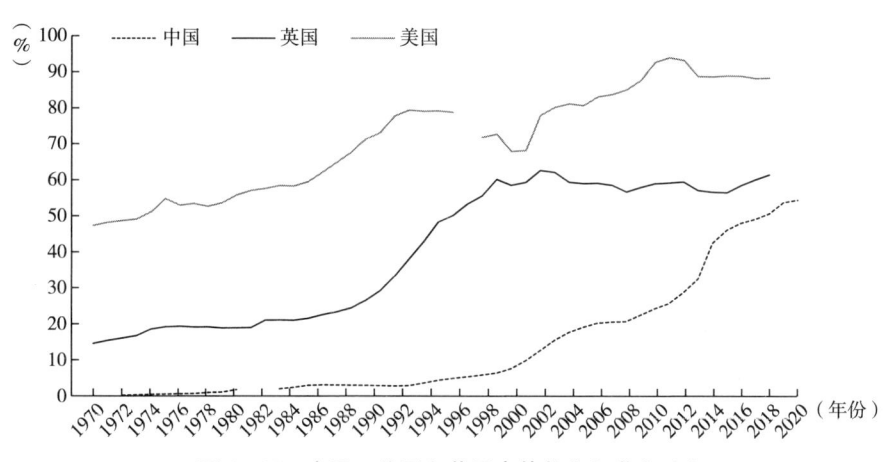

图 4-13 中国、美国和英国高等教育入学率对比

注：图中空白为数据缺失。

资料来源：World bank 数据库、中国教育部。

性教育经费支出首次突破 4 万亿元，年均增长 8.2%，占 GDP 比例为 4.22%，[1] 但是仍然低于 2019 年世界平均水平 4.53%，[2] 可见中国对教育的投入力度有待加大。从教育经费投入结构来看，2018~2020 年，中国对各级教育生均一般公共预算教育经费投入增长率呈不同程度的下滑，尤其是对于高等院校的教育生均一般公共预算教育经费投入下滑幅度最为明显。2020 年，中国对于中等职业学校和普通高等学校教育生均一般公共预算教育经费同比增长率分别为 0.95% 和 -4.46%，相比于 2018 年分别下降了 6.95 个百分点和 8.07 个百分点（见表 4-2）。

第三，人力资本地区分布差异十分显著。改革开放以来，中国大量人力资本从农村转移到城市，然而从发达地区向不发达地区的人力资本回流严重不足，这种不合理的人才流动趋势造成了人力资本在地区分布上的极大差异，不利于区域产业链协同发展。2019 年，在中国人均实际人力资本（按照生活成本指数折算）排名前 10 的省（区、市）中，东部省（区、市）占据 7 个席位（北京、上海、天津、浙江、江苏、福建、山东），中部省（区、市）占据 2 个席位（湖北、安徽），而西部省（区、市）仅有经济较为发达的重庆位居第 10 名。[3] 事实上，各省（区、市）的人均实际

---

[1] 资料来源：中国教育部、中国国家统计局、中国财政部。
[2] 资料来源：世界银行。
[3] 资料来源：根据《中国人力资本报告 2021》相关数据整理。

人力资本排名基本上与其经济规模、平均教育程度、收入水平等因素正相关。中西部地区难以吸引高质量人才，同样也制约了其经济发展。

表 4-2　2018~2020 年各级教育生均一般公共预算教育经费情况

单位：元，%

项目	2018 年 生均教育经费	同比增长	2019 年 生均教育经费	同比增长	2020 年 生均教育经费	同比增长
幼儿园	6951.49	10.36	8615.38	23.9	9410.76	9.23
普通小学	11328.05	3.82	11949.08	5.48	12330.58	3.19
普通初中	16494.37	4.79	17319.04	5.00	17803.6	2.80
普通高中	16446.71	8.64	17821.21	8.36	18671.83	4.77
中等职业学校	16305.94	7.90	17282.42	5.99	17446.93	0.95
普通高等学校	22245.81	3.61	23453.39	5.43	22407.39	-4.46

资料来源：中国教育部、中国国家统计局、中国财政部。

三　流通渠道不通畅

2020 年，中国社会物流总额突破 300 万亿元，[1] 并早在 2013 年就超越美国成为全球最大的物流市场，但是中国流通体系大而不强的问题依旧突出。与发达国家相比，中国流通体系运行效率较低，流通发展水平不高。同时，中国还存在内外贸制度标准对接的流通"无形通道"不畅的问题。

（一）流通运行效率不高

近年来，中国全社会物流总费用在 GDP 中的占比逐年下降，但相比于发达国家，中国的社会物流总费用仍处于较高水平，物流绩效有待提高。2020 年，中国社会物流总费用为 14.9 万亿元，同比增加 2%，增速有所放缓；社会物流总费用占 GDP 的比重为 15%，在过去 4 年间基本保持稳定。[2] 而发达国家社会物流总费用占 GDP 的比重约为 8%~9%，可见中国

---

[1] 《2020 年全国物流运行情况》，中华人民共和国国家发展和改革委员会网站，2021 年 2 月 26 日，https://www.ndrc.gov.cn/xwdt/ztzl/shwltj/qgsj/202102/t20210226_1268288.html?code=&state=123。

[2] 参见《中国物流年鉴 2021》。

物流绩效较发达国家仍存在一定差距。具体来说，中国流通运行效率较低、物流绩效不高的原因主要在于流通系统性不强、仓储管理效率较低以及物流发展不均衡。

第一，流通系统性不强，网络化程度不高。中国物流的系统性有待提高，运输结构不合理，发展不够集中，物流基础设施的兼容性、配套性弱。物流网络由物流枢纽、物流园区、物流中心、配送中心以及终端网点构成，中国物流网的各部分之间的联系环节薄弱。这源于中国一些地方的物流中心的不合理建设以及中国综合交通运输枢纽建设的滞后：中国超过50%的物流园区为地市级政府审批规划，省级以下政府在推动建设物流园区时容易缺乏全局规划，更加注重地方发展；中国内陆和沿海物流配套体系较弱，物流分拣缺乏有效衔接。

第二，仓储管理效率较低，保管成本上升。从中国社会物流总费用结构来看，2020年运输费用达7.9万亿元，同比增长0.1%；管理费用达1.9万亿元，同比增长1.3%；保管费用达5.1万亿元，同比增长3.9%。中国仓储保管成本增速在各项费用中最高，这源于中国企业库存周转能力较低。2020年，中国规模以上工业企业产成品存货周转天数上升到近年来的最高水平，为17.9天。与此同时，物流企业资金占用成本较高，现金流压力较大，其中的仓储及装卸成本同比增长5.7%，可见中国保管费用增长较快。

第三，流通技术装备落后。与国际先进水平相比，中国在物流信息化、智能化长期发展战略上尚未形成体系，整体规划能力低。物流信息化建设相对缓慢，行业信息化标准、规范不健全，信息类专业人才相对缺乏；信息资源缺乏统筹开发，共享率低，更新速度慢。物流信息化整体应用水平尚处于较低层次，特别是中小物流企业的信息化水平很低，先进的信息技术应用较少，应用范围有限，信息化对企业运营生产环节的渗入程度较低。开放式公共物流信息平台体系尚未建立，缺乏统一的快速反应物流管理信息平台，也尚未实现信息共享、一体化服务。物流企业对自身的信息化发展缺乏规划，缺乏覆盖整个企业的、全面集成的信息系统。物流各环节信息化、智能化程度偏低，信息沟通不畅，造成库存、运力浪费，没有发挥"信息流"主导"物品流"的作用。

（二）流通发展水平较低

中国存在流通发展水平较低的问题，主要表现为物流区域流通发展水平不均衡、城乡流通发展水平不均衡，以及流通信息化水平不高。

第一，物流区域流通发展水平差距大。东部地区经济基础较好，生产力、基础设施、城市信息化水平、物流需求等各方面因素均优于中、西部地区，这导致中、西部物流发展较慢，尤其是中、西部农村物流滞后且水平较低。以中国物流快递业务为例，2020年中国东、中、西部地区快递业务量比重分别为79.4%、13.3%和7.3%，东、中、西部地区快递业务收入比重分别为79.6%、11.9%和8.5%，东部地区业务占据绝对优势。

第二，城乡物流网络衔接不畅通。中国东、中、西部物流水平差距大，中国城乡物流网络衔接不通畅。其一，农村交通设施较差，城乡运输之间存在空驶率高、运输时间长的问题，使城乡物流配送成本高于城市间物流配送成本。其二，中国农村人口分布分散、地域广阔，使中国农村物流网点难以到达乡镇村，农村网络配送网络不健全。其三，农村物流存在一定的季节性，这是农产品的季节性所致，但城市物流需求较为稳定和持续，城乡物流简单时间差异会使城乡物流衔接更为不畅。

第三，流通信息化水平不高。中国信息化、高标准仓库缺乏，相比于发达国家的流通信息化水平差异较大。2018年，中国立体仓库与通用仓库的比例仅为28.3%，高标准仓库市场供给十分不足。[①] 中国物联云仓统计的31个省（区、市）、219个城市、7187个物流园区的仓库数据显示，2020年，全国通用仓库总面积超过3亿平方米，但高标准仓储物流设备所占面积约为通用仓库面积的30.0%。2020年，中国高标准仓库需求缺口约为1亿平方米。日本和美国的人均仓库分别为4.0平方米/人和5.4平方米/人，而中国人均当前人均仓储面积仅为0.4平方米/人。[②]

（三）内外贸流通规则对接不畅

由于法律法规不健全、规则和标准差异较大，中国在内外贸法律法规、监管体制、经营资质、质量标准、检验检疫、认证认可等程序上的衔接不畅，这为优质产品的出口与进口带来了不利影响。

第一，法律法规建设整体滞后。中国流通立法相对滞后，现行的物流法律的微观约束能力和宏观调控能力并不充足。由于物流活动环节较多，物流相关政策法规较为分散，存在着重复规定、相互冲突等问题。

---

① 资料来源：中国物流与采购联合会。
② 《2020年中国仓储行业市场现状及发展趋势分析　高标仓市场拓展空间巨大》，2020年10月9日，https://bg.qianzhan.com/report/detail/300/201009-6e5e984f.html。

此外，中国外贸企业面临着严峻的国际知识产权竞争环境，知识产权保护近年来也成为竞争对手打压中国出口产品、限制中国进口关键技术的重要工具。而中国知识产权相关法律法规建设依旧落后，现有的《中华人民共和国商标法》《中华人民共和国著作权法》《中华人民共和国专利法》等知识产权相关法律难以应对日益丰富的知识产权内涵和外延。

第二，国内外贸易规则不对标。由于各国经济政策、文化风俗、货币度量、海关制度、内外贸商业风险不同，国别之间贸易规则存在差异，不利于内外贸发展。以数字贸易规则为例，世界各国对于数据所有权的分歧导致各国数字贸易规则存在较大差异。中国由政府控制数据，而美国由私人部门控制数据，倡导跨境数据在全球范围内自由流动；欧盟由个人控制数据，提出在欧盟内可实施跨境数据自由流动政策。

第三，国内外技术标准不对接。技术标准和技术法规作为国际贸易中常用的技术壁垒，为部分国家争夺科技制高点提供了手段。当前，中国尚未达到部分发达国家繁多且严格的技术标准，阻碍了本土企业向发达国家出口产品。与此同时，以美国为首的发达国家颁布诸多技术保护法案，试图形成对华科技封锁阵营，限制了先进技术向中国转移，对中国企业尤其是高科技企业进行跨国贸易活动造成了极大的负面影响。

第五章 新发展格局下创新与中国开放发展

科技创新作为新发展格局的核心驱动力，是推动中国迈向高质量发展的重要战略。高水平开放发展对推动中国创新有着重要影响，在"双循环"背景下如何通过中国开放发展战略来解决科技创新目前存在的难题，是现阶段国家实现经济高质量发展的重要方向。因此，本章旨在明确"双循环"背景下科技创新发展现状和存在问题，以及总结高水平对外开放对中国创新的重要意义，并总结国际上其他国家在创新发展过程中的经验和教训，为中国制定更加系统、完善的科技创新和开放发展战略提供支撑。

第一节 开放促进创新发展的现状及存在的问题

当前，信息革命时代的到来不断影响人类社会的经济发展。改革开放以来，中国经济发展水平得到显著提升，一跃成为世界第二大经济体，"中国速度"已然成为全球瞩目的焦点。在经济发展初期，中国主要依靠加强资源投入的方式获得经济增长，而粗放的经济增长方式带来了一系列环境问题、资源问题和健康问题，因此，转换经济发展方式成为目前中国经济发展战略的重点。实现经济高质量发展是获得可持续发展的关键，而科技创新又是高质量发展和产业转型升级的重要驱动力。当前中国正处于百年未有之大变局，中国比以往任何时候都需要转换经济发展方式，顺应世界经济新格局和全球经济发展新形势。

以往传统经济发展模式表现为过度注重外循环，导致企业核心技术对外界具有较高的依存度，国内生产体系内循环与市场需求严重脱节，企业无法掌握核心技术。中国企业面临较为严重的"卡脖子"问题。为解决这一系列问题，习近平总书记在 2020 年指出要推动形成以国内大循环为主体、国内国际双循环相互促进的新发展格局。面对全球经济冲击，坚持供给侧结构性改革，是实现创新驱动，实现国内大循环、国内国际双循环相互促进的新发展格局的战略方向。基于此，本章以"双循环"为研究背景，并基于"双循环"背景梳理中国科技创新发展现状，在充分认识中国科技创新现状之后，提出在打造"双循环"发展格局中科技创新需要解决的突出问题。最后重点分析开放发展在中国科技创新中的重要意义。

一 中国创新发展的基础和现状

2020年9月11日，习近平总书记在科学家座谈会上指出，加快科技创新是构建新发展格局的需要，推动国内大循环，科技创新是关键。科技创新是推动社会发展的核心动力，随着科技创新水平不断提升，我国在科技创新领域取得了一系列成果。正确认识当前中国科技创新发展形式，能够帮助我们构建更加完善的科技创新体系和确定创新战略转变方向。

（一）中国创新投入的基础和现状

创新投入分为金额投入与人员投入，总体来看，中国创新金额投入和人员投入持续增加，而分地区来看，中国地区间创新投入差距较大。从国际比较来看，中国创新投入虽动态增速较快，但绝对量仍落后于发达国家。

第一，创新金额投入自2012年以来持续增长。党的十八大以来，在中国不断向经济高质量发展转变的过程中，创新驱动发展成为经济转型的重要战略方向，中国不断加大科技创新投入力度。如图5-1所示，R&D研发经费支出从2016年的15676.75亿元上升到2020年的24426.00亿元，其中，R&D基础研究经费从2016年的822.89亿元上升到2020年的1504.00亿元。在持续加强的科技创新投入体系中，中国整体创新能力不断提升，2019年《全球创新指数报告》显示，中国创新水平在世界排名中位于第14位，相对于2009年排名提升了29位，中国作为发展中国家，在中等收入经济体和新兴经济体中创新水平排名第1。

第二，创新人员投入持续攀升。科技创新要素投入主要包括人力资本投入和资本资金投入。国家科技创新力的根本源泉在于人，科技创新发展过程中需要科技创新人才的推动。如图5-2和表5-1所示，中国R&D人员全时当量从2011年的288.3万人年上升至2019年的480.08万人年。其中，R&D基础研究人员全时当量从2011年的19.32万人年上升至2019年

图 5-1 2011~2020 年 R&D 研发经费支出情况

资料来源：CSMAR 数据库。

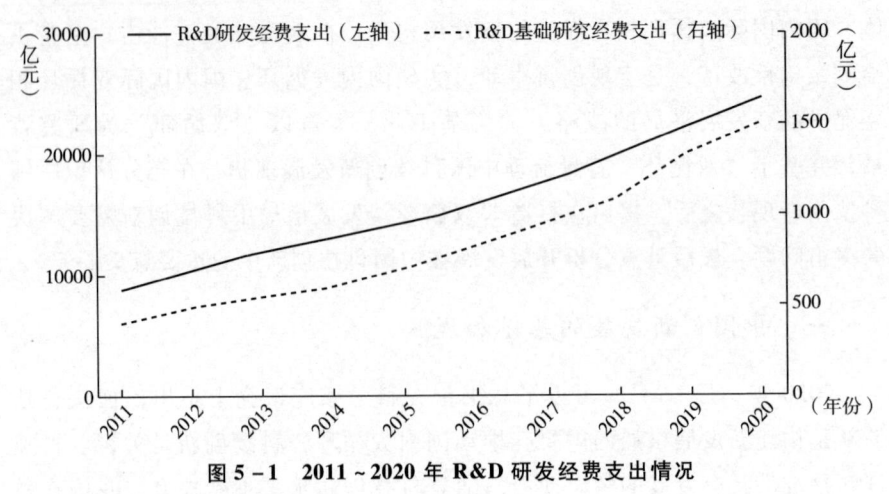

的 39.2 万人年；R&D 应用研究人员全时当量从 2011 年的 35.28 万人年上升至 2019 年的 61.54 万人年；R&D 试验发展人员全时当量从 2011 年的 233.73 万人年上升至 2019 年的 379.37 万人年。由此可见，中国近年来从事科学研究相关工作的人员数量不断增加，在科研人力资源方面的努力取得了显著成果。这些科研人员也为中国科技发展贡献巨大力量，构成了推动中国科研事业发展的主力军。

表 5-1 2011~2019 年 R&D 人员全时当量变化情况

单位：万人年

年份	R&D 人员全时当量	R&D 基础研究人员全时当量	R&D 应用研究人员全时当量	R&D 试验发展人员全时当量
2011	288.3	19.32	35.28	233.73
2012	324.7	21.22	38.38	265.09
2013	353.3	22.32	39.56	291.4
2014	371.06	23.54	40.7	306.82
2015	375.88	25.32	43.04	307.53
2016	387.81	27.47	43.89	316.44
2017	403.36	29.01	48.96	325.39
2018	438.14	30.5	53.88	353.77
2019	480.08	39.2	61.54	379.37

资料来源：CSMAR 数据库。

图 5-2　2011~2020 年中国 R&D 人员变化情况

资料来源：CSMAR 数据库。

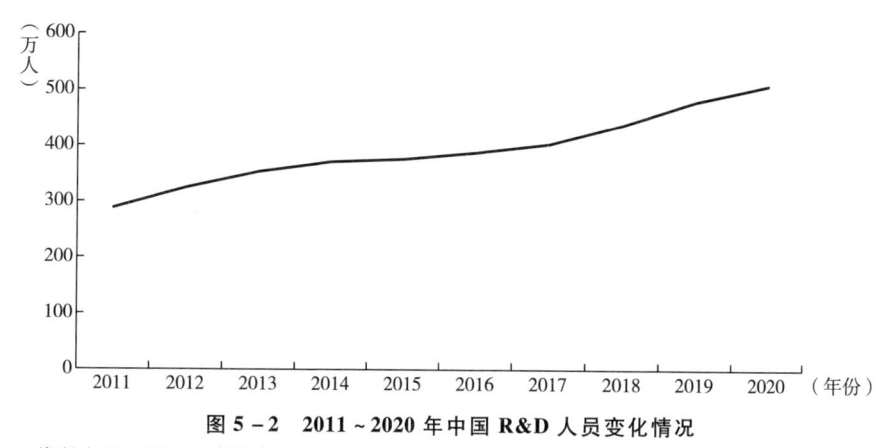

第三，地区间研发投入差距较大。近年来，中国高度重视科技研发投入，各地区不断做出努力。表 5-2 显示了 2011~2019 年中国部分地区 R&D 研发投入强度，可以看出，2011~2019 年仅有天津、吉林和黑龙江的 R&D 研发投入强度整体表现为下降状态，其他地区均表现出不断上升趋势。其中，北京作为中国科技创新中心，2011~2019 年 R&D 研发投入强度年均为 5.96%，远超过其他地区。此外，天津、上海、江苏、广东、浙江 R&D 研发投入强度也表现出较高水平，内蒙古、广西、贵州、新疆、海南 R&D 研发投入强度表现出较低水平。为了更加直观地反映不同地区 R&D 研发投入强度情况，我们计算了 2011~2019 年这些地区 R&D 研发投入强度均值，从图 5-3 可以看出，中国不同地区 R&D 研发投入强度具有较大差异，峰值分别在北京、上海、山东、广东和陕西等地区，东北地区和西北地区 R&D 研发投入强度远低于其他地区。

表 5-2　2011~2019 年中国部分地区 R&D 研发投入强度

单位:%

地区	2011 年	2012 年	2013 年	2014 年	2015 年	2016 年	2017 年	2018 年	2019 年
北京	5.76	5.95	5.98	5.95	6.01	5.96	5.64	6.17	6.24
天津	2.63	2.80	2.96	2.96	3.08	3.00	2.47	2.62	2.50
河北	0.82	0.92	0.99	1.06	1.18	1.20	1.26	1.39	1.47
山西	1.01	1.09	1.22	1.19	1.04	1.03	0.99	1.05	1.05
内蒙古	0.59	0.64	0.69	0.69	0.76	0.79	0.82	0.75	0.75
辽宁	1.64	1.57	1.64	1.52	1.27	1.69	1.80	1.82	2.07

续表

地区	2011年	2012年	2013年	2014年	2015年	2016年	2017年	2018年	2019年
吉林	0.84	0.92	0.92	0.95	1.01	0.94	0.84	0.76	0.69
黑龙江	1.02	1.07	1.14	1.07	1.05	0.99	0.90	0.83	0.77
上海	3.11	3.37	3.56	3.66	3.73	3.82	4.00	4.16	4.31
江苏	2.17	2.38	2.49	2.54	2.57	2.66	2.63	2.70	2.75
浙江	1.85	2.08	2.16	2.26	2.36	2.43	2.45	2.57	2.64
安徽	1.40	1.64	1.83	1.89	1.96	1.97	2.05	2.16	2.23
福建	1.26	1.38	1.44	1.48	1.51	1.59	1.68	1.80	1.91
江西	0.83	0.88	0.94	0.97	1.04	1.13	1.23	1.41	1.56
山东	1.86	2.04	2.13	2.19	2.27	2.34	2.41	2.15	2.12
河南	0.98	1.05	1.10	1.14	1.18	1.23	1.29	1.40	1.48
湖北	1.65	1.73	1.80	1.87	1.90	1.86	1.92	2.09	2.16
湖南	1.19	1.30	1.33	1.36	1.43	1.50	1.64	1.81	1.96
广东	1.96	2.17	2.31	2.37	2.47	2.56	2.61	2.78	2.89
广西	0.69	0.75	0.75	0.71	0.63	0.65	0.70	0.71	0.74
海南	0.41	0.48	0.47	0.48	0.46	0.54	0.52	0.56	0.60
重庆	1.28	1.40	1.38	1.42	1.57	1.72	1.87	2.01	2.18
四川	1.40	1.47	1.52	1.57	1.67	1.72	1.72	1.81	1.86
贵州	0.64	0.61	0.58	0.60	0.59	0.63	0.71	0.82	0.92
云南	0.63	0.67	0.67	0.67	0.80	0.89	0.95	1.05	1.15
陕西	1.99	1.99	2.12	2.07	2.18	2.19	2.10	2.18	2.18
甘肃	0.97	1.07	1.06	1.12	1.22	1.22	1.15	1.18	1.17
新疆	0.50	0.53	0.54	0.53	0.56	0.59	0.52	0.53	0.52

资料来源：CSMAR 数据库。

第四，中国研发投入虽动态增速较快，但绝对量仍落后于发达国家。从 R&D 研发投入强度可以看出，近年来中国在科研方面的重视程度不断提升，资金投入水平稳步提升，表现出良好的发展趋势。从全球主要国家及地区的研发投入对比情况来看，美国作为全球第一大经济体，其研发投入规模也处于遥遥领先的位置，中国研发投入增速最快。根据 OECD 等科学机构在 2021 年公布的数据，美国 2019 年研发支出为 6127 亿美元，中国 2019 年研发支出为 5148 亿美元。表 5-3 显示了 2000~2019 年全球主要国家及地区研发投入总额变化情况，从表 5-3 中可以看出，2010 年以后中

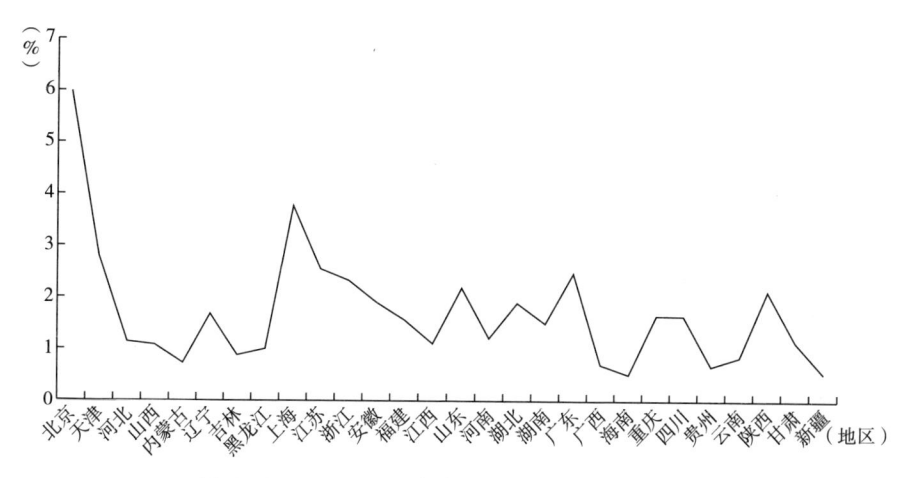

图 5-3 2011~2019 年各地区 R&D 投入强度均值

资料来源：CSMAR 数据库。

国研发投入表现出快速增长趋势，并在 2015 年超过欧盟。

表 5-3 2000~2019 年全球主要国家及地区研发投入总额变化情况

单位：亿美元

国家（地区）	2000 年	2005 年	2010 年	2015 年	2016 年	2017 年	2018 年	2019 年
美国	3675	3927	4464	4959	5172	5404	5762	6127
中国	398	930	2083	3661	3994	4303	4647	5148
德国	791	824	977	1141	1169	1246	1288	1319
欧盟	2302	2550	3011	3416	3454	3630	3777	3905
日本	1333	1547	1533	1685	1630	1692	1733	1726
韩国	224	340	552	769	794	881	954	1001
英国	346	380	412	457	468	483	503	517

资料来源：世界银行，世界发展指数数据库（World Development Indicators）。

（二）中国创新产出的基础和现状

改革开放以来，中国经济取得了举世瞩目的发展成绩，目前中国已经进入工业化后期，拥有较为完善的产业体系，中国已建立了全世界最齐全、规模最大的工业体系。根据世界知识产权组织发布的 2020 年全球创新指数报告数据，在测算的 131 个经济体中，中国创新能力排名第 14，作为中等收入国家，中国是唯一进入前 30 的经济体。同时，中国科技创新成果显著，有 17 个科技集群进入全球科技集群百强，仅次于美国。中国专利申请数量世界领先，其中，2018年中国受理专利申请数量高达154万件，占全球总量的46.4%。在科技创新促进经济增长方面，中国科技进步贡献率在2010年超过50%，科技进步为中国实现高质量发展注入强劲动力。科技创新产出的衡量指标有多种，其中专利授权量和论文发表数量是最为直观的指标，因此本部分选用专利授权量和论文发表数量作为科技活动产出的衡量指标。

第一，专利产出持续增加，但增加率波动较大。专利授权量能够较为直观地反映科技创新产出情况，目前专利授权量主要包括发明专利、实用新颖和外观设计三个方面，一个国家的专利授权量能够更加清晰地反映这个国家的科技创新实力。表5-4显示了2011~2020年中国专利申请和授权情况，从表中可以看出，专利申请授权数从2011年的960513件增加到2020年的3639000件，发明专利申请数从2011年的526412件增长到2020年的1497159件，发明专利申请授权数从2011年的172113件增长到2020年的530127件，由此可以看出专利申请数和授权数整体呈不断增长的趋势。表5-5显示了2012~2020年中国专利申请和授权各项指标的增长率，从增长率可以看出大部分年份表现为增长，部分年份表现为波动，个别表现为负增长。这说明科技活动产出增长并不是十分稳定，需要提升科技创新产出效率，保证科技创新投入的产出效率。

表5-4 2011~2020年中国专利申请和授权情况

单位：件

年份	发明专利申请数	专利申请授权数	发明专利申请授权数
2011	526412	960513	172113
2012	652777	1255138	217105
2013	825136	1313000	207688
2014	928177	1302687	233228
2015	1101864	1718192	359316
2016	1338503	1753763	404208
2017	1381594	1836434	420144
2018	1542002	2447460	432147
2019	1400661	2591607	452804
2020	1497159	3639000	530127

资料来源：CSMAR数据库。

表5-5 2012~2020年中国专利申请和授权的增长情况

单位:%

年份	发明专利申请数增长率	专利申请授权数增长率	发明专利申请授权数增长率
2012	24.00	30.67	26.14
2013	26.40	4.61	-4.34
2014	12.49	-0.79	12.30
2015	18.71	31.90	54.06
2016	21.48	2.07	12.49
2017	3.22	4.71	3.94
2018	11.61	33.27	2.86
2019	-9.17	5.89	4.78
2020	6.89	40.41	17.08

资料来源：CSMAR数据库。

第二，中国论文产出持续上涨。科技论文数量能够反映一个国家科研成果情况，科研论文数量越多说明一个国家对科研活动的重视程度越高，从事相关科学研究的成果较为丰富。图5-4显示了中国2011~2019年发表科技论文数量变化情况，从图中可以看出，中国发表科技论文数量从2011年的150万篇增长到2019年的195万篇，整体表现为持续上涨趋势。表5-6显示了国外主要检索工具收录的中国科技论文情况，从表中可以看出，SCI收录科技论文篇数从2011年的136445篇增加到2018年的376354篇，EI收录科技论文篇数从2011年的116343篇增加到2018年的249948篇，CPCI-S收录科技论文篇数从2011年的50458篇增加到2018年的61462篇。由此可以看出，国外收录中国科技论文数量表现为稳步上涨趋势。

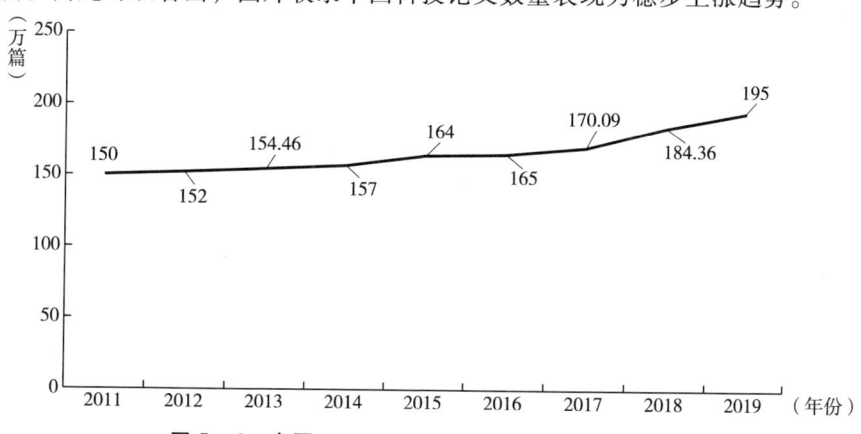

图5-4 中国2011~2019年发表科技论文数量情况

资料来源：CSMAR数据库。

表 5-6 国外收录中国科技论文情况

单位：篇

年份	SCI 收录科技论文篇数	EI 收录科技论文篇数	CPCI-S 收录科技论文篇数
2011	136445	116343	50458
2012	158615	116429	56351
2013	192697	153717	48707
2014	235139	163799	48224
2015	265469	204332	36853
2016	290647	213585	71462
2017	323878	214226	66605
2018	376354	249948	61462

资料来源：CSMAR 数据库。

第三，中国国际专利数量居全球首位。从国际科技创新产出结果来看，各国专利授权量也在不断发展，表现了稳步上升趋势，其中美国和日本的专利授权量最高，日本专利授权量从 2011 年的 30637 件增长到 2019 年的 36239 件，美国专利授权量从 2011 年的 15822 件增长到 2019 年的 28879 件。中国 2021 年国际专利申请量为 6.59 万件，连续三年居全球首位。

表 5-7 国外主要国家专利授权量

单位：件

年份	日本	韩国	德国	英国	法国	俄罗斯	美国
2011	30637	6631	7098	1271	2528	86	15822
2012	35403	6941	8702	1396	3345	113	20160
2013	29830	6031	8623	1520	3475	97	20666
2014	33955	6812	9440	1584	3556	144	22040
2015	43435	9421	13192	2191	4441	153	28842
2016	40571	10672	14585	2222	4944	150	30817
2017	36224	11107	13405	2110	4185	145	28776
2018	34256	11815	12093	2241	3916	139	28758
2019	36239	12635	12402	1928	4228	211	28879

资料来源：CSMAR 数据库。

（三）中国创新体制的基础和现状

在创新体制机制方面，中国技术成果市场近年来快速发展，中国也持续出台一系列创新激励机制政策和法律文件,也针对高新技术产业不断增加定向支持。

第一,中国技术成果转化市场快速发展。随着国家对科技创新的重视程度不断提升,中国科技创新产出水平也在不断提升,无论是专利授权量还是论文发表数量均处于世界前列。而技术成果转化不仅体现在专利和科技论文方面,想要真正实现科技成果转化,需要通过市场将专利和论文提供的科学技术转化为生产力,从而促进社会发展。技术市场是完成科技成果转化的关键,其需要保证科技资源的有效配置,使科学技术在市场中获得高效利用。科学研发和产业融合发展是实现科技成果转化的关键,从中国科技成果转化情况来看,中国科技成果转化率并不高,中美两国的科技成果转化率数值分别为6%和50%。科技部发布的《中国科技成果转化2019年度报告》结果显示,中国高校院所拥有的688家技术转移机构在科技成果转化中发挥的作用不到50%,说明目前中国科技成果转化效率较低,而技术市场能够在很大程度上扩大技术成果交易规模,充分发挥科学技术在经济发展中的作用。衡量技术市场效率的指标主要是技术市场成交额和新产品销售收入。表5-8和表5-9分别显示了中国技术市场成交额和技术市场合同成交数,从表中数据可以看出近年来中国技术市场成交额表现为稳步上升趋势,中国技术市场成交额从2011年的4763.56亿元增长至2020年的28252.00亿元,2012年的年增长率最高,达到35.13%。中国技术市场成交合同数从2011年的256428件增长到2018年的411985件。

表5-8 2011~2020年技术市场成交额

单位:亿元,%

年份	技术市场成交额	年增长率
2011	4763.56	21.94
2012	6437.07	35.13
2013	7469.13	16.03
2014	8577.18	14.84
2015	9835.79	14.67
2016	11406.98	15.97
2017	13424.22	17.68
2018	17697.42	31.83
2019	22398.00	26.56
2020	28252.00	26.14

资料来源:CSMAR数据库。

表 5-9 2011~2018 年技术市场合同成交数

单位：件，%

年份	技术市场成交合同数	技术市场合同成交数增长率
2011	256428	11.68
2012	282242	10.07
2013	294929	4.50
2014	297037	0.71
2015	307132	3.40
2016	320437	4.33
2017	367586	14.71
2018	411985	12.08

资料来源：CSMAR 数据库

第二，创新激励机制持续出台。为促进科学技术进步，发挥科学技术第一生产力的作用，促进科技成果转化，推动经济建设和社会发展，1993年我国制定出台了《中华人民共和国科学技术进步法》。在提出科教兴国的同时，1995年中共中央、国务院发布《关于加速科学技术进步的决定》，将科技和教育进步作为实现经济和社会发展的强大动力。为增强自主创新能力，努力建设创新型国家，2006年国务院发布《关于实施科技规划纲要增强自主创新能力的决定》，并组织实施《国家中长期科学与技术发展规划纲要（2006~2020年）》，文件中指出要坚持自主创新，全面提升国家竞争力，创新体制机制，走中国特色自主创新道路。随着科技创新发展，2015年中共中央、国务院出台了《关于深化体制机制改革 加快实施创新驱动发展战略的若干意见》，提出创新是推动一个国家和民族向前发展的重要力量，也是推动整个人类社会向前发展的重要力量。为加快创新驱动发展战略，2016年中共中央、国务院发布《国家创新驱动发展战略纲要》，强调科技体制改革和经济社会领域改革同步发力。不断发布和制定的相关制度文件显示了中国对科技创新战略的高度重视，如何发挥党中央和国务院的顶层设计优势，促进地方发挥比较优势，准确有效实施文件中的方案政策，识别地方产业发展和企业创新中存在的问题，是政府需要关注的重点。为充分发挥政策制度在科技创新中的作用，我国需要提升相关制度与政策的集成度和联动性，加强顶层设计。

第三，针对高新技术产业的定向支持持续增加。中国在 2008 年发布了

《高新技术企业认定管理办法》，在技术创新成果、知识产权证书、产品质量检测报告等多方面评定该企业是不是高新技术企业。如果企业被评定为高新技术企业，可以获得15%税收优惠、200%研发费用加计扣除以及职工教育经费支出优惠等。在专项针对高新技术产业的政策支持下，中国高新技术产业迅速发展。表5-10显示了中国高新技术产业发展现状，从表中可以看出，中国高新技术产业新产品开发经费支出从2011年的1790.94亿元增长至2019年的5407.48亿元；中国高新技术产业新产品销售收入从2011年的22473.35亿元增长至2019年的59164.22亿元；中国高新技术产业新产品出口销售收入从2011年的10166.70亿元增长至2019年的20064.05亿元；中国高新技术产业主营业务收入从2011年的87527.20亿元增长至2017年的159375.81亿元，年均增长率为13.68%。由此可以看出，中国高新技术产业规模不断扩大，无论在研发投入方面还是新产品销售方面都表现出稳步增长趋势。

表5-10 中国高新技术产业发展现状

单位：亿元

年份	高新技术产业新产品开发经费支出	高新技术产业新产品销售收入	高新技术产业新产品出口销售收入	高新技术产业主营业务收入
2011	1790.94	22473.35	10166.70	87527.20
2012	2128.19	25571.04	11387.81	102284.04
2013	2427.95	31229.61	12233.34	116048.90
2014	2766.60	35494.17	14848.50	127367.67
2015	3030.58	41413.49	16757.55	139968.65
2016	3558.93	47924.24	18166.36	153796.33
2017	4097.34	53547.11	19515.03	159375.81
2018	4638.93	56894.15	19332.05	—
2019	5407.48	59164.22	20064.05	—

资料来源：CSMAR数据库、历年《中国科技统计年鉴》。

二 新格局下中国创新发展面临的主要问题

近年来，虽然中国在技术创新方面有了长足的进步，但是在国际技术的制裁下，也暴露了中国技术"卡脖子"问题和中国技术创新发展中出现的一些体制机制问题。以下将针对中国现阶段所暴露的一些问题进行重点剖析。

（一）核心技术不足，对外依赖程度严重

在核心技术方面，中国总体对外技术依赖程度较高，个别行业技术依赖尤其严重，中国对美国等发达国家技术依赖严重。以下将结合数据从总体、行业、国家三个方面对中国核心技术对外依赖问题进行具体分析。

第一，中国总体对外技术依赖程度较高。从全球分工地位来看，中国在国际分工中处于较低的地位，处于全球产业链的中低端位置，并没有掌握许多关键核心技术，与发达国家相比，在很多核心技术领域仍表现出较大差距，高端数控机床、芯片、光刻机、操作系统、医疗器械、发动机、高端传感器等仍高度依赖进口，"卡脖子"问题一直是困扰中国的关键问题。2016年工业和信息化部发布的《工业强基工程实施指南（2016～2020年）》以及制造业发展报告显示，在11个先进制造业领域中，中国有287项核心零部件、268项关键基础原材料、81项先进基础工艺、46项行业基础技术有待取得技术突破。

第二，中国的个别行业技术依赖尤其严重。由于中国核心芯片的研发创新能力不足，缺乏在高端芯片与操作系统的产业创新，华为和中兴在全球价值链中面临严重缺链和错配问题，在很多关键核心技术方面受到约束，严重威胁了国家经济安全。在每年的进口商品中，高端产品占比巨大。其中，排名前5的进口货物中，机电产品和高新技术产品的进口额占进口总额的比重超过70%。中国集成电路对国外市场依赖严重，进口额从2005年的2299.28亿美元增加到2019年的3055.50亿美元。硅片、SOI、光刻胶进口依赖程度达到95%，集成电路芯片制造装备进口依赖程度达到80%。图5-5显示了中国2019年部分关键原材料和设备进口依赖程度，可以看出，中国多种核心原材料和设备的进口依赖程度较高，中国的进口商品主要表现为高端商品，而出口商品则大多为大宗商品。近年来，中国研发创新投入不断上升，但是基础研究明显不足，基础研究严重制约了创新发展，导致原始创新水平薄弱。原始性创新缺乏会导致中国缺少颠覆性创新技术。中国企业不断转向外向型开放式创新，在对外国技术进行引进消化吸收的过程中，缺乏自主创新，整体表现出"重引进，轻吸收"的特点。从中国高新技术引进及消化吸收经费支出比例来看，中国高新技术引进经费支出与消化吸收经费支出的比例从2015年的5.44:1转变为2018年的11.78:1，比例严重失衡不利于中国原始技术创新。此外，中国科技创

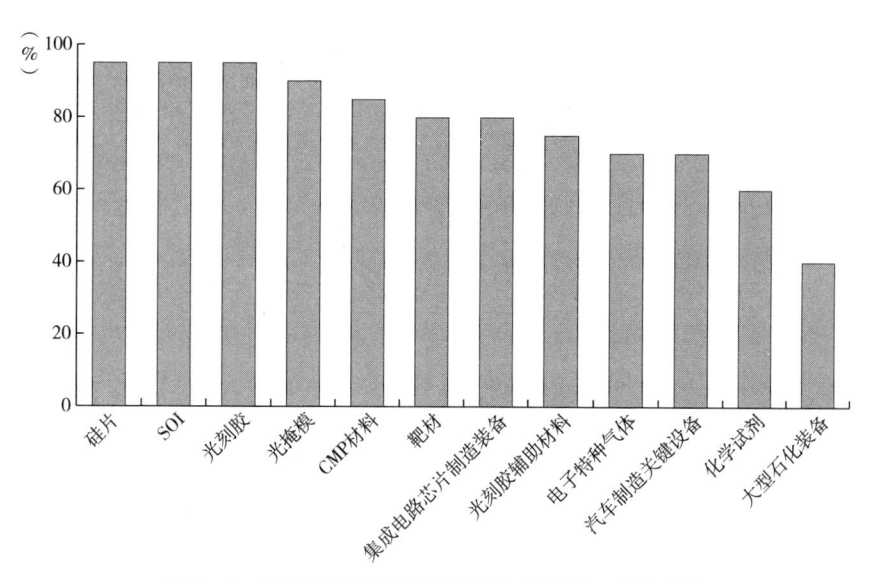

图 5-5　2019 年部分关键原材料和设备进口依赖程度

新主要通过开放式创新模式来实现，具体采用授权许可、开源合作、技术外部转让等方式，将企业未完成或者终止的研发项目通过和外部创新主体进行合作完成创新，通过外部相关创新主体对信息的管理和技术的应用，为企业指明方向，外向型创新的缺陷在于自身没有明确的创新目标，在创新过程中容易丧失主动权，陷入受制于人的境地。企业在长期忽视自主创新的背景下，缺乏内生性创新建设，会严重阻碍中国迈向科技强国的步伐。因此，中国需向内向型开放式创新转变，在此过程中企业应更加注重其内部既定的目标，在与外部进行合作的过程中拥有一定的主导权，在合作创新的过程中，不断提升企业的吸收能力，提升自主创新水平。图 5-6 显示了 2011～2019 年中国高新技术产品进口情况，从图中可以看出，中国高新技术产品进口额近年来表现为上升趋势，进口额占总进口额的比例在 30% 左右。

第三，中国对美国等发达国家的技术依赖严重。近年来，中美货物贸易大幅度减少，2020 年中美货物贸易下降到 5871.0 亿美元，其中高新技术产品贸易下降到 1642.4 亿美元。表 5-11 显示了 2018～2020 年中美高新技术行业贸易情况，从表中可以看出，2018～2020 年，中美高新技术产品贸易顺差额从 1346.3 亿美元下降至 1027.1 亿美元，整体下降了 23.7%。从细分行业来看，中美贸易顺差主要表现在信息及通信技

图 5-6 2011~2019 年中国高新技术产品进口情况

术领域，光电技术领域和武器技术领域也表现出贸易顺差。而生物技术、生命科学技术、电子技术、柔性制造技术、航空航天技术、核技术领域表现出贸易逆差，其中电子技术和航空航天技术领域贸易逆差规模最大。中美高新技术产品贸易存在严重失衡，中国对美国高新技术产品出口表现出较为单一的结构形式，而中国对美国的进口则表现出多元化趋势。中国对美国的出口主要表现在信息及通信技术产品，2020 年该项出口占高新技术产品出口额的 91.17%，而电子技术产品、光电产品和生命科学技术产品仅占 2.4%、2.35% 和 2.31%。中国对美国高新技术产品的进口主要集中在电子技术产品、柔性制造技术产品、航空航天技术产品、生命科学技术产品和信息及通信技术产品，2020 年其占比均超过 10%，分别为 36.09%、16.38%、14.43%、13.69% 和 10.63%。中国创新指数得分虽然不断提升，但是与美国相比仍存在较大的差距，创新能力差距仍然显著。

表 5-11 2018~2020 年中美高新技术行业贸易情况

单位：亿美元

项目	2018 年			2019 年			2020 年		
	出口	进口	贸易差额	出口	进口	贸易差额	出口	进口	贸易差额
高新技术产品	1737.7	391.4	1346.3	1366.7	339.1	1027.6	1334.7	307.6	1027.1
生物技术	2.7	10.7	-8.0	2.2	22.9	-20.7	4.8	18.5	-13.7
生命科学技术	26.4	38.7	-12.3	25.3	39.0	-13.7	30.9	42.1	-11.2
光电技术	53.9	7.5	46.4	40.6	5.7	34.9	31.3	4.5	26.8

续表

项目	2018 年			2019 年			2020 年		
	出口	进口	贸易差额	出口	进口	贸易差额	出口	进口	贸易差额
信息及通信技术	1571.2	39.9	1531.3	1241.2	33.6	1207.6	1216.9	32.7	1184.2
电子技术	51.3	69.3	-18.0	33.2	90.0	-56.8	32.0	111	-79
柔性制造技术	14.5	38.9	-24.4	9.0	39.1	-30.1	8.7	50.4	-41.7
现金材料技术	4.3	2.7	1.6	2.6	2.6	0	1.9	2.6	-0.7
航空航天技术	11.5	182.7	-171.2	11.3	105.1	-93.8	6.4	44.4	-38
武器技术	1.4	0	1.4	1.3	0	1.3	1.6	0	1.6
核技术	0.7	1	-0.3	0.1	1.3	-1.2	0.1	1.3	-1.2

注：数据因四舍五入略有误差未做调整。

（二）创新体制机制需完善

目前，中国尚未突破关键核心技术，在科技创新链的整体性、系统性、协同性与联动性方面的制度设计和政策供给方面仍需完善。创新体制机制不够完善严重制约了中国实现科技创新战略目标。科技创新在实现突破性技术创新过程中需要承担巨大的风险不确定性，需要政府的大力支持。目前，中国的政策多表现为书面化的支持策略，缺乏持续性的投入和激励机制，国家和社会在科学研究方面的资金投入力度不够，风险投资和创新性人才培养机制尚未形成。科技创新需要经历基础研发、应用研究、中间试验、商品化和产业化 5 个过程。政府往往忽视上游产业基础研发阶段的重要性，导致产业发展根基薄弱，缺乏雄厚的支撑。此外，政府与企业之间、科研机构与企业之间的相关政策并未落实，并没有真正形成优势互补。科研机构、企业和政府之间的资源整合力度和集中度不足，导致科研转化效率较低，没有真正实现产学研结合。具体来说，中国技术创新目前主要存在三个方面的问题。

第一，缺乏差异化创新激励政策。目前我国的创新激励政策普遍集中在各个高新技术行业中，但对关键"卡脖子"技术的专项创新激励政策还不够完善，当下，中国应出台针对"卡脖子"技术的专项激励政策。在关键核心技术领域的政策供给可为不同产业类型出现的"卡脖子"问题找到适宜的政策制度方案。在新旧动能转换、数字产业技术与实体经济不断渗透产生新型产业的过程中，新一轮技术革命带来的产业变革与传统产业发展形势之间存在较大差异，需要根据产业特点制定差异化的创新政策机制。

第二，不同层面的创新政策缺乏统筹兼顾。协同创新政策包括供给层面、需求层面、环境层面和连接层面政策。突破关键核心技术、解决"卡脖子"问题，需在实现协同创新的同时完成需求层面和供给层面的政策创新。关键核心技术在研发过程中存在较大的不确定性风险，技术带来巨大收益的同时也需要承担更大的创新风险，周期性长、风险程度高、技术难度大是关键核心技术需要攻克的必要环节，因此，需要多方面的创新政策给予支持，不断激励企业挑战关键核心技术难题，突破"卡脖子"问题。

第三，央地之间的创新政策缺乏协调性。中国的政策领导核心为中央政府，在央地分权的政府治理机制下，需要中央和地方政府之间的制度和政策形成良性互动，构造良好的联动性。在党中央和国务院等顶层政策设计主体完成顶层制度设计之后，需要地方政策主体执行，中央政府应充分发挥顶层制度设计优势，地方政府应积极执行配合，中央政策和地方政策之间形成联动效应，推动政策的有效实施。中国区域创新体系存在整合程度较低、区域创新发展不平衡的问题，主要表现在南北区域创新能力分化严重，东部地区依托良好的创新环境具有较强的创新优势，在全国表现出领跑态势；中、西部地区创新能力薄弱，远落后于东部地区，区域创新能力有待进一步提升；东北地区创新体系基础建设薄弱，区域创新体系发展迟缓，严重阻碍东北地区产业结构升级，区域创新水平滞后严重影响人才引进，进一步导致东北地区人才资源欠缺。在"十三五"时期，东北地区研发人员数量下降幅度超过10%，创新人才缺乏导致创新思维固化，无法实现创新转型，成为区域创新能力提升的巨大阻碍。

（三）受到非经济因素影响

由于中国的经济地位不断提升，竞争力不断增强，部分欧美发达国家开始利用其在全球竞争中掌握的话语权对中国施压，单边排斥中国参与全球市场竞争，甚至主动挑起对中国国际贸易产品的审查，对中国的国际经济市场带来影响。总体来看，外部因素对华造成的非经济因素影响包括三方面：第一，通过政治方式打压中国龙头公司；第二，通过经济方式挤压竞争公司利润；第三，通过技术封锁阻止创新交流。

三 开放对中国创新发展的重要意义

中国正处于建设社会主义现代化强国、迈入创新型国家前列的开局时期，目前我们比任何时候都需要解决在发展创新型国家过程中面临的问题，这对推动中国产业结构转型和提升企业技术水平具有重要作用，是实现高质量发展和创新驱动发展的关键。中国实施创新驱动发展战略以来，科技创新体系不断完善和升级，在全国诸多科学技术人员的不断努力下，取得了丰富的科技创新成果；在不断突破关键性技术的过程中，出现了一系列颠覆性的科技成果，这些都极大地提高了中国在全球科技强国中的地位和国际影响力。

（一）有利于攻克关键核心技术

近年来，在中美科技竞争关系不断变化的过程中，美国对中国实行的技术封锁和一系列遏制条件，极大地影响了中国关键核心技术的研发，导致中国产业链、供应链和创新链出现一系列问题，中国在关键核心技术领域面临严重的"卡脖子"问题，说明中国科技创新虽然拥有较大的体量，但是质量水平较低，在部分关键核心技术方面，仍受制于人。而要在新发展格局背景之下，推动中国创新，就必须不断推进构建中国高质量开放格局，利用开放发展推进中国创新。

第一，开放发展有利于引入先进技术。新中国成立初期，中国面临非常严峻的国内外局势，在遭受帝国主义长期侵略之后，中国工农业生产体系遭到严重破坏，处于技术水平远远落后的局面。为快速解决这一问题，党中央提出技术创新发展战略体系，指出通过发展科学技术实现工业和农业的大规模生产，将重工业作为实现工业化发展的核心，目的是提高社会生产力，满足人民的基本生活需求，并且保障国家安全，在这一时期，我国在重工业领域取得了诸如"两弹一星"等一系列成就。随着经济全球化的不断推进，20世纪90年代，中国依托低成本的劳动力参与到全球的生产分工之中。此时中国主要通过引进国外先进技术，积极学习先进的管理经验，不断地效仿和学习实现科技水平提升。

第二，开放发展可以获取前沿知识溢出。近年来，中国逐渐发展成为世界第二大经济体，国际经济地位不断提升。随着全球化和单边主义不断活动，中国在研发创新领域的交流逐渐减少，中国企业的外部知识流入逐渐减少。在此情形下，中国应扩大和其他发达国家之间的知识溢出，通过其他国家的知识溢出情况促进中国企业对前沿知识的获取。

第三，中国可以利用供应链溢出进行研发创新。当前，拥有关键核心技术和较为完善的产业链才能在国际竞争市场中获得长期可持续发展。从中国的供应链来看，中国具备较为完善的生产要素和基础设施。中国企业长期以来主要实施开放式创新模式，但中国企业长期缺乏自主创新能力建设，缺乏对关键核心技术的自主创新能力，关键核心技术"卡脖子"问题严重。因此，应转换企业创新模式，提升科技创新水平和自主研发能力，尤其是掌握关键核心技术，避免"卡脖子"问题，有效延长产业链，弥补产业链中的缺链问题，提升企业稳定可持续的供给能力。

（二）有利于扩大市场容量和激励创新

人类经历了农业革命、工业革命后，又进入了信息革命时代。在信息革命的推动下，新一轮科技革命和产业变革正席卷全球，不断产生新的经济模式，其中数字技术和实体经济的融合发展迸发新的活力，产生了新模式新业态。每一次科技革命都是突破性创新的产物，都会培养出新的消费形式和消费需求，为扩大消费提供增量，而每一轮消费需求暴涨都会刺激人们对新技术的需求，进而使得新技术在市场规模刺激之下迅速发展。

第一，开放发展可以通过提振消费促进技术创新。随着数字技术的发展，直播带货成为经典案例，网络平台获得迅速发展，这些新型商业模式极大地刺激了中国的需求复苏，刺激了经济增长。直播带货是一种新的商业模式，在消费者无法直接体验商品的情况下，场景化的直播方式可以不断挖掘潜在的消费者，这种唤醒式消费形式扩大了消费群体，最终形成交易，不仅大大削减了交易成本，还起到了刺激消费的作用。以电商平台拼多多为例，2020年第二季度财务报表显示，拼多多活跃买家数量超过6.8亿，同比增长2.0亿。在全球经济下行压力背景下，拼多多能够获得庞大的消费群体，极大地说明了国内市场的需求潜力，也说明了新模式新业态对于需求的拉动动力之强。此外，提升我国自主创新能力还有助于增强我国经济的内部循环动力。虽然中国存在巨大的消费群体，但是目前国内消费对经济增长的拉动作用仍与发达经济体存在一定差距，数据显示，2011~2019年中国最终消费支出占GDP比例平均为53.4%，而发达经济体的最终消费支出占GDP比例在70%~80%，中国消费者数量远远高于发达经济体，说明中国消费市场仍有较大的提升空间。因此，扩大消费规模是打通国内大循环的落脚点，在国内消费占比普遍较低的背景下，科技创新在不断刺激消费、激发新需求的过程中对打通"内循环"具有重要意义。

第二，开放发展可以增加收入进而刺激创新。国家统计局数据显示，

2013年中国居民人均可支配收入仅为18311元,"十三五"以来中国经济发展不断进步,人们的生活水平不断提升,中国居民人均可支配收入从2016年的23821元上涨至2020年的32189元,其中居民人均可支配收入同比增长在2016年以后保持8%以上的增长率,并且在2017年居民人均可支配收入同比增长率达到9%。居民人均消费支出从2016年的17111元上升至2020年的21210元,说明近年来中国居民收入水平表现出稳步上升趋势,生活质量不断改善。中国居民人均可支配收入虽然在发展中国家中表现较好,但是与发达国家相比仍有巨大差距。世界银行数据显示,20世纪80年代末美国居民人均可支配收入就已经超过80000元人民币,截止到2020年底,美国居民人均可支配收入达111379.775元人民币。从数据中可以看出,中国居民的收入水平与美国相比仍有较大的差距。科技创新的驱动作用能够不断提升经济发展质量,创新产生新的就业形式,保障居民收入。因此,开放发展可以有效提升人均收入,进而促进创新。

第三,开放发展可以通过消费升级促进创新。科技创新驱动能够帮助企业不断提升技术水平,促进科技成果转化,提升产品质量,激发国内市场消费需求。中国消费市场仍然存在"来源国效应"(Country-of-origin Effect),鉴于此背景,科技创新能够提升企业技术水平,对于强化内部循环主体作用有着重大意义。随着人们生活水平质量的不断提升,消费者更加关注品质生活。从中国经济市场发展形势来看,中国消费市场主要存在供需不平衡、产能效率低、产品质量水平仍要提升等问题。尤其是在欠发达地区,低端商品在市场中占据主导地位,中高端产品和服务供给不足,无法满足人们日益增长的对高质量生活的追求,无法满足消费升级,在产业转型升级过程中与产业智能化和高端化发展仍存在一定的差距。截止到2021年6月30日,中国消费者市场规模突破40万亿元。在国内市场供给无法满足大多数消费者需求时,这类消费者就会转向国际市场,相关数据显示中国境外消费规模已经连续多年位居世界第一。随着人们生活质量的提升,出国旅游的人越来越多,根据联合国世界旅游组织(UNWTO)数据,2018年中国公民海外旅游花费世界第一,高达2773亿美元。这说明国内消费市场供给远远无法满足国内消费者的需求。因此,开放发展可以通过消费升级对中国创新起到促进作用。

(三)有利于通过"干中学"提升中国企业在全球价值链的地位

近年来,中国不断强化科技创新投入,创新水平得到显著提升,但仍与世界水平存在一定的差距,中国科技创新整体实力仍需提升。从全球产业链来看,20世纪80年代,在全球经济一体化的进程中,中国凭借低价劳动力进入全球价值链,但是长期以来中国在全球产业链中仍处于中低端位置,在很多关键核心技术方面与西方发达国家相比差距较大。

从经济学中的"微笑曲线"理论中可以看出,价值链中间位置的增加值最低,而在价值链两端分别表现为研发和市场。中国已经初步形成以国内大循环为主体的新发展格局,在产业链、供应链和消费市场方面已经形成规模优势,为中国科技创新提供了强大动力,科技创新能够驱动传统产业模式向高附加值密集型产业转型,从而提高中国产业在全球产业链中的位置,有助于快速实现国内国际双循环发展格局。习近平总书记指出,当今世界正经历百年未有之大变局,时代变革背景下必然面临更多的风险挑战。中国在实现经济高质量发展的过程中需要进一步转变发展方式,调整经济结构,补全产业链中存在的"断链"和"缺链"等问题,在新的发展阶段,我们必须强化企业的主动创新能力,改变中国长期处于全球价值链中低端的格局,通过科技创新不断促进经济结构转型升级,强化"内循环"的主体地位。

第二节 其他国家在开放发展中推动创新的经验借鉴

从中国技术创新存在的问题可以看出,中国在核心技术方面远远落后于西方发达国家,对国外先进技术存在很强依赖性,创新机制也还存在很大的优化空间,同时,国际上仍存在影响我国创新的诸多非经济因素,阻碍我国创新发展。因此,在创新驱动发展战略背景下,需要关注其他国家在科技创新发展方面的相关举措,为中国突破关键核心技术和"卡脖子"问题提供相关经验参考。

近年来,中国在实现创新发展方面不断做出努力,创新体制不断完善,但是和发达国家之间仍然存在一定的差距,相比西方先进国家,中国的创新体制机制方面仍有较大的进步空间。

一 专利申请授权制度

德国、日本、新加坡等国家在专利申请授予制度、知识产权保护制度和政府研发补贴制度方面很有特色,极大地推动了本国的创新发展。在专利申请授权制度方面，德国、日本、新加坡等国家的经验均可借鉴。

第一，德国在专利申请方面采用了严格的审核授权制度。德国的专利申请授权制度与中国很像，都有着较为严格的申请授权流程。德国的工业化发展在世界处于领先地位，在航天、汽车、机械等多方面具有较强的技术能力，1877年德国颁布了第一部《专利法》，并在此后一直严格实施。德国作为工业化强国，此后还颁布了专利法规诸如《国际专利条约法》和《实用新型法》，推动了德国工业化发展。并且德国在相关专利方面制定了更加严格的专利产权法律制度，加大了对专利侵权行为的惩罚力度，有效保障了发明人在专利方面的利益。

第二，日本对发明人的保护力度最大。日本《特许法》第35条规定专利发明相关的特许申请权利属于原始发明人所有，企业只能通过与发明人进行协商，向发明人支付相应的价格才能通过转让获得特许权。这使得个人的发明专利收益很难被公司窃取，也很好地增强了发明人的研发动力。但是曾有观点认为，日本现存的职务发明相关制度可能过于袒护发明人，从而使企业相关的利益受损。

第三，新加坡在专利申请授权制度上重视时效性。其一，新加坡在处理专利授权上时效性很强，值得我国进一步借鉴。例如，根据新加坡政府的专利优先计划，金融科技和人工智能行业的专利授予时间最快可达6个月。其二，新加坡拥有完备专利保护体系，从专利生成、保护到利用，专利申请人可以在产业活动的各个环节上实现套现。其三，新加坡可在全球范围内获得专利保护。新加坡签订了各大知识产权国际公约与条约，这些条约的签订使得新加坡企业可在本国申请全球知识产权保护，最大限度地保护了本国的知识产权。其四，新加坡对于创新保护力度较大，对侵权有较严格的处罚。新加坡法律规定侵犯知识产权可构成刑事犯罪，将会被判处监禁，这在各国法律中都属于较严格的级别。

二 知识产权保护制度

知识产权保护并不能直接导致经济增长，但它对促进技术进步和经济增长起着重要的作用，可以对人们从事研究和开发新技术的积极性起到很大的激励作用，从而促进了创新，促进了经济增长。因此，知识产权保护与创新之间是紧密联系的。保护知识产权会激发本国资金更多地投入研发，研发投入增加会促进知识和技术发展，进而促进新产品的问世和经济增长。下面将分别介绍美国和日本的知识产权保护制度，以期为我国知识产权保护提供借鉴。

第一，美国在知识产权保护中的市场保护经验值得借鉴。美国立国之时认识到自己技术，尤其是当时支撑经济的产业技术非常落后，因此，出台了扶持技术创新、保护知识产权的政策。值得注意的是，美国的知识产权保护不仅针对国内市场，也同样针对国际市场，即美国国际贸易委员会依据关税法发起"337条款"特别调查来保护美国企业的知识产权在全球的垄断利益。美国企业在全球的竞争力来源于美国企业高技术或知识产权形成的溢价，"337条款"恰好为美国企业在全球范围保护自己高技术溢价提供了机会与保障。在美国，知识产权运营有一个很完善的市场，该领域出现了很多专业的商业机构，甚至不乏以知识产权运营为主业的上市公司。正是因为私人企业通过市场机制已经较好地解决了知识产权运营的问题，所以美国还没有由政府出资成立的知识产权运营企业，私人企业的知识产权运营也意味着市场更加高效和透明。

第二，日本在知识产权保护中的知识产权"一站式服务"值得借鉴。在全球范围内，日本仍然处于科技领先的地位。在全球创新百强企业中，日本占据了28个席位。日本存在一种知识产权一站式服务。日本将高校、研究机构的科技研究成果结合实际产业进行联合研发，同时成立专门服务各个高技术领域的组织，为知识产权提供"一站式服务"。比如，日本为了在生命科学等重点领域更有效地利用高校、研究机构等闲置的知识产权，2010年8月，公私联合运营的基金——生化医药知识财产基金（LSIP）宣告成立，这也是日本首家知识产权基金。此基金由产业创新机构和4家民营企业共同出资，以收购、获得实施许可或资助专利费用等方式，将高校、研究机构、部分企业等拥有的知识产权组合在一起，建立包括医疗器械在内的生化医药领域的知识产权群，并将其有偿提供给有需要的医药企业。从而使得各个医药企业更加方便地获取相关的知识产权，省去了跟其他各个企业的沟通成本，同时也方便了知识产权所有权人收取知识产权费用。这种模式提供了一种更易使用、更适合企业需求的知识产权"一站式服务"。

三　政府研发补贴制度

由于技术创新本身具有较高的正外部性，国家创新发展和科技进步离不开政府的支持。相关政府部门是科技创新中重要的科技金融资源提供者，能够为科技创新活动提供研发创新补贴，且政策性金融支持也是企业创新发展的关键。政府研发补贴制度来源于西方发达国家，美国、英国等国家多采用税收优惠、人才培养、创新支持和研发补贴等方法，支持企业创新。这些政府研发补贴制度也被多个国家借鉴和学习，各国通过政府研发补贴制度极大地提升了本国企业的科技创新水平。以美国为例，从20世纪70年代开始，美国政府不断加大在技术创新方面的研发补贴投入力度，美国一半以上的研发支出是政府资助的，这显著促进了后工业化经济的技术发展，有效推动了20世纪90年代的美国新经济繁荣。发达国家政府研发补贴的提供者主要是政府直属机构、政府设立的非政府直属部门机构，以及政府和私营机构合作下形成的第三方机构。

第一，政府直属机构。美国主要通过联邦政府、州政府以及相关政府职能部门，为不同机构提供资金支持。但从全世界看，采取政府直属机构直接提供研发补贴的模式的国家相对较少。

第二，政府设立的非政府直属部门机构。这种机构由政府设立但不包含私人部门，能够代替政府部门行使相关职能权，同时又很好地与政府行政功能分开。这种机构的设立可以较好地摆脱行政机构的干预，使得创新补助的竞争更加公平和透明。

第三，政府和私营机构合作下形成的第三方机构。这种形式的机构可以较好地保证政府补助直接进入实际转化项目，提高了研发补助的利用效率。

第三节 新格局下开放促进创新发展的路径选择

我国创新存在核心技术不足、体制机制仍需完善、易受到非经济因素影响等方面的问题。基于其他国家利用开放促进创新的相关经验，我国应在开放发展中进一步推进创新。

一 以国际研发合作为手段，架构全球创新网络

自改革开放以来，中国仍然属于"技术依赖型"国家，在创新活动的关键环节，仍然较大程度依靠着国际交流。现阶段外部环境不确定性加剧，给我们技术的国际交流带来较大的不确定性，但中国不能关起门来搞

创新，应转变合作方式，加快布局海外创新中心，加强国际创新合作，架构全球创新网络。

（一）转变合作方式

中国在加快实施创新驱动发展战略，主动融入全球创新网络，高起点、高层次开展国际科技合作，构建科技领域开放创新新格局的过程中，首先需要转变合作方式。

第一，构建科技合作新机制。深入推动共建"一带一路"，在国家互联互通交流机制和双边、多边科技合作协定框架下，着力与"一带一路"沿线主要国家的政府部门、科研机构、著名大学和企业开展高层次、多形式、宽领域的科技合作。发挥国家级产业发展专项资金和科技成果转化引导基金的作用，与"一带一路"沿线主要国家企业、科研机构和大学开展双边合作，增强技术交流，促进先进技术及成果的引进、输出和转移转化。

第二，加强与别国在重点领域的科技合作。坚持科技需求导向，执行好与以色列、白俄罗斯等国家的已有科技合作协议，重点加强与俄罗斯、乌克兰、印度在新材料、海洋工程装备、软件技术等对方优势领域的技术合作与人才交流，突出技术引进消化吸收再创新。发挥中国技术优势，加强与中西亚、南亚、东南亚等发展中国家在农业、能源、海洋资源开发、信息通信、高端装备制造等领域的合作，推广应用中国科技成果，推动成熟技术向海外转移转化。

第三，开拓国际合作新路径。顺应要素流动新趋势，发挥各类科技创新平台的载体作用，支持有条件的科技型企业在"一带一路"沿线主要国家建立或共建研发机构、科技产业园区、科技企业孵化器和先进适用技术示范与推广基地，发展以科技合作为先导，进而推动产能与投资贸易合作的新模式。充分利用国家扶持边疆地区的特殊政策，支持中国骨干企业借助科技会展平台参与合作，在上述地区布局建设科技园区或产业基地，面向中亚、阿拉伯、东盟和欧盟等国家和地区开展以农业、制造业为主的技术与投资贸易合作，实现中国优势产业"走出去"。

（二）加快布局海外创新中心

要优化中国开放创新的布局，更需要加强与发达国家在人工智能、虚拟现实、区块链等领域的合作，通过设立实验室、共建孵化平台、建立研发战略联盟等多种方式，积极融入全球先进技术发展体系。

第一,"引进来"突破重大关键技术瓶颈。围绕战略性新兴产业发展与传统产业转型升级的重大技术需求,支持高校、科研单位、企业与国外相关机构开展科技合作,通过委托研发、合作研究、联合开发等形式,实现重大关键技术突破。吸引跨国公司来华设立研发中心,鼓励外资研发机构与中国企业、科研机构开展多种形式的合作研发活动。积极探索通过全国的科技研发平台建设计划等对外资研发中心予以支持的新路径。

第二,"走出去"借力海外优势创新资源。鼓励有条件的科技园区和企业"走出去",在海外特别是科技创新资源密集的发达国家,通过自建、并购、合作共建等多种方式建立研发中心或科技企业孵化器,面向海外配置科技资源,跟踪国际科技发展前沿,提升科技创新能力,增强产业国际竞争力。发挥现有国外研发平台作用,打造科技人才培养、引进的新载体。

第三,加强国际科技合作基地建设。围绕区域发展的重点产业和技术领域,以各省重点实验室、工程技术研究中心与区域性重大创新平台建设依托单位、各类科技园区、创新型企业为重点,推动与国外高校、科研单位、技术转移机构及企业共建国际科技合作基地,开展科研深度合作,提升源头创新能力。

(三) 加强国际创新合作

发展科技不能闭门造车,各国只有交流互鉴才更能推动科技发展,尤其对于发展中国家,注重自主创新是重要的,加强国际创新合作、学习发达国家先进的技术和经验更是至关重要的。

第一,主动参加政府间国际合作交流活动。瞄准国家国际科技合作的重点领域和目标,支持科研单位和人员承担科技合作任务,在国家各类科技计划的支持下,提升技术创新起点。充分利用中韩、中澳、中新等自贸区协定,主动对接,建立科技合作机制,承接自贸区开放合作溢出效应。主动融入与非洲、南亚、东盟、拉美等发展中国家的科技伙伴计划,承担科技援外合作任务。

第二,打造国际科技合作品牌。各地区应围绕自身的优势技术领域和技术需求,积极策划举办国际科技合作论坛、研讨会、国际技术转移大会、专题技术对接洽谈会等各类国际科技合作交流活动,提高合作交流层次与水平。

第三,有效规避国际科技合作风险。充分利用出口信用保险服务,鼓励金融机构综合运用内保外贷、外保外贷、投资保险、融资担保等形式，为企业境外创新发展提供支持。加强国际科技合作风险预警与防控，及时通报有关合作国家政治、经济和社会方面的重大风险，为企业"走出去"开展科技合作保驾护航。

二 以体制创新为动力，实现开放式发展新突破

2021年3月5日，第十三届全国人民代表大会第四次会议在人民大会堂开幕。《政府工作报告》提出，完善国家创新体系，加快构建以国家实验室为引领的战略科技力量，打好关键核心技术攻坚战，制定实施基础研究十年行动方案，全社会研发经费投入年均增长7%以上，力争投入强度高于"十三五"时期实际。对于国家层面提出的完善创新体系体制的要求，本书认为，应该从以下几点着手进行。

（一）创新实施更加开放的人才引进政策

随着当今经济的高速发展，各个城市关于人才的引进与培养成为促进当地城市提高自身竞争力、加速经济发展以及促进人文环境发展的核心要素，各地应该为当地人才引进提供合理的政策支持。

第一，实施引才工程。深化人才发展体制机制改革，探索更加灵活的方式大力引进各类归国人才。建立编制外引进高层次、专业性人才薪酬和生活保障制度，探索推行高校、科研院所和国有企业科技人才兼职兼薪、按劳取酬。

第二，实施留才工程。认真落实各项就业创业扶持政策，重点引进储能、装备制造、新医药大健康等产业领域高水平科技创新人才团队落户。大力支持本土人才返乡创业就业，促进本地大学生、青年创业者、退役军人、企业高管和科技人员返乡创业。

第三，实施用才工程。充分发挥科教产业优势，探索实施"选才育才"、"1+X"证书培训、人才培养协作机制，加大人才外送培养力度，创建与产业发展相衔接的实用技能人才培训实训基地，不断满足高新区各类实用人才需求；推行"招生即招工、入校即入企"校企联合培养人才模式，不断完善政校企合作人才输送链条，促进人才加快集聚，全力建设人才资源新高地。

（二）建设适应更高水平开放的政策保障新体制

制度竞争是国家间最根本的竞争。党的十九届四中全会提出建设更高

水平的开放型经济新体制，高质量发展也离不开高层次的政策创新与高水平的全面开放。政策创新应覆盖中国高质量发展的各个领域、各个环节。

第一，营造良好的政策环境。坚持重点突破与整体推进相结合，梳理不同政策举措的内在关系，及时研究制定、落实配套措施，提高各项政策的系统性、协调性和集成度，打造公平、透明、稳定、可预期的政策环境，提升中国对外资的吸引力。

第二，探索具有国际竞争力的税收制度。对境外进入海关围网区内的货物、海关围网区内企业之间的货物交易和服务探索实行特殊的税收政策，扩大优惠税收政策的适用范围，在重点产业领域和战略性新兴产业领域研究制定具有国际竞争力的税收支持政策。

第三，加大国际人才招引政策支持力度。优化人才工作、生活环境，提高对高端人才的公共服务水平，有针对性地解决高端人才关注的居住、医疗、子女教育等问题，推进国际社区建设，完善国际学校、国际医院等配套公共服务，提高国际人才综合服务水平，使高端人才既能"引得来"又能"留得住"。

（三）构建更加完善的要素市场化配置机制

中国在开放协同创新、加快融入全球创新体系的过程中，需要提升要素配置效能，以数字化改革为牵引，加大科技、财政、土地、金融、生态环境等资源要素供给力度，持续创新管理机制和要素配置机制。

第一，整合与盘活大区域内的创新要素。补齐部分资源欠缺和区域发展协调度不高的短板，借势而行，顺势发展。积极复制推广自贸试验区的经验，不断提升国际竞争力影响力。依托"长三角一体化"国家战略，优化全国和各地区产业区域布局，形成"区域分工合理、产业结构优化、比较优势发挥、区际良性互动、区域差距缩小"的总体格局。

第二，强化要素集聚。围绕国内各地的主导产业，聚焦电子信息、新材料、先进制造等产业领域，打造先进制造业集群。同时，聚焦全球发达经济体特别是日韩地区，精准施策、持续发力，力争在重特大外资项目落地上有新突破，促进本土企业与外商企业的互促发展。对各种类型所有制企业一视同仁，鼓励外资科技研发并参与江苏产业链集群建设推动外资企业与本土企业在科技研发方面的合作，大力促进本土企业深度融入全球供应链体系并向上游攀升，推动建设自主可控、安全可靠的现代产业体系。

第三，破除影响要素自由流动的障碍。通过科学的规划和必要的政策手段引导要素多向自主流动。优先支持推动劳动力要素自由流动的制度和政策落地，寻求通过创新型人才的合理流动来引导优化经济布局。打破地区间要素流动障碍，促进生产要素跨区域流动，避免地方产业同质化、投资重复化，通过市场化的要素配置机制，实现要素跨区域的优化配置和地方产业特色化、错位化发展。

（四）对接国际高标准知识产权保护体系

知识产权的完备一体化的保护，可以对人们从事研究和开发新技术的积极性起到很大的激励作用，从而促进创新，促进经济增长。因此，政府部门应当加强知识产权保护机制建设，让知识产权的经济价值得以体现，为知识产权运营创造一个良好的市场环境。

第一，全面对接国际高标准市场规则体系。打造稳定、公平、透明、可预期的国际一流市场环境，提升外商投资管理和服务水平，放宽外资准入限制，健全事中事后监管体系，建立健全外商投资企业投诉工作机制，保障外国投资者和外商投资企业合法权益。

第二，搭建知识产权综合服务平台。形成全链条的知识产权服务体系，大力推进知识产权资本化和产业化进程。

第三，加大创新项目、创新成果保护的支持力度。提高项目保护在实际操作过程中的落实程度，加强国民在知识产权使用方面的意识，从而对制定的知识产权保护政策进行落实保障，并在一定程度上加大侵犯知识产权行为的惩治力度。

（五）推进创新技术与国内外市场联动发展

党的十九大报告指出，推动形成全面开放新格局，要以"一带一路"建设为重点，坚持"引进来"和"走出去"并重，遵循共商共建共享原则，加强创新能力开放合作，形成陆海内外联动、东西双向互济的开放格局。中国40多年对外开放的实践也充分证明，统筹国内国际两个大局，实行积极主动的开放政策，为中国创造了良好国际环境、开拓了广阔发展空间。为解决"卡脖子"难题，推进高质量发展，中国需要在建设内外联动的创新体系方面走在前列。

第一，要重视国内与国外的联动。结合中国现有的创新基础、研究条件与产业优势，遵循共商共建共享原则，充分利用国内国际两个市场、两种资源和两类规则，打造国际化的创新环境和开放型创新体系，为中国进一步开放创新营造有利的国际环境。

第二，要重视各地区之间的联动。中国的高质量发展离不开各地区的高质量发展。而各地区的高质量发展，既离不开良好的区域环境，离不开周边地区的支持和协助，也离不开地区内的互济错位协同发展，要从产业布局、政策设计、管理体制上形成联动推进机制。

第三，推动各地区内不同平台的联动创新。充分利用地区内各区域的政策叠加优势，落实共享发展理念，充分调动各平台主体协同创新的积极性、主动性、创造性，以政府为主导、以市场为依托构建创新成果转化与产业化发展的错位配置格局。

三 以产业发展为核心，走开放性创新之路

面对全球新一轮技术革命，我国应抓住这一"弯道超车"的机会，集中目标于生物医药、信息技术、基础材料等高新技术行业，利用开放创新推动目标产业的高级化和高端化。

（一）建设国际联合生物技术创新中心

中国生物技术研发成果较多，但受资金不足、人才缺乏、下游产业无法有效衔接等因素的影响，中国生物技术产业化率较低。因此，大力发展生物技术产业，是培育新的经济增长点、提升中国产业国际分工地位和保障国家长远发展的需要。为保证生物技术稳定发展，中国应大力建设国际联合生物技术创新中心。积极落实国际联合生物技术创新专项规划，建立以企业为主体、市场为导向、产学研深度融合的生物技术创新体系，在全国东、中、西各区域投入大量资金打造集科技基础设施平台、关键技术研发平台、孵化转化与服务平台和创新创业中心、国际联合中心、知识产权中心、科教融合中心为一体的国际联合生物技术创新中心。积极向中心引进具有国际视野、领先成果的企业，培育技术水平高、发展潜力大的龙头企业。以技术源头为主要抓手，以产业人才为重要支撑，促进全国生物制造领域优质资源向各区域生物技术创新中心汇聚，促进中心科技成果转化，打造世界级的生物制造谷。

（二）优化信息技术产业开放创新环境

信息技术产业，特别是芯片产业是现代产业体系中基础性、战略性和先导性的产业，是产业结构转型升级的重要支撑。芯片产业不仅是中国信息技术发展的重点和难点，也是中国在国际信息技术产业中占据制高点必不可少的要素。目前，中国高端芯片长期依靠进口、芯片研发所需要的原

材料和设备受制于人、不具备规模化生产芯片的条件等问题，可以通过三个途径解决。

第一，凝聚产业开放发展共识。办好VR、超高清视频、计算机、新型显示等领域的全国性或国际性产业大会，支持办好第八届中国电子信息博览会、世界传感器大会等，推动世界范围内的产业交流，凝聚行业共识，进一步提升中国信息技术产业的世界影响力、活跃度和显示度。

第二，对接国际信息产业融合应用水平。紧密结合世界信息产业的发展形势，布局先进计算技术和产业，提升先进计算产品供给能力。积极推动北斗核心芯片、模块、终端的融合创新发展，推进北斗在行业领域和大众市场的广泛应用。

第三，拓展国际多元化发展空间。持续优化外商投资环境，深化"放管服"改革，营造资源要素自由流动、竞争公平有序的市场环境。整合中国信息行业协会和产业联盟现有交流渠道，在光伏产业等领域指导行业企业深化与"一带一路"沿线主要国家的合作。积极参加中俄工业合作分委会等多边和双边会议，加强与世界产业界的交流合作。

（三）破解基础材料产业研发瓶颈

实施制造强国战略，推动制造业高质量发展，必须夯实基础材料产业这一重要基础。其中，轴承产业和半导体硅产业的开放创新更是重中之重。

轴承是承载轴的零件，是现代机械设备中不可缺少的一种基础零部件，对机械装备的性能、质量和可靠性都起到决定性作用。当前国内轴承行业的现状是产能大，但生产过剩，绝大部分企业存在关键技术严重短缺的问题。从目前中国轴承行业产品结构来看，技术含量较低的普通轴承生产已可满足市场需求，但是高精度、高技术含量、高附加值以及具有特殊性、能满足特殊工作条件的高端轴承品种还依赖于进口。未来，轴承产业应通过加大研发力度、引进国外先进制造设备、加强产学研融合发展等手段，不断提高研发设计水平及制造水平。随着下游市场的不断发展，轴承产品的类型和规格将不断拓展，不同种类的轴承对热处理水平、加工精度、表面处理方式、生产装置自动化程度以及制造工艺等要求不同，因此，轴承企业未来应专注某个或者某几个环节的专业化生产经营，进一步明确产品定位，拥有自己在产业链中的分工和定位，以此突破多年固化在国际轴承产业低端的困境，逐步进入国际中高端市场。硅材料是重要的半导体材料，电子工业上使用的硅应具有高纯度和优良的电学和机械等性能。目前，中国的半导体硅生产技术和生产水平实现了重大发展，但在半导体全产业链上的知识产权积累仍有提升空间，未来中国半导体产业发展仍然需要持续的对外开放合作。

第一，持续"引进来"。在保证国家安全的前提下对国际企业持续开放，在制定和施行税收、投融资、市场应用等政策时对内外资企业一视同仁，建立公平、透明的市场。

第二，坚持"走出去"。出台相关政策鼓励本土企业拓展海外贸易，建立适合当地的管理体制和创新机制。一方面可以推广国产产品，另一方面，这些管理经验也可以为外资企业融入中国提供借鉴。

第三，加强国际学术交流。半导体产业链目前已形成全球化格局，开放交流已成为半导体学术研究的重要特征。

第六章　新发展格局下构建全国统一大市场与中国开放发展

从大国发展的经验上看，强大而统一的国内市场是推动经济发展的基石。2022年上半年，国务院发布了《中共中央　国务院关于加快建设全国统一大市场的意见》，以持续推动国内市场高效畅通和规模拓展、加快营造稳定公平透明可预期的营商环境、进一步降低市场交易成本、促进科技创新和产业升级以及培育参与国际竞争合作新优势为目标，加快构建国内国际双循环的新发展格局。

第一节　开放促进统一大市场建设的现状及其存在的问题

构建全国统一大市场不仅是各地区、各专业的市场逐步整合成为一个统一的大市场的过程，也是实现高品质需求与高质量供给互动以及提升产业链和供应链韧性的过程。在双循环新发展格局下，需充分利用国际循环提升国内循环的效率和水平，通过开放发展促进全国统一大市场的建设。

一　开放发展对构建全国统一大市场的意义

高水平对外开放促进了国内外市场制度的统一，扩大了国内市场的供给与需求，提升了中国产业链与供应链的安全与效率，对构建全国统一大市场具有重要意义。

（一）高水平开放推动了国内外市场制度的统一

不同于以往服务国内经济建设的目标，新时期高水平对外开放通过进行更大范围、更宽领域和更深层次的开放，让参与国际合作的各方共享中国市场开放带来的利益，并在遵守国际通行规则的基础上推动中国标准的全球化，由此推动国内外市场制度的统一。

第一，对国际规则的认同和遵守推动了国内市场规则的公平与统一。为适应高标准的国际经贸规则，在新发展格局下，高水平开放的措施需要从关税减免等传统措施向提升规则、规制、管理、标准等措施延伸，打破市场垄断与行政垄断，实现经济政策由产业政策为主向竞争政策为基础的转变。强化对经济政策的公平竞争的审查使过去依靠地方保护主义获得市场份额的企业难以持续，推动了行业竞争的市场化，使真正有价值的企业脱颖而出，对全国统一大市场的建设乃至经济发展都具有重要意义。

第二，规则导向的制度型开放推动了国内外制度的对接。新发展格局下，高水平开放的重点由以往的货物贸易转向服务贸易，推动以保障商品和要素自由流动为主的流动型开放向规则导向的制度型开放转变。积极构建与国际通行规则相衔接的制度体系和监管模式，包括健全外商投资准入前国民待遇加负面清单管理制度，促进内外贸法律法规、监管体制、经营资质、质量标准、检验检疫、认证认可等相衔接，稳步拓展制度型开放，有利于进一步改善与优化营商环境，推动全国统一大市场的建设。

第三，中国标准的制定提升了全国统一大市场的世界影响力。在经济全球化处于规则重构的调整期，中国作为全球第二大经济体，需要在新发展格局下通过制度型开放提高对全球多边规则框架的影响力，从国际规则的被动接受者转变为国际规则的制定者。以制度创新为重点，有效运用各类改革开放试验区，进一步打造具有特色的开放功能平台，构建中国标准，有利于提升国内市场的影响力，推动全国统一大市场的建设。

总的来说，新时期高水平对外开放有利于实现国内制度的公平与统一，促进国内外制度对接以及提升中国市场的影响力，从而有利于推动全国统一大市场的建设。

（二）高水平开放扩大了国内市场的供给与需求

新时期高水平对外开放通过推动国内外市场的互联互通，有利于充分发挥中国的超大规模市场优势和释放中国经济转型升级时期的内需潜力，实现高品质需求与高质量供给的高效互动，推动全国统一大市场的建设。

第一，高水平开放有利于释放中国的内需潜力。新发展阶段国内消费结构升级会对世界多样化高品质的产品和服务产生更多的需求。在新发展格局下通过高水平开放实现内外市场联通、要素资源共享，有利于进一步释放约14亿人口的大市场潜力，使中国巨大的内需融入国际经济循环，为全球先进要素创造巨大的发展机会，有利于通过带动需求的发展与品质的提升推动全国统一大市场的建设。

第二，高水平开放有利于扩大国内市场的高质量供给。一方面，中国内需的规模优势有利于吸引全球先进生产要素的集聚。在当今世界，并非发展程度低的经济体才有较大的投资潜力，相反，内需强大的国家更能为资本和人才创造丰富的盈利机遇。高质量对外开放背景下各种城市化平台的建设有利于通过利用内需提供的市场和事业发展机遇广泛吸收全球人才和技术。另一方面，高水平开放有利于外资企业更加重视中国市场。在中央对外释放积极信号的背景下，为及时抓住中国市场的需求，外资企业将更加重视针对中国消费者的研发，创造出适用于中国市场的新产品和新技术，甚至在中国设立研发中心，推动中国市场供给质量的提升。

第三，高水平开放有利于促进国内高品质需求与高质量供给的高效互动。中国目前存在的问题是满足消费升级的高品质商品和服务的供给不足。然而实际上，相对于人们的欲望而言，任何一国的资源都是稀缺的，没有一个国家能够生产出本国人民所需要的所有商品和服务。高水平对外开放有利于扩大外商投资和商品服务进口，大大提高了国内商品和服务供给的水平和多样性，有利于弥补国内高质量供给的不足，满足人民对高质量生活的需求，实现消费升级。

总的来说，高水平开放将国内外市场的需求与供给高效连接起来，推动释放了国内巨大的内需潜力，为国内消费者提供了高质量供给，实现国内的消费升级。

（三）高水平开放提升了中国产业链和供应链的安全与效率

中国产业链和供应链的自主可控能力较弱且面临外迁压力，同时在全球产业链与供应链的系统性重构风险下面临重塑的挑战。因此，通过高水平对外开放，可以提升中国产业链和供应链的安全与效率。

第一，高质量开放提升了中国产业链和供应链的自主可控能力。为了在国际竞争中保持有利地位，发达国家利用其先发优势以及与发展中国家之间的技术差距，主导了全球产业链和供应链的布局安排，垄断了国际标准制定的话语权，给后进入的国家设置了较高的技术壁垒，在此背景下中国保障产业链与供应链自主可控的难度越来越大。新发展格局下高水平对外开放的关键领域是科技和金融，将开放与自主创新相结合，借助开放合作补短板、强弱项，有利于推进产业链的现代化和自主可控能力。

第二，高质量开放提升了中国产业链和供应链的韧性。受国际形势变化影响，要素的流动受阻，影响了全球产业链和供应链中生产、物流与消费等的有序发展。在此背景下，中国的高质量对外开放持续推进了其贸易的高质量发展，有力带动了其上下游产业工业的增加值提升和制造业投资，为保障全球产业链和供应链的畅通运转、带动全球经贸复苏做出重要贡献，有利于进一步提升本国的产业链和供应链的韧性。

第三，高质量开放提升了中国产业链和供应链的安全性。面对单边主义逆流，中国始终坚定不移地维护全球多边主义，通过实施高水平的对外开放，推动经济全球化朝着更加开放、包容、普惠、平衡、共赢方向发展，不断加深中国与世界经济的联系，任何国家都无法承受与中国经济"脱钩"的后果，从而降低中国产业链和供应链被他国恶意切断的可能性。

总而言之，高水平开放使中国在保证自身对产业链和供应链的自主可控能力的基础上更加深度地融入了世界经济体系，有利于提升中国产业链和供应链的安全与效率。

二 全国统一大市场的发展现状

中国是一个历史悠久、幅员辽阔且人口众多的国家，内部存在着巨大的差异性和多样性。中国的市场分割与整合的程度在区域市场、城乡市场、服务和商品市场以及要素市场四个层面均存在不同的特点。

（一）区域市场的一体化程度有所上升

在区域市场上，中国当前的市场一体化程度有所提升。中国的区域市场分割是从高度集中的计划经济体制向社会主义市场经济体制过渡的必然产物，其成因具有较强的制度性色彩。

第一，分税制改革之前区域市场分割逐步形成。新中国成立初期，中国实行"统收统支"的财政体制，中央政府通过行政指令在全国范围内配置资源，地方政府没有财政自主权，全国各地区之间的经济关系趋于割裂与独立。随着国民经济的恢复，中央政府为了充分调动地方经济发展的积极性进行了一系列的改革，逐步下放了财政权、税收权、投融资权限和企业管辖权等，但由于当时市场经济体制尚未完善、相关的法规体系仍不健全，各地方政府在自主权得到提升后为了最大化本地的利益，普遍采取了市场保护主义的措施，虽然当时没有造成区域间的恶性竞争，但在一定程度上加剧了区域市场分割的形成。

第二，分税制改革之后区域市场分割问题进一步加剧。1994年开始实施的分税制改革彻底地解决了中央集权与地方分权的问题，但是其存在的缺陷也给中国经济带来了一定的负面影响。中央与地方政府之间的财权和事权的不对等使得地方政府为了增加财政税收收入、达成政绩考核，在发展的过程中逐渐将本地利益凌驾于全局利益之上，对市场横加干预，实行地区封锁与经济割据，加剧了区域市场的分割。

第三，市场经济体制改革改善了区域市场分割问题。随着市场经济体制改革的不断深入，中央政府和各地方政府逐渐意识到打破国内市场分割、推动区域经济一体化的重要性，开始采取措施逐步改善地区间的竞争环境和整治地方保护主义行为，如2016年国家发改委印发的《关于贯彻落实区域发展战略促进区域协调发展的指导意见》中要求"打破地区分割和隐形壁垒，推动形成全国统一市场，以促进各类生产要素有序自由流动、优化配置"，2021年中共中央办公厅、国务院办公厅印发的《建设高标准市场体系行动方案》中明确要求破除区域分割和地方保护等。当前阶段，随着国家重视程度的提升以及全国基础设施的不断完善，全国统一大市场建设的雏形初现，但中央政府与地方政府之间的财权与事权不统一的问题仍未得到有效解决，地方政府过度干预市场的内在需求与制度基础并未发生根本改变，国内区域市场分割依旧存在。

（二）城乡市场的二元结构特征比较明显

二元经济结构的特性较明显，中国的城乡商品市场和要素市场均存在严重的市场分割现象。

第一，城乡市场的市场主体在现代化程度和交易能力等方面存在着巨大的差距。农村市场的交易主体主要是生产者自身或贩运者，他们的实力弱、经营条件较差、组织化程度较低、专业化和规模化程度低、市场意识薄弱，而城市市场的交易主体主要是企业和机构，能在有组织的状态下进行生产和交易活动，专业化和规模化程度高，对市场信息较为敏感。此外，相对于农村，城市商贸业的业态结构更加发达、市场基础设施条件更好。城乡市场之间客观差异较大、流通环节不畅通，因而在商品市场上出现了严重的市场分割现象。

第二，城乡之间在土地和劳动力市场上呈现分割的状态。在土地市场上，城乡土地要素市场的市场分割问题主要表现为城乡统一的建设用地市场还没有完全建立。城乡土地配置受市场机制的影响较小，建设用地使用权转让、出租和抵押的二级市场仍处在建设完善之中。而在劳动力市场上，城乡劳动力市场存在着较大的差异。城乡劳动力市场的分割问题主要表现在以户籍制度、社会保障制度和就业政策为代表的进入制度壁垒，和对农村劳动者法律保障的缺失以及城乡就业人员的非公平竞争机制上，这些问题近年来一直都没有得到很好的解决。

第三，城乡之间金融市场发展不平衡且存在壁垒。由于金融资本具有逐利的内在特性，农村金融资源会选择利润更高、风险更小的投资对象，金融资本不断从农村流向大城市。而与此同时保障农村金融机构合法权益的有关制度不够健全，金融机构出于控制风险的目的往往会抬高农户的贷款门槛，农村生产者相较于城市生产者会面临更多的"贷款难、贷款贵"的问题，城乡金融市场的发展差距不断拉大。同时，市场准入的限制和信息不对称所产生的成本成为城乡金融市场的经济壁垒，不同的经济主体被局限在相对分割的金融市场进行交易。

（三）服务和商品市场以及要素市场的一体化程度存在差异

中国在服务和商品市场上的一体化程度因多种因素的影响而存在着差异，而在要素市场上，资本、人力资源以及数据等要素均存在因流通受阻而产生的市场分割问题。

第一，服务业的本地属性导致其市场分割程度较高。服务业所提供的产品具有生产与消费同步的特性，这使其不但难以进行储存以应对当地需求的变化，还无法通过跨地区的供给实现区域之间的均衡。此外，传统服务业主要为劳动力密集型产业，对现代科学技术的利用程度较低，以至于无法在全国形成标准化的供给，地区之间的服务业产品的供给质量因当地经济发展程度的不同而存在较大差异。

第二，不同商品的市场分割程度存在较大差异。商品虽然相对于服务的流通性更好，但因为各种原因，不同类型商品的市场分割程度有所不同。总的来看，日用消费品和一般生产资料的全国统一大市场建设较为成功，大部分商品已实现市场定价、自由流通，市场分割程度较小。部分商品因受到政府的干预，存在较为严重的市场保护，比如烟草制品，因其具有强大的财政收入属性，受到国家烟草专卖体系的管制，无法在地区间自由贸易，存在完全分割的国内市场；而农产品因在生产、仓储和销售环节都受到政府的指导与管制，全国市场的整合发展受到限制。除此之外，汽车制造因为对劳动力的需求大、涉及的上下游产业广，已成为众多省份的支柱产业。地方政府为了减少竞争，采用了各种措施保护本地的汽车行业，导致汽车市场也出现了较为严重的市场分割现象。

第三，人力资源市场的市场分割问题主要表现为劳动力的区域间流动受到诸多限制。劳动力市场行政分割主要以对流动人口进行管理为主，在此背景下，全国劳动力市场被划分为多个相对封闭的板块，每一个板块在平均薪资水平与福利待遇等方面都具有一定差异，劳动力在板块之间流动受到户籍制度的约束，使得人力资本要素不能在全国范围内合理配置。

第四，资本要素市场的市场分割问题主要表现在金融服务市场和证券市场上。其一，民营机构进入正规金融服务市场的门槛较高造成正规金融市场与民间金融市场的分割。民营经济对于金融资源的巨大需求无法在正规金融市场中得到满足，催生出了民间借贷市场与"利率双轨制"，影响了金融资源的合理配置与经济运行效率的提升。其二，规则不统一问题影响了证券市场的进一步整合。中国的证券市场存在着"政出多门"以及不同部门适用不同监管规则的问题，导致了监管竞争，出现了一定的套利空间等问题，制约了全国证券市场的进一步整合与资本在地区之间的流动。

第五，数据要素市场的市场分割问题主要表现在数据要素的供给和流通方面。其一，不同主体的数据资源较难实现共享。一方面，部分政府部门和企业对其所拥有的数据资源的重要性认识不到位，缺乏对数据资源的有序管理，造成数据资源的有效利用率不高。另一方面，一些政府部门和企业虽建立了自己独立的数据中心，但不同主体之间的数据采集工作没有实现标准化，造成数据的重复收集以及资源的浪费。其二，数据要素的流通存在较多阻碍。目前数据价值的评估标准仍存在争议，数据产品和数据服务的定价难度较大，没有形成合理的收益分配机制，制约了数据要素在全国范围内的高效流通。

三 新发展格局下全国统一大市场构建面临的主要问题

基于对国内市场发展的基础情况分析，可以总结得出构建全国统一大市场主要面临的四个问题，一是市场分割依然存在，二是统一市场制度缺失，三是没有形成高品质需求与高质量供给的高效互动，四是产业链和供应链建设面临外部风险。

（一）市场分割依然存在

全国统一大市场的建设要求消除区域间的"经济边界"，让市场在资源配置中起到基础性作用，实现商品和要素在全国范围内自由流动，而当前阶段国内市场分割现象的存在严重阻碍了这一发展。

第一，自然地理障碍以及交通基础设施的不完善使互联互通的市场格局难以形成。自然地理障碍以及交通基础设施的不充分供给提高了运输成本，降低了地区间产品与要素的流动性以及影响了不同地区市场主体对市场信息的充分获取，限制了交易范围的扩大，导致全国市场空间结构呈破碎状态。

第二，地区间自然资源条件上的差异以及地理空间上的分隔不利于国内市场的整合。地区间的差异和分隔一定程度上决定了不同地区居民在消费偏好、消费方式和行政法规制度等方面存在不可忽视的差异，构成了地区间潜在的贸易障碍，影响国内市场的整合与区域经济一体化程度的提升。

第三，内外贸市场仍然处于割裂状态。一方面，国内外市场在物流体系、市场营销网络和市场准入等方面存在较大差异，国内企业"走出去"或与国外企业合作都面临着较高的门槛，造成了国外市场资源和商业机会的浪费。另一方面，被国家政策扶持和发展起来的外贸企业虽在当时的历史环境中起到了积极的作用，但在新的经济发展阶段和新的国际形势前面临着转型困难等问题。比如，加工贸易下的外贸企业一般没有自主品牌，其长期进行贴牌销售，缺乏品牌号召力以及国内的销售渠道建设，很难在国内市场竞争中站稳"脚跟"，并且国内外市场的营商环境差异较大，内、外贸主体遵循的贸易规则、监管体制、企业经营管理制度、税务制度和保险制度等都有很大不同，外贸企业转型并不容易，阻碍内外贸市场一体化。

（二）统一市场制度缺失

统一市场制度的缺失带来了地区间制度性市场分割，使得市场在资源配置中无法起到基础性作用。

第一，地方政府的行政干预导致了地区间的制度性市场分割。在行政分权和分税制的治理模式以及竞争激烈的地方官员考核机制下，地方政府竞相出台地方保护性的补贴、优惠政策，设置各类隐性的贸易壁垒限制外地商品和要素进入本地市场以及本地资源流入外地，阻碍了各地区基于资源禀赋的比较优势的充分发挥与地区专业化发展格局的形成，致使各地方出现低水平重复建设、恶性竞争和产业同构化的现象，影响区域间的进一步分工与合作，限制全国大市场的形成与发展。

第二，约束性的发展指标在全国的自由流动受到限制。各级政府在大力发展经济的过程中不可避免地面临产能、减排、保耕地等多重指标的挑战，这些约束性指标主要以行政命令的方式逐级传递，并存在碎片化、红线化的特征。作为一类特殊的生产要素，约束性指标的配置应当在全国总量控制的基础上充分发挥市场的作用，而非"一刀切"地将全国总量控制目标分派给地方，造成大量的资源错配和效率损失。

第三，全国尚未形成统一的产权保护、市场准入、市场监管等规则制度。市场统一规则和统一标准的缺乏使中国无法充分发挥超大规模的市场优势，在与国外主流市场竞争时，难以凭借国内强大的市场力量掌握国际话语权。随着经济地位不断提升，中国需要逐步建立符合大多数国家利益的市场标准和规范，把中国标准提升为国际标准。

（三）没有形成高品质需求与高质量供给的高效互动

国内统一大市场不仅体现在地域规模的大上，还体现在强大的供给与需求能力上，而在此方面，中国存在的问题是没有形成高品质需求与高质量供给的高效互动，制约了国内统一大市场的建设。

第一，供给侧结构性缺陷减弱了全国统一大市场的发展动力。供给侧结构性缺陷表现为三点，一是满足消费升级的高品质商品和服务的供给不足。在商品和服务的供给上，国内生产商跟不上国内和国外的需求变化趋势，其在低端产品和服务上的供给过剩而高端供给不足，造成产业同质化现象严重、行业出现恶性竞争以及高端产品和服务的消费外流。二是在推动产业创新发展与转型升级的中间投入品与服务上供给不足。中国部分高端制造企业集中在产业链中下游，缺乏关键技术，重要部件依靠进口，制约了国内产业向价值链的高端攀升。三是产业结构失衡。中国的国民经济三次产业结构虽然随着第一产业比重的逐步下降和第三产业比重的稳步提升而实现了明显的优化，但是在制造业内部，产业布局不均衡、低端产能过剩而中高端产能不足、产业间资源分配结构失衡以及资源分配效率低等问题依旧突出。

第二，需求侧不平衡影响了内需潜力的完全释放。需求侧不平衡问题表现为两点，一是城乡与区域发展不平衡使中低收入群体消费积极性降低。中、西部地区由于地理位置的原因难以将区域资源优势转化为经济优势，而东部沿海地区在有利的地理位置条件和政策优惠的加持下积极参与国际分工，实现了经济的飞速发展。虽然在西部大开发与中部崛起等区域发展战略的支持下，中、西部地区的发展环境有所改善，但与东部地区的发展差距仍然较大。在城乡发展不平衡问题上，近年来政府采取了多种惠农措施以振兴乡村经济并不断加大扶贫力度，农村居民的可支配收入实现了一定增长，但仍与城市居民存在不小差距，特别是在考虑到如住房、医疗、教育和社会保障等的非货币因素后，城乡居民间的收入差距可能更高。广大农村与欠发达地区所覆盖的人口数量众多但经济发展水平低，不利于中低收入群体需求的质与量的提升。需求侧不平衡问题的另一表现是财政支出结构偏重公共投资而社会性公共消费支出不足。由于针对扩大消费的政策对拉动经济增长的影响见效慢，地方政府的财政支出多用于增加投资，长期以来形成了投资拉动经济的发展模式，政府公共消费被挤占。政府公共消费关系到公共服务如教育、医疗等的供给，公共消费不足会加重居民的经济负担，降低居民消费，阻碍国内消费需求的进一步扩大。

第三，供给结构不适应需求结构的变化。随着中国经济的高速发展，国内消费不断扩张与升级，但供给结构的发展速度跟不上需求结构的变化速度，高品质需求未得到高质量供给的满足，特别是与衣食住行和医疗保健相关的质优价廉的供给无法满足人们日益增长的美好生活需要。同时国内服务业的发展程度无法支撑消费持续升级，包括教育、医疗、家政和养老等的服务业在效率和品质上均有很大的提升空间。

总的来说，国内供给和需求方面存在的问题不利于中国形成"需求牵引供给、供给创造需求"的高质量动态平衡，影响国内统一大市场的建设与发展。

（四）产业链和供应链建设面临外部风险

改革开放以来中国发展出了产业门类齐全的工业体系，不断提升产业链和供应链的效率，为全国统一大市场的建设提供了物质保障，但是在产业链和供应链的安全性上中国仍存在一些不足，影响着全国统一大市场的韧性。

第一，中国产业链和供应链的自主可控能力较弱。一方面，中国作为后发国家，早期依靠廉价丰裕的要素资源优势参与国际分工，在核心技术和关键原材料上的对外依存度高，虽然国家出台了相应的提升产业自主发展能力的政策并实现了在一些高新技术领域往价值链中高端的跃升，但在基础研究水平、人才储备以及科学前沿知识方面与发达国家之间的显著差距并不是短期可以跨越的。目前，中国在一些战略性新兴产业，产业链的部分关键环节依旧存在短板与缺失，使得中国在国际产业链与供应链中处于被动局面。另一方面，战略性新兴产业的发展关系到一个国家的未来，为了在国际竞争中保持有利地位，发达国家利用其先发优势以及与发展中国家之间的技术差距，主导了全球产业链和供应链的布局安排，垄断了国际标准制定的话语权，给后进入的国家设置了较高的技术壁垒，在此背景下中国保障产业链与供应链自主可控的难度越来越大。特别是随着中国综合实力的增强以及国际社会地位的提升，美国在高科技领域对中国进行了封锁，使中国高科技产业相关的产业链和供应链的稳定性因关键原材料与核心技术的供给中断而受到较大影响。

第二，中国部分产业链和供应链面临外迁压力。一方面，中国部分低端制造业产业链在国内要素成本上升的压力下向周边成本更低的国家转移。在国际生产体系中，各国凭借比较优势参与国际分工，当中国的部分产品因土地、劳动力等要素成本的上升而不再具备在国际市场的竞争优势时，其相关的产业链和供应链会向综合成本更低的国家转移，在此过程中，中国的产业链与供应链不断面临其他发展中国家的"中低端分流"。另一方面，中国部分中高端制造业产业链在发达国家的制造业回流计划下出现向发达国家转移的趋势。为了缓解国内社会的矛盾，扭转因产业空心化而带来的不利影响，欧美等发达国家纷纷制定了制造业回流计划，通过出台大量优惠政策以吸引中高端企业以及产业链和供应链回流。虽然产业链与供应链的转移成本巨大且需要进行多方面综合考虑，但中国需要关注其对自身中高端制造业的产业链和供应链的影响。

第三，中国产业链和供应链在全球产业链和供应链的系统性重构风险下面临重塑挑战。面对国际形势的变化，要素在世界范围内流动受阻，影响了全球产业链和供应链中生产、物流与消费等的有序发展。在此背景下，基于比较优势的全球生产分工体系受到巨大冲击，各国开始在关注产业链与供应链布局的经济效益的基础上进一步重视其安全性。为建立安全可靠、独立自主、受外界冲击影响较小的产业链与供应链，部分国家开始避免将生产或采购的某一环节过度集中于单一地区，并尽量缩短布局在国外的产业链长度与供应链的空间距离，通过多元化和区域性布局，分散和降低安全风险。在此过程中全球产业链与供应链出现系统性重构的趋势,中国的部分产业链与供应链难免面临重塑的挑战。

总体来说,一国的产业链与供应链的安全性影响着其市场韧性,为构建全国统一大市场,需妥善应对中国产业链和供应链建设面临的外部风险。

第二节 开放促进全国统一大市场建设的经验借鉴

在构建全国统一大市场的实践中,一些国家和地区在不同的领域取得了较好的成绩,其建设经验对中国具有重要的参考价值。

一 促进制度开放的国际经验

构建全国统一大市场需要破除影响生产要素自由流动的体制机制障碍,通过提升制度开放水平打造高标准的市场体系,发展内外贸一体化。在促进制度开放方面,新加坡推动贸易投资便利化的经验值得中国借鉴。

(一)新加坡推动贸易投资便利化的经验

新加坡是城市国家,经济腹地面积有限,但是新加坡具有较好的地理区位优势,其位于马六甲海峡南端,扼太平洋及印度洋之间的航运要道,是欧洲、非洲向东航行到东南亚、东亚及大洋洲各港的必经之地。自新中国成立以来,新加坡始终坚持全面开放与建设特色全球城市的国策。通过贸易投资便利化建设,新加坡推动了制度的开放与高标准市场体系的建立,为更好地利用全球市场、配置全球资源要素创造了良好的基础条件。新加坡在贸易投资便利化建设方面的经验包括重视互联网的运用、建设便捷高效口岸和打造开放的政策环境。

第一,通过大范围推广运用互联网提升政务信息化与自动化水平。新加坡政府十分注重互联网的运用,基于互联网建立了政务服务平台,实现了无纸化办公。企业注册登记只需要在网上提交资料,通过在线商业执照系统申领执照,大幅降低了企业的人工成本、经济成本,政府办事效率也明显提升。

第二,通过建立单一窗口制的港口物流与通关服务系统,建设便捷高效口岸。新加坡的港口物流与通关服务系统简化了贸易审批流程,实现了信息共享和相互支撑,有利于流程的自动化无缝衔接。货物的卸货、装货，以及货船的调配，都可以在极短的时间内完成，因此物流效率显著提升。

第三，打造高度开放的政策环境。其一，减少对外资行业准入的限制。新加坡主要奉行亲商的经济政策，在立法上对内外资一视同仁，没有单独设立专门的管理外资的部门。新加坡除了在与国防相关的行业以及个别特殊行业如广播等可能危害国家安全的行业中对外资的进入进行了限制，其他行业的外资企业均可以享受准入前国民待遇，即在准入阶段享受不低于新加坡本国企业所享受的待遇。其二，优化税收环境。新加坡的税制简单、税负较低、优惠期长。新加坡的《海关法》规定，只有酒类、烟类、石油和机动车是应税货物，其他所有商品皆为非应税货物，非应税货物的进口可以免除关税和国内货物税，仅征收一定的消费税。同时新加坡政府为鼓励外资进入、增加国内就业以及鼓励本土技术创新等制定了一系列的政策，为在新加坡设立的跨国企业提供一定期限的税收优惠或资金扶持。其三，放松对外汇的管制。作为全球第三大外汇交易中心，新加坡全面取消了对外汇的管制，对跨国企业利润的汇出没有施加限制条件，也没有要求它们缴纳特定税费。外资企业只需要按照银行的要求提供相关的文件，便可以在新加坡自由地开立银行账户，并且还可以自由决定用于贸易结算的货币种类。

（二）新加坡的贸易投资便利化建设给中国的启示

加强内外贸法规制度、体系、市场的对接，是建设统一开放、竞争有序、制度完备和治理完善的高标准市场体系的基础。新加坡的贸易投资便利化建设经验给中国以制度开放引领国内统一大市场建设带来四点启示。

第一，要强化制度创新系统集成。中国要着力解决制度创新碎片化问题，在制度设计上应注重系统集成，协同推进不同改革领域的各项制度创新，加强部门和条块间的协作联动，加快制度经验的复制推广，努力形成制度创新系统集成实效。

第二，要加强国内外规则和标准衔接。中国要加快贸易通行规则和产品认证标准的衔接，完善内外贸易规则和标准服务体系，进一步完善信息化、数字化服务平台，兼顾企业诉求和利益平衡，实现标准可接受可采用、可复制可推广。中国可以以食品和农产品领域为切入点，逐步把"同线同标同质"的适用范围扩大至一般消费品和工业品领域。

第三，要推动贸易投资便利化。中国要进一步优化业务流程再造和系统重构，明确政府与市场的关系、政府与企业的关系。为出口转内销的企业提供政策咨询服务，简化认证程序、减免认证费用、缩短办理时间，积极营造良好的营商环境，畅通出口转内销的市场准入流程。

第四，要加强企业与市场的融合。中国要加大"同线同标同质"产品的宣传推广力度，联合电商平台开设"三同"产品专区，按标准遴选外贸企业进行出口转内销商品专区销售。在农产品、机械、化工、生物医药等领域把推动"三同"工作与质量提升行动结合起来，帮助企业完善内部管理，培育"三同"企业标杆。

二 补链强链的国际经验

高水平开放有利于中国在保证对产业链和供应链的自主可控的基础上进一步深度融入世界经济体系。在以开放发展促进产业链的补链强链方面，中国可以借鉴美国孟菲斯的航空产业建设的经验，发挥"链主型"龙头企业的引领作用，打造制造业高质量发展的引领地和增长极，提升产业链的国际竞争力，更好地促进全国统一大市场的建设。

（一）美国孟菲斯的航空产业补链强链的经验

孟菲斯位于美国中南部的田纳西州，其经济腹地辐射邻近的阿肯色州和密西西比州的大中南地区。20世纪，孟菲斯的产业以农业、畜牧业为主，是美国国内主要的棉花贸易、硬木锯材和骡子市场，其棉花产量占美国棉花总产量的49%。孟菲斯从美国的交通中心发展成为世界级航空城的经验包括引进龙头企业、打造完整的产业链体系和提升产业链附加值。

第一，引进龙头企业。1973年，孟菲斯市政府减免税收、储备大量土地，并出面担保20年期限的低息贷款，以吸引联邦快递总部入驻。联邦快递总部入驻后，将孟菲斯国际机场定为全球枢纽所在地，孟菲斯国际机场一跃成为世界级的航空港和物流中心。

第二，打造完整的产业链体系。孟菲斯利用机场的环球运输网络，带动了机场周边产业的发展，形成了完整的航空物流产业链。

第三，提升产业链附加值。孟菲斯融合了信息科技、航空港及快递业务，进一步扩大了机场的货运市场需求，带动了生物医药、电脑维修、鲜花电子商务等高新产业的发展。通过高端物流打造高端制造、高端制造促进高端物流的良性循环，孟菲斯的国际航空物流中心形成了良好的产业互动，经济辐射力达280亿美元，为当地居民带来近80亿美元的收入及22万个就业机会。

（二）经验启示

产业链和供应链的安全与效率影响着全国统一大市场的韧性。当前现代产业体系的构建要求围绕关键链条、关键技术和关键环节实施"一链一策"，并以"链主型"龙头企业引领补链强链。美国孟菲斯的航空产业建设给中国以补链强链推动国内统一大市场的建设带来了以下三点启示。

第一，要建立产业链、供应链图谱。中国需要调研并梳理各地区重点产业链的发展现状，绘制各产业链的技术结构图、应用领域图、产业布局图、发展路线图和招商目标图，实施"五图作业"，建立起较为完整的产品图谱、供应链图谱和企业图谱，做好优势产业稳链、补链、强链工作。

第二，要实施引航企业培育计划。中国需要在各产业链的关键环节分别建立核心企业库，培育一批掌握全产业链和关键核心技术的"链主型"企业，形成带动各产业发展的"领头雁"。

第三，要加快企业技改赋能。中国需要实施"技改赋能、技术创新"行动，根据各产业链的发展特点，积极引导产业链"链主型"企业带动上下游配套企业开展以机器人应用为特征的智能化改造、以新一代信息技术为特征的信息化改造以及以先进生产线换代为特征的迭代改造，不断提升整体产业链的供给质效。

三 建设开放平台的国际经验

在开放平台建设方面，中国可以借鉴美国芝加哥设立对外贸易区的经验，深化改革创新措施，搭建对外经贸合作窗口，消除企业推进内外贸市场一体化的启动之难和后顾之忧。

（一）美国芝加哥建设对外贸易区的经验

芝加哥位于美国伊利诺伊州密歇根湖沿岸，是美国人口第三大城市（仅次于纽约、洛杉矶）。1975年，芝加哥设立了对外贸易区。对外贸易区为区内企业的产品加工、装配、销售和展览提供了场所，完善了基础设施并优化了服务，促进了内陆地区进出口贸易的发展。美国芝加哥建设对外贸易区的经验主要体现在管理体制的建设、税收优惠政策的实施和"总区—分区"管理模式的设置方面。

第一，建立统一自主的管理体制。自由贸易区是具有飞地性质的特定面积、特殊政策的区域。芝加哥对外贸易区拥有商业仓储、搬运、钢铁加工等设施，仓库加工面积达232000平方英尺，建筑面积达50000平方英尺。对外贸易区采用"企业化"的模式运营，聘用专门负责对外贸易区运营的公司或机构开展对外贸易区的具体经营管理，成立经政府授权的"专门机构"负责自由贸易园区的招商引资、改善环境等具体建设。

第二，制定税收优惠政策。芝加哥对外贸易区的区内企业能够享受到五重税收优惠。第一重优惠是投资税收抵免。针对园区内通过认证的财产，企业能够享受5%的投资税收抵免。第二重优惠是就业税抵免。园区内的雇主聘用下岗或经济困难的雇员时，能够享受就业税抵免。第三重优惠是对从当地公司采购建筑材料，用于修复、新建地产的企业，给予8%的市及州的销售税减免。第四重优惠是企业购置动产以开展组装、制造、降低污染排放等生产活动，能够享受6.25%的税收减免。第五重优惠是对企业使用园区内电气、通信等公用设施采取税收减免。

第三，实行"总区—分区"的管理模式。芝加哥的对外贸易区分为总区和分区两种，总区是综合性的多用途区域，可供多家企业使用；分区通常划定给环保要求不达标、无法进入总区的企业经营，属于特定用途区域。这种灵活的管理模式让分区的企业也可享受总区的优惠政策，提升了对外贸易区的吸引力。

（二）经验启示

自贸区是贸易、投资、跨境资金流动、运输往来、人员进出便利自由先行先试的高地。建设全国统一大市场必须充分发挥自贸区的开放引领作用，落实自贸区深化改革创新若干措施。美国芝加哥建设对外贸易区给中国建设开放平台及建设国内统一大市场带来四点启示。

第一，要拓展自贸区的开放功能。中国需要加强综合保税区与其所在的自贸试验区、经济技术开发区、高新技术开发区的政策对接、产业融合和空间联动发展。

第二，要搭建高层次对外合作交流平台。中国需要积极搭建政、产、学、研、资等各类主体高层次的合作交流平台，以品牌展会为依托高水平打造内陆地区的会展高地，探索建立市场化长效运营机制，拓展国内外邀商招展合作渠道，构建具有国际竞争力的会展经济开放平台。

第三，要精准对接各开放平台。中国需要在突出东盟、欧盟、亚太、非洲等重点地区的基础上，推动各地区主动对接区域全面经济伙伴关系协定（RCEP）、全面与进步跨太平洋伙伴关系协定（CPTPP）、非洲大陆自由贸易区（AFCFTA）等，同时深入分析重点国家（地区）重点产业开放合作基本情况，及时更新国别（地区）情况报告，丰富供需信息、市场主体、政策环境、法律风险等内容，并按照"一国一策"提出对策建议，持续推进各开放平台的有效精准对接。

第四，要加大各地区吸引外资的力度。中国需要推动各地区深度融入"一带一路"倡议，抢抓国际基础设施建设等重大机遇，促进高质量的对外投资合作。

第三节 在开放发展中构建全国统一大市场的路径选择

在开放发展中推动全国统一大市场建设，就是要打破区域分割和行业壁垒，促进区域经济合作，在高标准的要求下建设统一的全国大市场，同时衔接内外贸管理体制，提升国内市场的国际化水平，推动国内国际双循环相促进，助力形成双循环新发展格局。具体来说，在开放发展中构建内部大市场需要提升产业链和供应链现代化水平、加快开放平台建设、深入推进制度型开放，以及构建互联互通的流通体系。只有立足国内大循环，协同推进强大国内市场和贸易强国建设，形成全球资源要素强大引力场，才能促进内需和外需、进口和出口、引进外资和对外投资协调发展，加快培育参与国际合作和竞争新优势。

一 深入推进制度型开放

推进高水平对外开放，就是要主动推动要素流动型开放向规则、管理、标准等制度型开放转变，从而为建设统一开放、竞争有序、制度完备、治理完善的高标准市场体系奠定基础。

（一）推动贸易投资便利化

推动贸易投资便利化可以从业务流程便利化、区域金融便利化、经营环境优化三方面入手。

第一，进一步优化业务流程再造和系统重构。明确政府与市场的关系、政府与企业的关系，给予银行和企业更大的自主权，允许符合条件的银行为信用良好的企业自主优化外汇收支办理流程。覆盖管理一、二、三类出口企业,扩大出口退税无纸化申报范围,推动电子签名与认证、规范化制度建设和应用落实,为农副产品开通快速通关"绿色通道"。运用数字技术手段提升海关通关效率,加强与其他国家的经贸政策协调和信息共享。

第二,加快试点区域金融开放。以粤港澳大湾区"跨境理财通"业务试点为载体,推动内地与港澳金融市场的互联互通。进一步扩大私募股权投资基金跨境投资、贸易外汇收支便利化、跨国公司本外币一体化资金池等便利化试点范围。完善外汇市场"宏观审慎+微观监管"两位一体管理框架,支持在试点合作区开展人民币跨境结算业务,为境内外投资者在跨境投资和跨境贸易中使用人民币结算提供便利。

第三,优化外贸外资企业经营环境。推动各地口岸监管单位互联互通,形成高效集约、协调统一的通关格局,减轻外贸外资企业进出口通关压力。进一步减少对外贸外资企业的经营投资限制,积极落实《外商投资法》,允许符合国内标准的外贸企业直接上市销售,同时加强市场运作透明度和事中事后监管。

(二) 加强贸易规则和标准衔接

加强内外贸法规制度、体系、市场的对接,能有效提升中国开放发展的系统性、协同性和整体性。应在全面了解开放国别(地区)贸易规则差异的基础上,促进国内规则与国际规则有效对接,并推动合作成员方进行合格评定结果互认。

第一,深化开放国别(地区)贸易规则和标准研究。推动东盟、欧盟、亚太、非洲等重点地区主动对接区域全面经济伙伴关系协定(RCEP)、中欧双边投资协定(BIT)、全面与进步跨太平洋伙伴关系协定(CPTPP)、非洲大陆自由贸易区(AFCFTA)等,组织研究机构等相关单位开展贸易伙伴标准化基础研究,及时更新国别(地区)贸易法律法规现状报告。按照"一国一策"提出对策建议,持续推进开放平台有效精准对接。

第二,完善内外贸易规则和标准服务体系。进一步完善信息化、数字化服务平台,兼顾企业诉求和利益平衡,实现标准可接受可采用、可复制可推广。以食品、农产品领域为切入点,逐步扩大"同线同标同质"适用范围至一般消费品、工业品领域。简化外贸企业认证手续、降低认证费用、减少认证办理时间,推进企业在内外贸法律法规、监管体制、经营资质、质量标准、检验检疫、认证认可等程序上顺畅衔接。

第三，推动区域合作成员方标准合格评定结果互认。在区域贸易协定机制框架下，协同技术机构、研究机构、行业企业等相关单位建立多层次交流合作渠道。针对合作成员方共同关注的日常消费品、工业产品、能源资源、农副产品等重点领域的市场准入和技术标准，探讨并且推进切合各国国情、灵活高效的互认互通合作机制，避免互认范围内产品的重复检测认证。

（三）助力"三同"企业与市场融合

加快"同线同标同质"企业与市场融合，让更多的外贸企业能够自主积极地拓展国内适销的产品，让更多的内销企业以高标准、严要求把控产品。

第一，创新开展"三同"建设试点工作。选取上海、浙江、江苏等外贸活跃地区作为推动内外贸产品"同线同标同质"试点区，将打造"同线同标同质"质量月作为试点区重要活动内容，举办质量标准培训、质量沙龙直播、电商产品质量与技术解决方案圆桌会议，促进"同线同标同质"试点走深走实走远。在农产品、机械、化工、生物医药等领域把推动"三同"工作与质量提升行动结合起来，帮助企业完善内部管理，培育"三同"企业标杆。

第二，加大"同线同标同质"产品宣传推广力度。联合电商平台开设"同线同标同质"产品专区，按标准遴选本土外贸企业进行出口转内销商品专区销售，为有能力的生产企业搭建营销平台。支持外贸企业采取网上销售、直播带货、场景体验等方式拓展内销市场，鼓励企业进行"云展示""云对接""云洽谈""云签约"。同时，利用中国加工贸易产品博览会等平台支持加工贸易企业开拓内销市场。

第三，推广"三同"团体标准体系。当前，浙江省杭州市高新区（滨江）市场监督管理局发布了全国第一个"同线同标同质"团体标准——《内外贸产品"同线同标同质"服务规范》，首次提出公共信息平台与营销平台信息共享服务。该规范拓宽了销售渠道，增加了企业营收方式，促进了企业产品升级。因此，应将杭州滨江的经营推广至全国，且各地区应加快形成相应的"三同"团体标准，从而为市场良性竞争提供规范守则。

二 构建互联互通的流通体系

构建互联互通的物流体系,是延伸产业链、提升价值链、打造供应链的重要支撑,是连接内外贸流通断点的必要之举,必须健全和畅通国内国际市场流通网络。

(一)健全国内市场流通网络

应加快国家物流枢纽布局建设,构建全国骨干物流设施网络,打造"通道+枢纽+网络"的物流运行体系,这主要包括完善冷链物流基础设施、构建城乡配送体系,以及发展农村新型商贸流通体系。

第一,完善冷链物流基础设施。冷链物流能减少农产品产后损失和食品流通浪费,对于扩大高品质市场供给具有重要意义。应以打造"321"冷链物流运行体系为总体目标,串接京津冀、长三角、珠三角、长江中游等城市群与农产品主产区,建设内外联通的国家冷链物流骨干通道。同时,加强产销冷链集配中心建设,形成相互衔接的三级冷链物流节点,推进冷链骨干通道与物流中心节点协同运作,服务国内产销、国际进出口两大冷链物流。

第二,构建城乡高效配送体系。立足各地区城乡物流现状,通过对物流设施设备进行标准化、规范化、智慧化的升级改造,落实商贸与物流、干线运输的城乡"落地配置"。依据经济合理的配送半径,合理配置城乡物流末端配送网点,提升末端"最后一公里"网络服务能力。充分发挥大型物流中心的辐射作用,促进城市综合物流中心与县域物流配送中心共享共用末端的取送货点,形成城乡有机结合的物流网点体系。

第三,发展农村新型商贸流通体系。健全县域公共配送中心网络,将具备统一存储、集中分拣、共同配送功能的配送中心合理均匀分布,引导大型连锁商贸企业下沉至区县发展。推进"数商兴农",鼓励传统农资经销商创新营销模式,发展连锁经营、统一配送、线上线下融合等现代流通方式,支持电商企业深化实施"互联网+"农产品出村进城工程。

(二)拓展国际物流通道

拓展国际物流通道,应从构建多式联运国际物流体系、打造全球分拨中心,以及引导多元主体建设海外仓三方面入手,提升企业多元化国际物流竞争力。

第一,构建多式联运国际物流体系。加强国内机场客货双枢纽联动,提升综合性机场货运设施能力，打造国际航空枢纽。拓展内陆国际联运通道，发展江海联运、水铁联运、水水直达、沿江捎带现代物流业，积极构建中国—东盟多式联运联盟等国际化平台。拓展海港口国际航线网络，推进水网"南北打通"，形成连接东南亚的南向新通道。

第二，打造全球分拨中心。支持有条件的企业打造全球分拨中心，允许符合条件的国内非保税货物以非报关方式进入综合保税区与保税货物同仓存储和集拼分拨，给予企业根据业务需要将国内非保税货物与保税货物在进行转换时相关手续办理便利。积极探索运用信息化技术，实现保税货物与非保税货物一体化监管、区内区外全产业链保税监管，满足产业链上下游企业灵活生产的需要。

第三，引导多元主体建设海外仓。实施海外仓高质量发展专项行动，培育一批在智能化发展、信息化建设、本地化经营、多元化服务方面特色鲜明的代表性海外仓，探索创立海外物流智慧平台。支持海外仓对接各跨境电商综试区线上综合服务平台和国内外电商平台。引导和促进在中欧班列沿线国家建设海外仓，拓展中欧班列进出口货源，完善覆盖全球、布局合理的海外仓服务网络。

三　加快开放平台建设

建设强大的国内统一市场和开放高地，必须有一批国内外知名且具有标志性和引领性的开放平台作为对外开放创新的前沿阵地。因此，必须发挥自贸区创新引领作用，做大做强开放型产业集群，并且建设内外贸联动平台，充分释放开放潜力。

（一）发挥自贸区创新引领作用

自贸区是跨境资金流动、商品运输往来、人员进出便利自由先行先试的高地。在开放发展中推动全国统一大市场建设，应当以自贸区为开放平台和载体，充分发挥自贸区创新引领作用，提高企业国际竞争力。

第一，完善自贸区管理体制机制。目前中国仍存在地方政府对自贸区套用开发区的管理模式的问题，导致自贸区制度创新进展缓慢。因此，应以省级自贸办为单位，设计并完善以制度创新为导向的自贸区评价体系，定期举办省际自贸区经验分享会，在全国范围内推广可复制的自贸区管理机制创新经验，最大限度释放制度创新红利。此外，要明确中央部委与自贸区之间的权责，建立部委与自贸区的定期协调机制。

第二，拓展自贸区开放功能。推进自贸区扩容新片区，加强综合保税区与其所在的自贸试验区、经济技术开发区、高新技术开发区的政策对接、产业融合、空间联动发展。聚焦新一代信息技术、生物医药、新能源汽车和智能网联汽车等重点产业，进一步放宽外资可投资和从事的经营活动业务以及投资比例限制，并复制推广到全国的自由贸易区，这样可使得中国自贸区开放范围更大、开放程度更深，形成全国对外贸易高地。

第三，加强自贸区服务贸易的探索创新。当前中国在货物贸易便利化等制度创新上积累了丰富的改革经验，但是在服务贸易领域的创新发展依旧不充足。中国应充分利用示范性自贸区在服务贸易上的经验和优势，探索发展服务贸易的新业态新模式，带动其他自贸区加快推动服务贸易创新发展。加快推出"跨境服务贸易负面清单"，在试点自贸区最大限度地放宽服务贸易准入限制，简化研发、执业、交流、培训等高端人才入境流程。

（二）做大做强开放型产业集群

中国应充分利用大市场规模效应、资源优势以及人力资源优势，抓住战略机遇期，以产业链供应链为核心，引育上下游配套企业，打造优势产业集群，为产业结构优化升级提供动力来源。

第一，提质发展传统产业。抓住新旧动能加快转换的契机，以数字化、绿色化、服务化为基本原则，推动钢铁、有色金属、装备制造、汽车制造等传统产业与前沿技术、新商业模式融合发展。围绕传统产业重要领域，积极引进先进科技、新型工艺、高端设备、绿色材料，配备集群配套型、强链扩链型、龙头基地型项目，加快传统产业转型。

第二，积极承接国内外产业转移。产业转移是优化生产力建设布局、合理分配产业分工体系的重要途径。中国应在传统产业高质量发展的基础上，培育壮大新兴产业，通过引进一批企业和项目带动战略性新兴产业技术突破和规模化发展。同时，还应引导、支持设立加工贸易承接转移基金，借助中国加博会等平台，建立产业转移对接机制，推动组建企业联盟，带动上下游产业集聚发展。引进战略投资合作方，组建多家由商务部门牵头负责业务指导，集金融、信保物流、外贸新业态等于一体的国贸集团，形成带动全国中小外贸企业共同发展的"领头雁"。

第三，优化提升现代服务业。现代服务业按照功能可以划分为生活类服务业和生产性服务业，为了做强国内统一大市场并引领高质量开放，不仅要提高生活类服务业的供给质量，还要大力发展与制造业发展密切相关的生产性服务业。对于生活类服务业来说，要积极引进文化旅游、家政物业、健康养老等国内外生活性服务业龙头企业，放宽外资进入医疗、文化、教育、旅游、康养、培训等生活性服务业的限制。对于生产性服务业来说，要积极对接内外知名企业集团、行业协会、国际性组织，大力引进现代物流、现代金融、科技服务、信息服务、中介服务等生产性服务业，推动生产性服务业向专业化和价值链高端延伸。

（三）建设内外贸联动平台

中国应加快建设内外贸联动平台，支持外贸企业拓展国内市场，以及支持国内流通企业、电商平台企业走国际化经营道路。

第一，建设"走出去""一站式"综合平台。发挥国内企业主体作用，建立"企业出海+"综合服务平台共建共享合作机制，推动本土企业组建外贸联盟。面向东盟、东北亚、南亚、中东欧、西亚、非洲等地区，建立双边、区域性本土企业"走出去"项目库，搭建标准化技术机构和服务机构互动平台，为外贸企业提供 WTO/TBT 技术贸易壁垒咨询共享服务。

第二，办好高层次合作交流平台。围绕内陆开放新高地建设，积极搭建政、产、学、研、资等各类主体高层次的合作交流平台。办好中国国际进口博览会、中国进出口商品交易会、中国国际服务贸易交易会、中国国际消费品博览会、中国国际投资贸易洽谈会等重要国际展会，以光博会、健博会等品牌展会为依托高水平打造内陆地区会展高地，探索建立市场化长效运营机制，拓展国内外邀商招展合作渠道，构建具有国际竞争力的会展经济开放平台。

第三，搭建出口转内销平台。用专业信息平台发布出口转内销商品的详细介绍及促销信息等内容，组织开展产销对接活动。提高企业国内市场线上渠道开拓能力，通过国内电商平台将优质外贸产品进行线上线下同步展示销售。每年举办 10~20 场出口转内销专项活动，组织各地区在本地大型商超和电商平台设置 20~30 个外贸产品专区，引导外贸企业精准对接国内市场消费升级需求，扩大内销渠道。

四 提升产业链供应链现代化水平

党的十九届五中全会将"提升产业链供应链现代化水平"作为加快发展现代产业体系、推动经济体系优化升级的重点任务。提升产业链供应链的现代化水平是提高中国产业国际竞争力、塑造国际合作与竞争新优势的关键。应围绕关键链条、关键技术、关键环节，实施关键共性环节"一链一策"，促进产业链供应链畅通运转，推动产业链供应链多元化发展，培育"链主型"龙头企业，强化贸易和双向投资联动发展，不断提升产业链供应链现代化水平。

（一）促进外贸产业链供应链畅通运转

在当今全球化时代，各国产业链供应链环环相扣、相辅相成。作为世界上120多个国家的最大贸易伙伴和全球产业链上最为重要的一环，中国应全力保障产业链供应链畅通运转，稳住外资外贸基本盘。

第一，稳步提高出口附加值。尽管中国对外贸易结构持续优化，但是与发达国家相比，中国出口产品附加值依旧处于较低水平，制约了中国外贸产业链供应链向中高端转型发展。因此，应优化出口商品质量和结构，打造以自主品牌、自主知识产权、自主营销为重点的对外贸易模式。积极顺应产业转型升级新趋势，建立和完善以创新主体为引领的供给侧创新政策、以创新成果产业化为代表的需求侧创新政策，引导和提高外贸企业综合竞争力。

第二，打造全国统一的外贸转型升级基地公共平台。外贸转型升级基地作为集生产与出口为一体的贸易平台，是培育并发挥中国产业竞争优势的重要载体。应充分利用外贸转型升级基地，连接国内国外两个市场，发挥国内大市场优势，畅通外贸产业链循环。截至2021年底，中国已经设立了578家外贸转型升级基地，但是基地之间的协同合作较为缺乏，应通过打造基地公共品牌，促进基地融合协作。

第三，完善进出口政策。进一步推进简政放权、放管结合的外贸政策协调管理机制，助力开放型经济高质量发展。在进口政策上，降低进口关税和制度性成本。鼓励进口优质消费品，丰富进口国来源，扩大对于先进技术、关键零部件、紧缺农产品、能源资源产品等商品的进口，优化进出口商品结构。在出口政策上，完善出口货物退税政策。提高优势出口产品的退税率，降低出口企业的税收负担，优化出口退税管理方式。

（二）推动产业链供应链多元化

当前，全球产业链供应链呈现更为多元化的格局。为避免产业链价值链"断点"的出现，我国应不断创造提升产业链供应链水平的有利环境，支持企业进行供应链多元化、分散化处理，从而增强产业链供应链的韧性。

第一，把握和评估国内产业链发展现状。通过建立产业链供应链图谱等方式，调研梳理重点产业链发展现状，打牢产业链供应链多元化发展基础。针对产业链供应链薄弱环节，统筹现有专项资金并予以支持，深入实施产业基础再造工程。建立风险共担机制，发挥财政资金的引导作用，开展融资担保、产业引导口岸基础设施投资等业务，安排重大项目和专项资金优先向重点产业链倾斜。同时，围绕产业链重点环节进行业态升级，做好优势产业稳链、补链、强链工作。发挥数字化技术在产业链优化升级中的作用，推进贸易新业态升级。加快构建集采购贸易、跨境电商、外贸综合服务三种新业态于一体的贸易平台，打造"内部大市场"典型模式。

第二，开拓多元贸易市场。不断开拓多元化的国际市场，避免贸易高度集中在单一国家或地区，降低市场波动造成的负面影响。应借助进博会、广交会、服贸会等国际展会展览平台，以 RCEP 生效实施为契机，加大国际市场开拓力度，优化国际市场布局。同时，引导企业深耕传统出口市场、拓展新兴市场。

第三，建立供应链国际互补机制。国际供应链合作不仅可以发挥补充供应作用，还有助于保障重要物资顺利流通，从而减少地缘政治冲突对供应链的影响，保障经济安全运行。应推进供应链同步化运作，共同探索全球供应链多元化、互补化、适当库存化、透明化的途径，从而寻求市场风险与价格竞争之间更好的平衡。同时，使用区块链等数字技术建立"国际贸易信息合作平台"，提高交易速度，加大监控力度，保障供应链稳定安全。

（三）培育"链主型"龙头企业

企业是经济活动的微观主体，也是带动内外贸协同发展的中坚力量，在拓展国内外市场、推动产业转型升级、提高地区商业形象等方面发挥着重要作用。推动产业链供应链现代化发展，应引进和培育一批具有国际竞争力的商贸流通龙头企业，充分发挥其在推动开放发展中的主力军作用。

第一，招引外贸龙头企业。推动招商引资提质增效，大力引进外贸龙头企业。强化招商引资"一把手"工程，支持开发区在法定权限内制定招商引资优惠政策，聚焦补链强链延链和龙头企业培育，开展平台招商、以商招商、资本招商、回归招商、校友招商等活动，引进一批外贸500强企业、贸易型总部企业、外贸新业态龙头企业、产业链关键企业、供应链管理企业、内外贸一体化流通企业等到我国落户，不断提升招商引资质量效益，争取一批重点企业供货转自营。

第二，实施引航企业培育计划。聚焦"光芯屏端网"、生物医药、高端装备制造等战略性新兴产业和汽车、化工、纺织服装等传统产业，在产业链关键环节分别建立核心企业库，培育一批掌握全产业链和关键核心技术的"链主型"企业，形成带动中国产业发展的"领头雁"。

第三，加快企业技改赋能。开展"技改赋能、技术创新"行动，根据各产业链发展特点，积极引导产业链"链主型"企业带动上下游配套企业，积极开展以机器人应用为特征的智能化改造、以新一代信息技术为特征的信息化改造、以先进产线换代为特征的迭代改造，不断提升整体产业链供给质效。

第七章　新发展格局下中美经贸关系与中国开放发展

在世界百年未有之大变局和中国经济处于结构性改革的双重背景下，中国重塑新型大国关系的目标面临机遇与挑战。未来50年，国际关系中最重要的事情是中美必须找到正确的相处之道。中国开放的大门越开越大，通过开放发展大国关系是深化中美关系的必经之路。本章阐述了中美经贸关系发展的现状及开放发展对深化中美经贸合作的意义，通过借鉴其他国家应对国际贸易摩擦的经验，并结合新发展格局对中美经贸关系的新要求，分析中国通过开放发展深化中美经贸关系的路径选择。

第一节　中美经贸关系发展的现状及主要问题

当前，全球正迎来百年未有之大变局，大变局中的关键变量之一就是中美关系。和平稳定的大国关系既是我国构建新发展格局的重要组成部分，也是中美经贸关系的主要目标。

一　中国开放发展对中美经贸关系深化的意义

1978年，中国拉开改革开放的大幕。1979年，中美两国正式建交。随着改革开放的深入发展，中美两国逐渐形成"你中有我，我中有你"的经贸格局。如今，中美经贸关系已经成为影响中美关系的主要长期变量，也是中美关系的"压舱石"和"助推器"。然而，中美贸易摩擦打破了中美之间的"钟摆关系"。美国此举的目的在于将中国挤出全球和区域价值链体系，减少从中国进口中间品、限制对中国出口关键设备与零部件、限制中国海外投资，从而实现中美经济"脱钩"。中美作为全球经济发展的重要贡献者，两国经贸关系的恶化不利于全球经济的复苏与稳定增长。在此背景下，中国积极应对中美经贸摩擦，通过开放发展构建相互依存的新型中美经贸关系，防止中美经贸"脱钩"，维护全球经济稳定与安全。

第一，开放发展推动中美的产业链和价值链相互依存，维护全球产业链和价值链安全。中国是世界上唯一拥有全部工业门类的国家，具有雄厚的制造业基础，也被称为"世界工厂"。但中国生产的产品多为低附加值产品，部分高科技产品的生产面临"卡脖子"问题。而美国在芯片、半导体等高科技产品制造上具有比较优势，也是中国高科技产品和技术的主要进口国。中国推动高质量开放发展，通过促进外贸创新发展、深化双边和多边区域合作、建设开放新高地、优化营商环境等一系列举措，并利用中美在产业链和价值链上的互补优势，推动两国供应链深度融合。

第二，开放发展推动中美在全球经贸规则体系中相互依存，维护国际经贸规则的有效性。当前，全球经贸合作呈现新趋势，传统的国际经贸规则需改变。多国联合签署的区域经济协定，例如 RCEP、USMCA、CPTPP 等，都制定了高标准的经贸规则，希望掌握在国际经贸规则体系中的规则制定主导权。在此背景下，作为世界上两个最大的经济体，中美两国要积极参与国际经贸规则的制定，推动各国经贸规则接轨，共同建立规则协调机制。中国不断推进规则、标准制度型开放等高质量开放举措有利于国内规则与国际规则的对接，也可为中美在全球经贸规则方面的合作提供新空间。

第三，开放发展推动中美在全球经济治理中相互依存，促进全球经济治理体系健全发展。地缘冲突等不确定因素对世界经济造成重创，全球经济出现增速放缓、通货膨胀、债务危机等问题。开放发展有利于中国发挥"集中力量办大事"的制度优势，携手美国，利用其在传统的贸易、投资、金融等治理体系中的深厚基础，积极开展国际合作，构建完善的全球经济治理体系，共同解决全球性经济问题。

二 中美经贸关系的现实基础

中美两国不同产业间的互补性与竞争性是决定中美两国能否展开经济合作的重要因素，也是决定中美经贸关系能否持续深化的重要条件。从中美竞合的现状来看，双方的经济利益既具有互补性和合作性，也存在竞争性和对抗性，"向心力"和"离心力"并存。

（一）中美经贸关系的"向心力"和"离心力"衡量指标

本书在总结和借鉴前人研究方法的基础上，主要采用贸易结合度指数（Trade Intensity Index，TII）、格鲁贝尔-劳埃德指数（Grubel-Lloyd Index，GL指数）、双边出口产品相似度指数（Export Similarity Index）三项指标测度中美在不同产业的互补和竞争情况，分析中美贸易关系的"向心力"和"离心力"。

第一，中美在不同产业的贸易结合度。贸易结合度指数由经济学家A. J. Brown 提出，[①] 指一国对某贸易伙伴国的出口占该国出口总额的比重与该贸易伙伴国进口总额占世界进口总额比重的比例。该指标数值越大，表明两国间的贸易联系越紧密。小岛清等对该指标进行了改进和完善，明确了其统计学和经济学意义，[②] 因此该指标可以衡量两国贸易的相互依存程度，具体公式为：

$$TII_{abi} = \frac{X_{abi}}{X_{ai}} / \frac{M_{bi}}{M_{wi}} \qquad (1)$$

公式中 a、b 代表中美两国，w 表示世界市场，TII_{abi} 表示中美两国在 i 产业的贸易结合度，X_{abi} 表示中国对美国在 i 产业的出口额，X_{ai} 表示中国在 i 产业的出口总额，M_{bi} 表示美国在 i 产业的进口总额，M_{wi} 表示世界对 i 产业的进口总额。当 $TII_{abi} > 1$ 时，表明中美两国在该产业贸易联系紧密；当 $TII_{abi} < 1$ 时，表明中美两国在该产业的贸易联系松散。

第二，中美在不同产业的贸易模式。格鲁贝尔-劳埃德指数是测算产业内贸易的核心指标，由赫伯·格鲁贝尔（Herb Grubel）和彼得·劳埃德（Peter Lloyd）于1971年提出，[③] 该指数通过将所有贸易流量按照产业内贸易与产业间贸易进行区分，可以准确反映产业内贸易水平的变动，具体公式为：

$$GL_i = 1 - \frac{|X_i - M_i|}{X_i + M_i} \qquad (2)$$

[①] Brown, A. J., 1947, "Aspects of the World Economy in War and Peace", *Applied Economics*.
[②] 参考 Kojima, K., 1971, *Japan and a Pacific Free Trade Area*, Univ of California Press, Kunimoto, K., 1977, "Typology of Trade Intensity Indices", *Hitotsubashi Journal of Economics*, 17 (2) 和 Roemer, J. E., 1976 "Extensions of the Concept of Trade Intensity", *Hitotsubashi Journal of Economics*, 17 (1) 。
[③] Grubel, H. G., and Lloyd, P. J., 1971, "The Empirical Measurement of Intra-Industry Trade", *Economic Record*, 47.

其中，X_i 为 i 产品的中国对美国出口额，M_i 为 i 产品的中国对美国进口额，GL_i 即表示中美两国在 i 行业的 GL 指数。GL_i 越接近 1，表明中美两国在 i 产业的贸易模式越倾向于产业内贸易；而 GL_i 越接近 0 则表明中美两国在 i 产业的贸易模式越倾向于产业间贸易。一般而言，$GL_i > 0.5$ 就可以表示中美两国 i 产业的产业内贸易占优势；$GL_i < 0.5$ 则表示中美两国 i 产业的产业间贸易占优势。

第三，中美在不同产业的出口相似度。双边出口产品相似度指数最早由芬格和克瑞宁提出，[①] 该指数用于衡量任意两国在世界市场上出口产品的相似程度，是考察两国出口产品竞争程度的重要指标，具体公式为：

$$ESI_{abi} = \left\{ \left(\frac{X_{ak}^i / X_{ak} + X_{bk}^i / X_{bk}}{2} \right) \cdot \left(1 - \left| \frac{X_{ak}^i / X_{ak} - X_{bk}^i / X_{bk}}{X_{ak}^i / X_{ak} + X_{bk}^i / X_{bk}} \right| \right) \right\} \times 100 \quad (3)$$

其中 a、b、k 分别指代中国、美国和 k 市场，其中 X_{ak}^i / X_{ak} 代表中国出口到 k 市场的第 i 种产品总额占中国出口到 k 市场总出口额的比重，X_{bk}^i / X_{bk} 表示美国出口到 k 市场的第 i 种总额产品占美国出口到 k 市场总出口额的比重。一般而言，ESI_{abi} 取值越大表明中国与美国出口到 k 市场的产品结构越相似，两国竞争越激烈；反之则表明两国之间的贸易互补性越强。

（二）中美经贸关系的"向心力"分析

从贸易结合度指数、格鲁贝尔-劳埃德指数和双边出口产品相似度指数三项指数的测算结果来看，[②] 中美双方相互依存、优势互补的贸易关系没有发生质变，双方贸易关系的"向心力"主要体现在三个方面。

第一，中美在大部分产业的贸易联系较为紧密。经测算，中美双方在按 HS 编码前两位进行划分的 80 类制造业产业中，有 53 类贸易结合度指数在 1 以上，说明双方在 66.3% 的产业中贸易联系紧密。其中，既包括以纺织业为代表的传统制造业，也包括航空航天、电子通信、生物医药等高技术产业。由此可见，就目前而言，中美两大经济体之间"你中有我，我中有你"的经贸关系没有发生根本性改变，中美两国依然具备合作的经济基础。

第二，中美在产业层面的经贸合作模式分布均衡，产业间贸易占比不

[①] Finger, J. M., and Kreinin, M. E., 1979, "A Measure of Export Similarity and Its Possible Uses", *The Economic Journal*, 89 (356).

[②] 本书测算采用的进出口数据均取自联合国贸发会议 UN Comtrade 数据库，数据使用的时间跨度为 2017～2020 年。其中具体产业和产品分类均采用 Harmonized System（HS）编码。

断上升。通过测算不同产业的 GL 指数可以发现,中美双方在按 HS 编码前两位进行产业划分时,有 65% 的产业以产业内贸易为主,在总体分布较为均衡的基础上,产业内贸易的占比已经超过了产业间贸易。这一现象表明,中美贸易关系中既存在基于各自资源禀赋和生产优势的单向贸易流动,也存在基于产业链、供应链、价值链的上下游分工,双方经贸合作形式丰富多样且分布均衡。产业间贸易的大量存在,说明中美双方在贸易关系中的收益不能仅通过贸易差额进行衡量,美国通过全球价值链大量转移低附加值生产环节的行为才是造成中美之间存在较大贸易差异的根本原因。

第三,中美在不同产业的竞争与互补关系存在较大差异,竞争性较强的产业数量总体有限。经测算,2017~2020 年,中美两国虽然在部分技术和资本密集型产业中的产品相似度持续攀升,但双方出口产品的相似度依然整体保持平稳,甚至还出现了 6.3% 的小幅下降。中美双方不仅在农业、纺织业、有色冶金工业等劳动力和资源密集型产业的竞争关系较弱、互补性较强,在铁路、船舶、航空航天等部分技术和资本密集型产业的竞争程度同样不高。由此可见,中美竞争加剧的整体态势并未表现在所有产业中,两国在部分产业的互补关系依然为中美贸易关系提供了"向心力"。

(三)中美经贸关系的"离心力"分析

就中美整体的贸易关系而言,相互依存、优势互补的"向心力"依然存在,但双方在部分产业"离心力"上升的事实不容忽视。随着中国技术进步和产业转型升级的推进,中美两国在部分技术和资本密集型产业的竞争性快速上升。这些产业往往是美国维持自身竞争优势的关键及核心产业,因此中美贸易关系中的这部分"离心力"越来越受到美国政府的重视。

就测算结果而言,中美两国出口相似度较高或相似度不断升高的产业是两国竞争性最为突出、产生"离心力"最多的产业。在此类产业中,除了汽车、钢铁传统制造业,还包括机械器具、电气设备、精密仪器、医疗设备等技术密集型和资本密集型的高科技产业。这一现象充分表明,随着中国在全球产业链和价值链中的地位不断上升,中美两国竞争性较强的产业已经由传统制造业向高新产业延伸。除了在传统制造业领域一直存在的竞争性因素,中美两国的贸易关系还需要面对更多来自高科技领域新产生的"离心力"。

三 中美经贸关系面临的主要问题

在经济全球化不断变化的背景下,中美为维护国家利益参与竞争,竞争的表现主要在市场,竞争的基础是核心技术,竞争的目标主要是维护国家安全。

(一) 市场之争

相较于过去,此次中美贸易摩擦升级,是美国针对中国的高新技术产业和知识产权,做出的一个涉及长远利益的战略性举措。美国公布的产品清单涉及占据国家特殊地位的航空航天行业以及中国近些年迅猛发展的信息通信业。美国意图十分明显:继续阻击中国在高端制造业领域对美国的追赶,抢占制造业全球价值链高端地位。由此看来,本次中美贸易摩擦从表面上看是起因于中美贸易失衡以及知识产权方面的争议,本质上还是在于中国产业格局的变化以及中美两国制造业的市场之争。

第一,中国制造业基础日益雄厚,对美国制造业市场造成越来越大的竞争压力。改革开放以来,中国依靠丰裕且低廉的劳动力优势占据全球价值链中下游位置的加工装配等劳动密集型环节,与处于价值链中高端的美国形成极为互补的分工格局,为美国发展更高附加值的高端制造业与服务业等提供可能。而随着贸易全球化的深入,生产链条更加碎片化。美国等发达国家将传统制造业逐渐转移到成本更低的发展中国家,集中精力追逐高附加值的高端制造业与服务业,但在此过程中美国本土制造业的"空心化"和对金融服务业的过度依赖让制造业不断萎缩,为制造业带来了极大的风险。与此形成鲜明对比的是,中国等发展中国家依靠其劳动力优势不断发展制造业。2010年,中国占全球制造业的比重为19.8%,超过美国成为全球第一大制造业国家。随后劳动力成本的不断上升也开始倒逼中国制造业向附加值更高的上游行业攀升,中国制造业的国际竞争力日益增强,在国际市场上占据的份额显著上涨,美国制造业的国际市场受到影响。

第二,美国运用贸易壁垒打压中国制造业的国际市场竞争力。目前中美贸易摩擦主要集中在制造业部门。图7-1显示了美国对中国实施的反补贴及反倾销(以下简称"双反")调查行业分布,可以看到,"双反"调查集中在制造业,且遭受调查最严重的三个行业分别为基础金属制品、化学与化学制品以及机械设备外的金属制品。通过对"双反"调查的发起主体进一步分析，发现基础金属制品和化学与化学制品的调查发起方均涉及美国行业巨头。此外，中国作为木浆造纸出口大国，2017年纸品出口量超过92万吨，占全球总产量的12%，因此，美国行业协会针对中国的化工产品和造纸业发起"双反"调查。另外，电子设备产品、机械与设备制造业等行业也受到"双反"调查的关注。

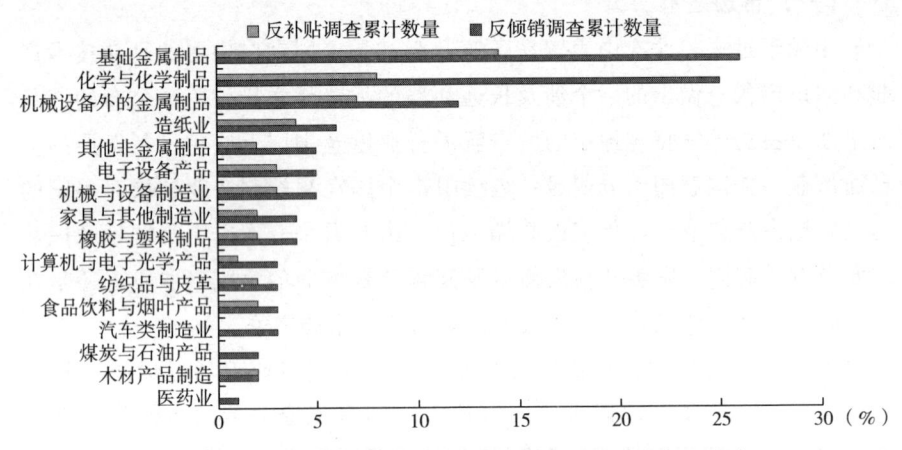

图7-1 美国对中国实施的反补贴及反倾销调查行业分布
资料来源：作者根据临时性贸易壁垒数据库（TTBD）整理所得。

第三，中美制造业市场之争具有长期性。中国"世界工厂"的地位与美国"产业空心化"的问题在短期内难以发生改变，中美制造业的竞争分工格局决定了中美贸易摩擦与市场之争的长期性。虽然美国在维护本土制造业的领先地位方面使用了诸多手段，一方面通过降税措施吸引制造业回归本土；另一方面制造贸易摩擦，防止对手国产业地位的提升。但实践证明，美国这些举措的效果并不显著，反而增加了国内的财政压力，也造成了国内消费者的福利损失。

（二）技术之争

在经济全球化和科技全球化深入发展的背景下，新一轮科技革命和产业变革正深刻地影响和改变着全球创新版图和经济格局。技术作为组合调配各生产要素的核心资源，在经济发展中的重要性达到了空前的高度。但当前，全球经济和技术发展严重失衡，危害世界经济的稳定发展。

第一，美国主张苛刻技术保护规则。为了巩固和保持自身在全球产业链和价值链中的垄断性优势地位，且使技术规则更有力地服务于本国经济的发展，发达国家在国内和国际层面上普遍采取了"对内发展技术、对外限制扩散"的措施。以美国为首的发达国家主导签订了 WTO 国际贸易体系下的《与贸易有关的知识产权协定》，试图通过对发达国家企业或个人所有的知识产权特别是先进技术在全球范围内实施高水平的保护，限制先进技术向发展中国家的扩散和传播，维护其现有的垄断利益。

第二，中国在技术保护领域积极作为。自 1980 年成立专利局，1984 年正式通过《中华人民共和国专利法》以来，中国积极吸收借鉴国际先进立法经验，结合世贸组织规则和中国国情，多次对《专利法》进行修订。目前，中国共设立了 3 个知识产权法院和 16 个知识产权法庭，在较短时间内建立起一套完备且高标准的技术保护法律体系。[1]

（三）安全之争

拜登政府执政以来，陆续签署了《美国供应链行政令》和《关于改善国家安全、国防部和情报界系统网络安全的备忘录》，出台了《2021 年美国创新与竞争法案》和《2022 年美国竞争法案》，2022 年 5 月还正式宣布启动印太经济框架。这些文件与举措的最大共同点是美国正将国家安全置于越来越重要的地位。

第一，中美在供应链安全的博弈愈加激烈。某些产品的生产高度依赖全球供应链，且每一个步骤的专业化生产具有低替代性，成品产出需要多个国家的参与，不然会有断链的风险。

第二，中美在数字安全领域的竞争逐渐深化。新一轮科技革命与产业变革加速演进，各国 5G、互联网、人工智能等新一代信息技术繁荣发展，数字技术正在重塑世界经济格局。中美在数字经济的竞争激烈，领域广泛，其中最需要警惕的则是网络安全之争。

第三，中美在能源安全领域的竞争加速升级。近年来，世界经济格局面临重塑，地区冲突不断，能源制裁持续发酵，能源问题不再是一个经济问题，美国开始将能源安全与地缘政治结合起来，导致能源问题复杂化，这将对中美能源合作带来挑战，对中美携手参与全球清洁能源的研发造成阻力。

---

[1]《〈关于中美经贸摩擦的事实与中方立场〉白皮书》，中国网，2018 年 10 月 25 日，http://www.china.org.cn/chinese/2018-10/25/content_64005096.htm。

第二节 欧洲应对国际经贸摩擦的经验借鉴

20世纪70年代，美国经济陷入滞胀危机，其全球经济霸主地位遭到挑战。同时，欧洲一些国家正处于发展势头上，对美国形成了极强的竞争压力。为遏制欧洲在贸易领域的经济发展，美国开始对欧洲实行贸易保护主义，频繁使用"301条款"[①]对欧洲发起贸易摩擦。在此背景下，欧洲多国开始协商构建区域内部的贸易壁垒调查法律制度，用于规范调查贸易保护主义举措的流程，维护其在国际贸易规则中享有的权利。近年来，美国屡次对中国发起"301调查"，使用单边主义政策工具，压制中国在国际贸易领域中的优势地位。欧洲国家建立贸易壁垒调查法律制度的经验可为中国应对美国"301调查"，制定符合国际规则的贸易壁垒调查法律制度提供借鉴。

一 欧洲国家建立贸易壁垒调查法律制度的举措

为应对美国发起的"301调查"和实施的其他贸易保护主义举措，欧洲国家开始探索建立贸易壁垒调查法律制度。具体而言，欧洲国家研究美国"301条款"，结合自身特点，先后出台《新商业政策工具》和《贸易壁垒条例》，推动其贸易壁垒调查法律制度在国际经贸规则框架下逐渐完善。

第一，在构建贸易壁垒调查法律制度前，欧洲国家已开始研究美国贸易法"301条款"，并构建对标"301条款"、符合自身特点的贸易壁垒调查法律制度。根据美国贸易法、美国"301条款"规定，若外国未给予贸易协定中美国应享有的权利，或外国的法律、政策、举措对美国的产业和就业造成负担或限制，经美国贸易代表裁定后，美国贸易代表将对该外国采取强制性制裁措施。[②] 在该条款的基础上，考虑到欧洲的一体化趋势，其贸易壁垒调查法律制度的建立必须充分协调区域内多国的利益，参考各国共同遵守的国际经贸规则。源于此，欧洲国家的贸易壁垒调查法律制度与美国"301条款"主要有两点不同。其一，欧洲国家确认贸易壁垒调查

[①] 美国"301条款"包含一般"301条款"、特别"301条款"和超级"301条款"。本书中的"301条款"是指一般"301条款"。

[②] International Trade Administration, *Section 301*, 2018, https://legacy.trade.gov/mas/ian/tradedisputes-enforcement/tg_ian_002100.asp.

对象的标准更严格规范。美国贸易代表可以对任意存在不公平贸易行为的外国进行调查，其调查对象的确认标准具有主观性与随意性；欧洲国家的调查对象仅限于国际经贸规则中被授予行动权且违反了双边或多边经贸协定规则的国家。① 其二，欧洲国家贸易壁垒调查法律制度更符合多边主义。美国"301条款"的决定权与解释权由美方享有；而欧洲国家的贸易壁垒调查行为需要在WTO框架下执行，受到司法审查监督与WTO争端解决程序的制约。

第二，出台《新商业政策工具》，欧洲贸易壁垒调查法律制度初步建立。20世纪70年代末期，贸易保护主义盛行。美国多次利用"301条款"对欧洲国家贸易行为进行调查，企图打击欧洲经济，拓展美国贸易利益。在此背景下，欧共体对标美国"301条款"，在1984年正式颁布《新商业政策工具》以应对贸易争端。根据1984年颁布的2641/84号条例，若其他国家对欧共体成员国发起非法贸易行为，欧共体有权使用《新商业政策工具》保证其成员国与其他国家的公平贸易行为以及在其他国家对欧共体成员国开放市场。②

第三，在国际经贸规则框架下调整《新商业政策工具》，制定《贸易壁垒条例》。由于《新商业政策工具》的适用范围有限，欧共体成员国利用该工具调查其他国家贸易保护行为的次数屈指可数，这一工具的实用性和操作性不强。"乌拉圭回合谈判"结束后，在多边贸易协定规则之下，欧盟于1994年通过了第3286/94号条例，也被称为《贸易壁垒条例》。该条例规定，若其他国家存在贸易障碍，即其经济行为对欧盟内部市场或出口市场造成不利影响，欧盟国家及其境内企业可以对其他国家的贸易行为发起申诉。③ 考虑到该条例的实用性，欧盟根据"乌拉圭回合谈判"中争端解决程序的适用范围，同样将服务贸易和知识产权保护领域纳入《贸易壁垒条例》的解决范畴。④

---

① 余劲松：《国际经济交往法律问题研究》，人民法院出版社，2002。
② 蒋小红：《欧共体贸易壁垒条例解析》，中国法学网，http://www.iolaw.org.cn/global/en/new.aspx?id=3280。
③ 蒋小红：《欧共体贸易壁垒条例解析》，中国法学网，http://www.iolaw.org.cn/global/en/new.aspx?id=3280。
④ 蒋小红：《欧共体贸易壁垒条例解析》，中国法学网，http://www.iolaw.org.cn/global/en/new.aspx?id=3280。

二 欧洲国家建立贸易壁垒调查法律制度的效果

在贸易保护主义盛行和美国企图维护其世界霸主地位的背景下,深受美国"301条款"打击的欧洲多国开始探索区域内部贸易壁垒调查法律制度的建立路径。《新商业政策工具》和《贸易壁垒条例》的出台标志着欧洲贸易壁垒调查法律制度的初步建立和逐渐完善。而欧洲贸易壁垒调查法律制度对欧洲国家应对美国贸易摩擦和全球贸易壁垒调查制度的建立产生了深远影响。

第一,保障欧洲国家在国际经贸规则中应享有的合法权益。在出台《新商业政策工具》前,欧洲国家发现使用多边贸易规则和国际法来应对其他国家实施的贸易壁垒行为的效果微乎其微,国际通用的多边贸易争端解决机制具有局限性。在这一背景下,欧洲国家研究美国发起贸易壁垒行为的法律依据,并结合欧洲区域一体化的趋势,建立贸易壁垒调查法律制度,使得欧洲国家对美国贸易保护主义行为的调查与反制举措有法可依,确保了美欧贸易摩擦调查的公平性,保障了欧洲国家在多边经贸规则框架下的合法权利。

第二,帮助欧洲国家及其企业开拓国际市场。相较于反倾销、反补贴调查等传统的反制措施,《贸易壁垒条例》能为欧洲国家及其境内企业提供进攻型的市场准入法律机制。[①] 通过法律申诉、专业机构调查、国际机构监督,欧盟及其境内企业能在法律的框架下应对国际贸易摩擦,约束其他国家的非法贸易行为,合法要求实行贸易保护主义的国家打开其国内市场。

第三,为全球其他国家与区域的贸易壁垒调查法律制度提供蓝本。与美国"301条款"相比,欧洲贸易壁垒调查法律制度更具客观性和规范性,也更符合国际多边经贸规则,对世界其他国家建立贸易壁垒调查法律制度的参考意义更大。

三 欧洲国家的经验对中国的启示

欧洲国家建立贸易壁垒调查法律制度的历程与经验为屡次遭受美国"301调查"的中国利用法律手段应对国际贸易摩擦、构建国内的贸易壁垒调查制度提供了经验借鉴与政策启示。

---

① 沈四宝:《美国、日本和欧盟贸易摩擦应对机制比较研究——兼论对我国的启示》,《国际贸易》2007年第2期。

第一，完善贸易壁垒调查立法，规范调查程序。参考欧洲国家贸易壁垒调查法律制度的构建历程，中国应充分研究美国对中国企业发起的"301 调查"，再结合中国国情，完善立法，规范调查程序。相比美欧现行的贸易壁垒调查制度，中国有必要在《对外贸易壁垒调查规则》的基础上对部分具有争议性的词语进行详细标注，明确条款与规则的具体含义。同时，加大行政、司法部门的执法力度，规范调查程序。

第二，加深企业对贸易壁垒调查法律制度的了解程度，引导企业运用法律手段应对贸易摩擦。相较于《新商业政策工具》，欧盟后来出台的《贸易壁垒条例》将企业纳入法律主体的范畴，企业有权使用该条例对一国的非法贸易行为发起申诉，开启调查程序。在中美贸易摩擦中，美国"301 调查"对象具有针对性，多为关键领域的领军企业。中国应发挥企业在贸易壁垒调查申诉中的主体性作用，开展企业内部培训，加深企业对启动贸易壁垒调查程序的了解，培养企业应对贸易摩擦的能力。

第三，积极参与 WTO 争端解决机制改革，在 WTO 框架下构建贸易壁垒调查制度。欧盟作为 WTO 前身 GATT 的重要成员，在设计贸易壁垒调查法律制度的过程中，坚持以 GATT 多边经贸规则作为立法依据之一，密切关注 GATT 的高级别谈判结果，与时俱进，将区域内贸易壁垒调查法律制度与现行的国际经贸规则接轨。对中国而言，要充分研究 WTO 争端解决机制的运行流程、优点和弊端，积极参与 WTO 争端解决机制改革，促进国内的贸易壁垒调查制度对接 WTO 经贸规则，保障中国在贸易壁垒调查程序上的国际话语权。

第三节 新发展格局下开放发展推动中美经贸合作深化的政策选择

在中国加快构建新发展格局的背景之下，作为中国最重要的双边关系之一，和谐稳定的中美经贸关系已经成为外循环的重要组成部分，它既能为中国经济的高质量发展提供驱动力量与增长动能，也能加速全球经济复苏，为中国经济提供外部保障。中国可以"聚焦合作，管控分歧"为原则，聚焦通过开放发展深化中美经贸合作的政策选择，为中美合作提供"三份清单"及实施路径。

一 以"利益交汇领域"为重点,梳理中美两国的"合作清单"

在全球事务与多边领域,中美两国存在较大的共同利益,可以在全球经济治理、全球气候变化与全球公共卫生领域中找到经贸合作切入点,以稳定和谐的中美双边经贸关系促进全球经济复苏与发展。

(一)中美携手参与全球经济治理

作为全球最大的两个经济体,中美在全球经济治理体系、多边合作机制改革、国际经贸规则协调制定等多方面存在合作机会。中美携手参与全球经济治理符合经济全球化的趋势,能为其他发达国家与发展中国家提供示范,号召更多不同发展程度的国家参与全球经济治理,形成制度化、规则化、多元化、公平化的全球经济治理体系。

第一,携手参与国际治理机制改革,实现两国经贸规则接轨。中美两国共同参与联合国改革,在维护《联合国宪章》宗旨和原则的前提下,坚持"将存量制度与增量制度有机统一"的原则,以落实联合国2030年可持续发展议程为重点,实现G20机制化;[①] 完善中美共同参与的二十国(G20)集团的全球经济治理机制,推行"G20+正式国际机制",让更多国际组织通过G20发挥其在执行力上的优势,加快推进联合国、世界银行、国际货币基金组织、WTO、国际劳工组织、经济合作与发展组织、金融稳定理事会这7个正式国际组织与G20的合作,形成全球统一、目标一致、领域全面的全球治理体系;要维护以国际法为基础的国际秩序,协同变革国际法体系和全球经济治理体制中不公正、不合理的安排,提升国际法的权威性。中国要充分利用中美共同参与的国际多边组织,积极参与治理机制改革与规则谈判,实现中国、美国、国际经贸规则三方接轨。

第二,共同完善WTO贸易争端解决机制,提高国际争端解决机制的有效性。作为WTO的主要成员,中美两国的经贸问题必须在WTO多边框架下解决,这能有效防止经济问题政治化。近年来,美国阻挠WTO上诉机构成员遴选,WTO上诉机构停摆,争端解决机制陷入危机,国际社会缺乏公认的规范贸易争端处理流程的制度,不利于全球贸易和投资自由化的深入发展。在此背景下,中国要同WTO其他成员国合作,发布联合提案,回应美国对WTO上诉机构的质疑,要求美国提出针对WTO贸易争端解决

[①] 迟福林:《新型开放大国共建开放型世界经济的中国选择》,中国工人出版社,2019。

机制改革的具体建议；还可以借助其他多边区域合作组织与平台同美国对话，发出 WTO 贸易争端解决机制改革倡议，争取在这一问题上达成共识。

第三，搭建全球经济治理交流平台，为中美企业与社会组织提供互动渠道。除了中央政府，企业与社会组织也是全球经济治理的重要参与者。中国应大力发挥贸促会、中国国际商会等民间组织的作用，在 G20、APEC、OECD、金砖国家等国际多边区域经济组织的框架下，组织中国企业参与上述组织的会议与论坛，同美国企业"一对一"洽谈，开展供应链合作、创新合作等重要议题的讨论，达成中美在全球经济治理议题上的民间经贸合作。

（二）共同应对全球气候变化

2021 年 11 月，中美双方发表《中美关于在 21 世纪 20 年代强化气候行动的格拉斯哥联合宣言》，这既为《巴黎协定》的实施提供有力保障，也为中美在气候变化领域的深入合作奠定坚实基础。中美应聚焦气候变化领域合作的共同利益，将携手应对全球气候变化落到实处。

第一，建立新能源领域经贸合作的工作机制，实现中美优势互补。作为在新一代高新技术发展的基础之上加以开发利用的可再生能源，新能源行业的运行和发展既需要扎实的技术研发能力，也需要相当规模的消费市场。中国可依托超大规模的内部市场优势和风电、光伏发电设备的制造潜能，制定优惠政策，降低新能源产业市场准入标准，吸引美国新能源企业赴华投资设厂，在华设立研发中心与生产基地，通过设备共享、技术互通等有效途径实现中美优势互补，促进两国在新能源领域的长期经贸往来。

第二，共建中美碳排放权交易市场，大力开展中美在碳中和、碳达峰的经贸合作。中美可在《巴黎协定》框架下，充分交流中国碳市场与美国加州碳市场的运行机制与效率，积极开展中国—加州碳市场联合研究项目。可在知识产权、技术合作、产业政策等具有高度争议性的议题上充分探讨，求同存异，达成共识，形成相关协议和备忘录。

第三，开展能源安全合作，协同解决国际能源安全问题。随着区域性冲突加剧，国际能源市场前景与走势不明朗，能源安全问题逐渐引起各国重视。针对这一问题，中美可加强在稳定国际能源市场方面的合作，同国际能源署、国际海事局、国际海事组织等国际组织展开通力合作，协调多条能源运输通道沿线国家的利益，提高能源勘探与开采市场的开放度，加大中国在能源方面的基础设施修建力度，保障能源有效供应，防范重大能源供应危机风险。

二 以"合作大于分歧"为标准,形成中美两国的"对话清单"

习近平总书记曾在中美元首通话中提出,中美在一些问题上会有不同看法,关键是要相互尊重、平等相待,以建设性方式妥善管控和处理,中美双方应该重新建立各种对话机制,准确了解彼此的政策意图,避免误解误判。中美对话机制有利于两国开展立足长远、统筹全局、和谐稳定的良性互动,能在争议性议题上求同存异,为中美经贸合作搭建起"制度平台"。① 中美在许多双边领域都既有共同利益也有利益分歧,对于这些领域,中美应在既有的外交安全对话机制、全面经济对话机制、执法与网络安全对话机制、社会和人文对话机制四大中美高级别对话机制的基础上管控分歧,优化双边对话机制,开展深入经贸合作。

(一)重启全面经济对话机制

2009年4月,中美正式建立战略与经济对话机制,初步建立起中美政府间制度化的经济交流平台,直至2016年6月,该对话机制已举办八轮,促进中美从战略高度展开经济合作。2017年4月,中美元首共同表态,将建立两国全面经济对话机制,在此前基础之上进一步拓展交流的广度与深度。遗憾的是,中美贸易摩擦使得全面经济对话机制并未发挥实效。根据中美经贸关系现状与以往经济对话机制的运行情况,两国未来的经济对话机制可以遵循"多元化、多主体、多层次"的原则进行完善。

第一,合作议题和合作范围多元化。一是经济合作议题的多元化。中美两方可尝试在产业政策等新兴领域展开充分探讨,在货物贸易和服务贸易的传统合作领域,中国可以拓宽合作交流深度,尝试在特定的合作区域内,逐步放宽对资本和劳动力流动的限制。二是经济合作对象的多元化。中美在讨论合作对象时,应该尽可能地把合作内容控制在风险较低的领域。三是指经济合作范围的多元化。中美作为世界大国,双方的经济合作范围不仅限于中美两国国内,还可以进一步拓展到亚太、北美等区域。

第二,日常对话机制多层次。中国可以在中美高级别对话机制的基础之上,进一步补充省(区、市)层面的日常对话机制,充分发挥地方政府灵活性更强的优势。例如,中美省州长论坛自2011年正式启动以来,在经

---

① 周育:《中美战略与经济对话:机制构建与意义解析》,《理论视野》2016年第7期。

济合作和人文交流领域都取得了较好的成效。但是，相较于中美地方经济合作的巨大需求，目前中美两国在地方层面的交流机制仍显不足。针对这一现象，中国可以在增加省级定期对话频率的同时，积极开辟城市级别的地区沟通机制，进一步丰富中美地区经济合作的层次，最终起到以点带面的良好作用。

第三，涉及主体多样化。中美应该完善经济对话机制对政府、企业、非营利组织等各类参与主体的兼容性和包容性。在准入门槛上不应过多设限，可以通过组织中小企业专场合作会等形式，鼓励各类企业为优化中美经济对话机制建言献策；在保障机制上，中央和省级政府可以加强对中美对话机制与谈判的具体情况进行实时研究，并将其中的基本信息予以公开，尽可能地向企业提供全面的相关信息，保障企业与社会组织的经济需求在对话中有所体现。

（二）维护网络安全对话机制

根据联合国《2021年数字经济报告》，[①] 中国与美国在数字经济活动的参与度与受益程度方面排在全球前两位。作为数字时代的两个超级大国，中美双方应共同开展网络安全合作，促进双方在数据跨境流动规则、网络空间治理体系、网络安全预警机制方面交换意见，有利于为两国数字贸易保驾护航。

第一，就数据跨境流动规则进行对话，降低中美数据跨境流动壁垒。在国际多边组织的框架下，中美应推动建立更大范围的统一隐私保护条例，对信息的使用目的、收集限制、使用限制、安全保障、透明度等具体内容进行细化。此外，各国的社会文化和经济发展水平存在不一致性，因此，允许不同国家根据本国实际需求设立特殊的监管要求，但是必须满足非歧视性和合理性。中美还可以建立共同的跨境数据审核及监管部门，对跨境传输的内容、目的和支持性文件的合理合法性做出一致批准，在保证尊重各国数据主权的前提下，授予缔约方对境内主体数据的无限访问权。

第二，共建开放包容的网络安全治理体系，保障和谐稳定的国际网络空间。中国可组织有关专家集中研究美国及国际上著名的网络知识产权法

---

① United Nations, *Digital Economy Report* 2021, https://unctad.org/system/files/official-document/der2021_ overview_ en_ 0. pdf.

规,加快修订专利法与著作权法,推动我国网络知识产权保护法律法规与美国、国际规则对接,减少数字贸易领域的合作阻力。中美可以在国际规则的引领下,重点就规范网络空间国家行为等全球性数字挑战进行讨论,完善全球网络安全治理体系。

第三,探索构建网络安全争端解决机制,规范全球数字贸易争端解决程序。在推行数字贸易及数据自由化的过程中,一些国家受本国数字技术水平的限制,无法及时有效地防范网络犯罪、隐私泄露等安全隐患。对此,为了在全球更广范围内推进数字贸易自由化,中美应当推动建立数字经济领域的国际机构,协商网络安全争端解决机制。一方面,该机制应为相对落后的国家提供技术援助,对未来或者现存的技术困境或网络安全问题提出解决方案;另一方面,中美可以通过该机构及时沟通国内出现的网络安全问题,共同识别和减少网络恶意代码的国际传播,及时处理网络安全事件。

(三) 深化人文交流对话机制

习近平总书记多次强调,人文交流、政治互信与经贸合作是中国外交战略的三大支柱。人文交流是中国推动更高水平开放的重点任务,能为经贸合作提供人文关怀与良好合作信号。

第一,要从战略层面重启中美高级别人文交流对话机制。优先在体育、卫生、妇女、青年等领域开展中美人文交流,例如,同美国进行高等教育学历学位互认,率先推动医师执业资格、医疗学历学位的单向认可,简化远程诊疗流程,实现外籍医生参与远程诊疗的审批模式由注册制向临床交流备案制转变。

第二,鼓励地方政府、高校、民间组织积极参与中美人文交流项目。中美应给予地方政府和国家机关在人文交流领域更多的自主权,鼓励其提供更加丰富的交流项目。还应发挥中美高校、智库在人文交流中的积极作用,以"平等、开放、尊重、包容"为基本原则,协调双方的学科优势,签订高校科研合作协议与备忘录,交流双方的优秀科研成果,开展更高水平学术合作,为中美多领域的经贸合作奠定深厚基础。

第三,加强中美人文交流对话机制的管理,防止出现机制形同虚设的情况。中美应设立官方机构管理中美人文交流对话机制,健全指标化的项目评估体系,及时解决机制存在的问题;建立中美人文交流项目库、人员数据库、民意调查机制,公开项目简介、运行情况等基本信息,便于利益相关者的了解与监督。

三 以"尊重差异"为原则，明确中美两国的"管控清单"

中美经济发展阶段不同、社会制度不同、文化历史存在较大差异，因此，双方必然在某些领域存在较大分歧。对于这些领域，中美两国要本着"尊重差异，包容开放"的原则管控分歧，避免竞争失控影响中美关系大局；中国也要做好风险预警等有关事项，防控国际形势的不确定性。

（一）警惕科技主导权之争

近年来，中美经贸关系的"压舱石"作用逐渐降低，国家安全在双边关系中的重要性越来越大。科技安全是国家安全的重要组成部分，关系着国家军事安全、经济安全与生态安全。就中美双边关系来看，科技领域的竞争是双方难以调和的矛盾之一。只有管控好科技竞争，警惕中美科技主导权之争，保持开放的态度，才能推动中国实现更高水平开放，深化中美经贸关系。

第一，以"自由贸易试验区"等国家级战略推动高新技术领域的制度型开放，释放良好合作信号。中国要参照高标准经贸规则，在自由贸易试验区实行竞争中性的科技领域监管原则，将竞争中性原则作为制定高新技术领域监管条款的指导思想，在知识产权、人力资本流动、数据跨境流动、劳工标准等方面加以规范，保障各类企业在自由贸易试验区享受平等待遇，为自由贸易试验区的高新技术领域制度创新提供法律依据。这能向美国发出合作信号，彰显中国在高新技术领域的开放态度。

第二，加大自主创新力度，减少对美依赖。在面临外部技术封锁的背景下，中国应立足于其作为"世界工厂"的制造潜能与超大规模消费市场的基础，大力推进技术自主创新，发挥国内大市场的优势，加快建设科技强国，突破关键核心技术受制于人的困境；通过竞争效应促使制造业企业进行技术的更新换代，通过规模经济效应摊薄研发和应用新技术的成本。做好中国自己的事，提升中国在科技领域的核心竞争力，维护国家安全。

第三，建立风险预警系统，丰富经济反制工具箱。中国应丰富创新贸易、投资和金融反制措施工具箱，在遭遇美国无端指责的情况下，采取有效的反制措施。积极推动反制立法，完善相关规章制度，提升国家反制能力，为反制形成有力的法治保障。

（二）尊重双方文化差异

一国的对外政策和战略走向会深受文化制度的影响。美国对华战略就扎根于美国的文化基础与思想根基。对于中美两国的文化差异，中方不仅需要尊重别国文化，求同存异；还要研究中美两国文化的不同点，避免经贸冲突。

第一，尊重中美现存的文化价值观差异。美国信仰个人主义，并保有使命感。而中国自古以来就以家庭、国家为联系纽带，更强调集体主义与群体合作。这种差异造成了中美在全球经济战略与全球治理上的不同观念。中美两国都需要尊重双方文化差异，以自身发展带动世界发展。

第二，统筹兼顾"一体两翼"与"一球两制"的问题，避免制度文化差异影响经济安全。"一体两翼"是指国际治理与国内治理的协调安排。针对"一体两翼"，中美要在全球经济治理、气候变化等国际治理领域"求同"，在国内治理上"存异"。"一球两制"是指全球存在资本主义制度与社会主义制度。针对"一球两制"，中美应尊重彼此的社会制度，避免以意识形态来区分阵营，要以国家利益为重进行经贸合作。

第三，建立中美文化研究中心与基地，加强双边文化交流。开展中美文化的智库建设，加强对中美文化问题的研究，提高对中美文化的系统性和前瞻性研究水平。通过发表文章和召开会议等方式，帮助民众了解中美的文化起源与差异，为探索适合自身文化基础的发展道路建言献策。中国还可以创新研究模式，推动研究视野的国际化，促进智库研究"走出去"，在国际社会发出中国声音，讲好中国故事。

（三）严控地缘政治风险

地缘政治与地缘经济不可分割，地缘经济是在地缘政治的影响下形成的国家或地区的竞争、合作与结盟经济关系，地缘经济又会导致地缘政治格局变化。从当前来看，美国主要将中国作为地缘政治竞争目标，竞争主战场集中于印太区域。对于中国而言，一定要加大国防建设力度，防范地缘政治潜在风险；还要坚持"人类命运共同体"的原则，以自身发展带动区域性发展，巩固中国在国际舞台上的良好形象。

第一，加大国防建设力度，保卫国家安全。聚焦国防科技自主创新、原始创新,加速战略性前沿性颠覆性技术发展,加速武器装备升级换代和智能化武器装备发展;① 坚持依法治军从严治军,积极开展重点区域的军事训练,优化训练模式,提高军队水平。

第二,以印太为重点区域,进一步提高区域经济协定与"一带一路"倡议的合作质量。中国应充分考虑印太各国的经济发展水平与需求,坚持"精准施策"的原则,持续深化 RCEP 和"一带一路"倡议,提升亚洲一体化程度。从美国推出的印太经济框架的公众反响来看,印太经济框架的可持续性遭到质疑。其中一个原因就是该框架未考虑成员国的经济多元性,缺乏部分成员国所需要的贸易政策和市场准入等实质性条款,无法保证对成员国的长期激励作用。因此,中国作为 RCEP 和"一带一路"倡议的倡导者,要精准分析各成员国的经济需求,利用"一国一策"原则实施差异化政策,深度参与贸易领域的规则制定,持续深化亚洲区域经济一体化。

第三,依托国内机构、组织建立地缘政治风险管控工作小组。该工作小组要负责做好地缘政治风险的评估,制定应对地缘政治竞争的政策,建立地缘政治争端解决机制;引导跨国企业、机构、高校加大地缘政治领域的研究力度,对涉外项目进行风险评估,增强地缘政治风险防范意识。

---

① 《中共中央关于制定国民经济和社会发展第十四个五年规划和二〇三五年远景目标的建议》,中国政府网,2020 年 11 月 3 日,http://www.gov.cn/xinwen/2020-11/03/content_5556991.htm。

第八章 新发展格局下参与全球经济治理与中国开放发展

全球经济治理是由国家或经济体构成的多个权力中心的国际社会,为处理全球问题而建立的具有自我实施性质的国际制度、规则或机制总和。[①]本章通过分析中国与其他国家和地区在国际贸易、国际投资和国际金融等议题上的规则互动,归纳出中国参与全球经济治理必须要依靠开放发展才能实现。只有在国际经贸规则构建过程中扩大开放水平,争取战略主动,形成制度话语权,才能更好地参与全球经济治理,更好地服务新发展格局。

第一节 中国参与全球经济治理的现状与问题

中国始终是国际秩序的遵循者和维护者。中国始终坚定维护以联合国为核心的国际体系,倡导多边主义的框架,致力于推动全球经济的可持续发展。作为全球最大的发展中国家,中国参与全球经济治理有利于全球经济秩序的稳定和开放包容规则体系的构建。

一 开放发展对中国参与全球经济治理的意义

中国始终维护多边主义贸易体系,致力于推进经济全球化和贸易自由化,推动商品、服务和生产要素在国内外市场的自由流动。中国践行开放发展战略,有利于展现参与全球经济治理的积极态度,丰富参与全球经济治理的具体内容,提升参与全球经济治理的能力,从而更好地参与全球经济治理。

---

① 张宇燕、任琳:《全球治理:一个理论分析框架》,《国际政治科学》2015年第3期。

（一）开放发展体现了中国参与全球经济治理的积极态度

发展是全球最首要的事项和国际合作中最重要的议题。中国始终坚持和平发展的道路，坚持对外开放的原则，构建开放型世界经济。中国通过践行开放发展向全球展现了参与全球经济治理的意愿，凸显了负责任大国的形象。

第一，开放发展体现了中国秉持和平与发展的时代主题。中国始终坚持和平发展的道路，坚守和平、发展、公平、正义、民主、自由的全人类共同价值。中华民族是热爱和平的民族。中国承诺不争霸、不称霸，绝不搞侵略扩张。[1] 中国通过自身的发展来促进世界和平，中国综合国力的强大也意味着全球范围内爱好和平的力量的壮大，中国成为维护世界和平的中坚力量。中国的开放发展战略有利于维护全球经济治理体系的稳定。

第二，开放发展体现了中国坚持对外开放的原则。对外开放是中国的基本国策。中国持续推进高水平对外开放，积极利用国内国际两个市场、两种资源，破除妨碍商品、服务和生产要素自由流动的体制机制壁垒，降低企业参与国际贸易的成本。中国的开放发展战略有利于凝聚世界各国应对风险和挑战的决心，建立持久和平、普遍安全、共同繁荣、开放包容、清洁美丽的世界。

第三，开放发展体现了中国推动世界经济复苏的责任担当。当前，世界经济的复苏呈现不确定性，中国始终坚持建设开放型世界经济，敞开大门与各国共享中国发展机遇，推动世界经济强劲、可持续、平衡、包容增长。开放型世界经济不是封闭的小圈子，不是将部分国家排斥在外，而是积极吸纳国际要素、对接国际规则、拥抱国际理念的多边主义发展模式。中国的开放发展战略有利于推动构建开放、包容、普惠、平衡、共赢的新型经济全球化。[2]

（二）开放发展丰富了中国参与全球经济治理的具体内容

中国倡导共商共建共享的全球治理观，强调加强对话沟通，推动各国通力合作，共同应对全球性挑战。在开放发展的进程中，中国提出了"人类命运共同体"理念、"一带一路"倡议和建设亚洲基础设施投资银行等

---

[1] 《〈中国的和平发展〉白皮书（全文）》，国务院新闻办公室网站，2011年9月6日，http://www.scio.gov.cn/zxbd/nd/2011/document/999798/999798.htm。

[2] 《习近平在世界经济论坛"达沃斯议程"对话会上的特别致辞（全文）》，中国政府网，2021年1月25日，http://www.gov.cn/xinwen/2021-01/25/content_5582475.htm。

治理机制和方案，丰富了中国参与全球经济治理的具体内容。

第一，开放发展为中国参与全球经济治理积累理念。当前，全球的不确定性不稳定性持续上升，国际经济、政治、安全、公共卫生和气候环境领域的极端突发事件不断增加，种种危机呈现了系统性、破坏性和全球性的趋势，可持续发展进程面临挑战。中国秉持"和而不同"的中华传统文化，提出"人类命运共同体"理念，加强世界各国之间的信任，达到亲仁睦邻、合作共赢的目标。中国践行开放发展战略，推动国家和民族间的相互理解和交流对话，为全球经济治理贡献中国智慧。

第二，开放发展为中国参与全球经济治理补充治理机制。制度型开放具有国内规则与国际规则双向流动的特征，中国在地区经贸规则方面开展了制度供给的探索。通过学习现行的国际制度并加以补充完善，中国积极推进全球经济治理制度变革。中国在学习世界银行规则的基础上，主导建立了亚洲基础设施投资银行，致力于解决发展中国家基础设施建设资金匮乏的问题。中国还积极倡导多边贸易体制改革和全球货币体系改革。中国践行开放发展战略，有利于改进和补充贸易、投资、金融等领域的国际制度。

第三，开放发展为中国参与全球经济治理贡献方案。在"人类命运共同体"理念的基础上，中国提出了"一带一路"倡议，为全球经济治理贡献"中国方案"。中国将"一带一路"倡议作为国际发展合作的平台，积极为"一带一路"沿线主要国家提供力所能及的支持，"一带一路"倡议为中国开放发展战略开辟新天地。

（三）开放发展提升了中国参与全球经济治理的能力

中国通过开放发展实现了自身经济社会状况的改善。随着自身实力的不断增强，中国对于全球经济治理的参与度也日益深入。中国坚持开放发展，顺应中国经济深度融入世界经济的趋势，以此提升中国在全球经济治理中的话语权和影响力。

第一，开放发展提升了中国的经济实力和综合国力。改革开放以来，通过吸收全球要素、利用国际市场，中国在稳定的外部环境下集中力量开展经济建设，实现了经济的飞速发展。稳定的外部环境能够降低国际贸易市场的不确定性，减少贸易成本和投资的沉没成本，鼓励更多企业参与国际市场，促进贸易和投资的发展。中国的开放发展有利于降低不确定性预期，扩大企业的出口范围，促进国内大循环与国际大循环的发展。中国的开放发展战略促进了自身经济实力的腾飞，为中国参与全球经济治理奠定坚实基础。

第二，开放发展提升了中国的宏观政策协调能力。各国的经济发展水平、所处的经济发展阶段各不相同，各国的宏观经济政策，尤其是主要经济体的货币政策和财政政策将对全球经济产生极强的溢出效应，甚至可能对其他国家的实体经济产生负面溢出效应。中国坚持求同存异的原则，积极推进各国的宏观政策对话与协调以应对全球性危机，加强外部的正面溢出效应，减弱外部的负面溢出效应。中国践行开放发展战略，积极参与国际宏观经济政策协调，提升合作意识、强化合作理念、完善合作机制，推动全球经济的可持续发展。

第三，开放发展提升了中国在国际经贸规则体系中的话语权。中国积极打造制度型开放，建设自由贸易试验区和中国特色自由贸易港，构建对标国际一流水平的经贸规则。通过签署以 RCEP（《区域全面经济伙伴关系协定》，Regional Comprehersive Economic Partnership）为代表的经贸协定，中国积极推行开放包容的多边经贸规则体系，与更多的国家和地区建立更为紧密的贸易联系，深化区域价值链与全球价值链分工。中国的开放发展战略有利于完善国际经贸规则体系，构建制度话语权。

二 中国参与全球经济治理的现状

作为全球最大的发展中国家和安理会常任理事国，中国积极参与全球经济治理，推动现行全球经济治理体系的变革。中国坚定维护世界和平与发展的时代主题，倡导多双边合作，推进贸易和投资的自由化便利化进程。

（一）全球层面

推进人类和平与发展是中国践行的崇高事业。中国坚定维护以联合国为核心的国际体系，积极加入世界银行、世界贸易组织和国际货币基金组织，推动建设持久和平、普遍安全、共同繁荣、开放包容、清洁美丽的世界。

第一，中国坚定维护以联合国为核心的国际体系。中国坚定维护以《联合国宪章》宗旨和原则为基石的国际法和国际关系基本准则，坚定维护联合国在国际事务中的核心作用。其一，中国严格遵守《联合国宪章》，履行成员国的义务。中国积极参与联合国在和平与安全、气候变化、可持续发展、人道主义和卫生突发事件等议题上的行动。中国积极参与协调工作，推动全球经济治理问题的顺利解决。作为联合国安理会常任理事国，中国是安理会常任理事国中第一大"出兵国"，是联合国维和行动的主要"出资国"，为联合国体系提供安全保障。[①] 其二，中国为联合国体系提供经济支持。联合国统计的2021年经常性预算会费缴纳数据显示，美国以占全球22.00%的缴纳份额居于榜首，中国以12.01%的缴纳份额紧随其后，超过日本8.56%的缴纳份额。中国已经成为联合国第二大经常性预算会费国以及维和预算摊款国。其三，中国为国际减贫事业和可持续发展贡献力量。作为世界上最大的发展中国家，中国通过自身人口的减贫为国际减贫事业做出巨大贡献。中国的扶贫实践和扶贫范式成功将中国的贫困人口数量从1990年的7.8亿减少到了2015年的1000万以下，为全球减贫事业贡献中国力量。[②] 自开展对外援助以来，中国对外援助规模持续增长，累计向166个国家和国际组织提供了近4000亿元的人民币援助。[③] 在派遣援外医疗队和志愿者方面，中国积极向亚洲、非洲、拉丁美洲和加勒比地区、大洋洲的69个国家提供医疗援助，先后为超120个发展中国家落实联合国千年发展目标提供帮助。[④] 中国累计派遣超60万名援助人员，其中超700人为他国发展献出了宝贵生命。[⑤]

第二，中国积极开展与世界银行的合作。自1980年恢复世界银行合法席位以来，中国一直与世界银行保持着良好的合作关系。世界银行统计的2021年IBRD（国际复兴开发银行，International Bank for Reconstruction and Development）成员投票权数据显示，美国以15.55%的表决份额居于榜首，日本以7.51%的表决份额紧随其后，中国以5.09%的表决份额位列第三。作为全球最大的多边开发机构，世界银行集团致力于帮助中国消除贫困、推进改革、促进经济和社会的可持续发展。世界银行与中国的合作伙伴关

[①] 《〈新时代的中国与世界〉白皮书》，国务院新闻办公室网站，2019年9月27日，http://www.scio.gov.cn/ztk/dtzt/39912/41838/index.htm。

[②] United Nations ESCAP, *Asia and the Pacific SDG Progress Report 2020*, 25 March 2020, https://www.unescap.org/publications/asia-and-pacific-sdg-progress-report-2020.

[③] 《〈新时代的中国与世界〉白皮书》，国务院新闻办公室网站，2019年9月27日，http://www.scio.gov.cn/ztk/dtzt/39912/41838/index.htm。

[④] 《〈新时代的中国与世界〉白皮书》，国务院新闻办公室网站，2019年9月27日，http://www.scio.gov.cn/ztk/dtzt/39912/41838/index.htm。

[⑤] 《〈新时代的中国与世界〉白皮书》，国务院新闻办公室网站，2019年9月27日，http://www.scio.gov.cn/ztk/dtzt/39912/41838/index.htm。

系主要表现在三个方面。其一，改善私人部门发展的环境。推进私人部门项目的投融资，完善市场和财政体制改革，实现更有效和可持续的财政管理机制。其二，促进经济和环境的可持续增长。加大对可再生能源、污染防治项目和绿色金融产品的投资力度，加快向低碳能源经济的转变。其三，缩小城乡贫富差距。推进中西部地区的小微企业项目投资，改善医疗保健、教育和人力资本投资，完善居民福利和食品安全保障，为国际减贫事业做出贡献。截至2020年，世界银行累计向中国提供贷款约644.3亿美元；IFC（国际金融公司，International Finance Corporation）在中国投资约153亿美元，投资项目超过400个。[1]

第三，中国积极遵守世界贸易组织的规则，践行自由贸易理念，主动扩大市场开放的深度与广度。自2001年加入世界贸易组织以来，中国全面履行加入承诺，实现更广互利共赢，在对外开放中展现了大国担当。其一，完善社会主义市场经济体制和法律体系。中国坚持社会主义市场经济改革方向，健全市场体系，使市场在资源配置中起决定性作用。其二，履行货物贸易领域开放承诺。入世以来，中国大幅降低进口关税，关税总水平由2001年的15.3%降至2010年的9.8%。[2] 其三，履行服务贸易领域开放承诺。截至2007年，中国已经成功履行了服务贸易领域开放承诺。[3] 其四，履行知识产权保护承诺。中国积极吸收借鉴国际先进立法经验，构建起符合世界贸易组织规则和中国国情的知识产权法律体系。2017年，中国对外支付知识产权费达到286亿美元，知识产权保护效果明显。[4] 其五，履行透明度义务。中国全面履行世界贸易组织通报义务，定期向世界贸易组织通报国内相关法律、法规和具体措施的修订调整和实施情况。

第四，中国积极开展与国际货币基金组织的合作，促进经济强劲增长和社会可持续发展。具体而言，国际货币基金组织与中国的合作重点主要表现在三个方面。其一，推动财政和金融领域的改革。加强地方政府的财

---

[1] World Bank, *World Bank Group in China 1980 – 2020: Facts & Figures*, July 2020, http://pubdocs.worldbank.org/en/777941604392304764/f-fs-2020-en.pdf.
[2] 《〈中国与世界贸易组织〉白皮书（全文）》，国务院新闻办公室网站，2018年6月28日，http://www.scio.gov.cn/zfbps/32832/Document/1632334/1632334.htm。
[3] 《〈中国与世界贸易组织〉白皮书（全文）》，国务院新闻办公室网站，2018年6月28日，http://www.scio.gov.cn/zfbps/32832/Document/1632334/1632334.htm。
[4] 《〈中国与世界贸易组织〉白皮书（全文）》，国务院新闻办公室网站，2018年6月28日，http://www.scio.gov.cn/zfbps/32832/Document/1632334/1632334.htm。

政预算框架,降低债务风险;加强金融监管,降低金融市场的系统性风险。其二,推动市场开放。保持竞争中性,通过《外商投资法》修订外商投资准入的负面清单。其三,完善外汇市场的运行。提高汇率政策透明度,及时披露外汇干预措施。根据国际货币基金组织统计的份额数据,美国以17.40%的份额居于榜首,份额大于15%,享有实质性的一票否决权。日本以6.46%的份额紧随其后,中国以6.39%的份额位列第三,是国际货币基金组织第三大股东。

(二) 区域层面

中国积极参与亚太经济合作组织和金砖国家会议,主导成立上海合作组织和中非合作论坛。中国积极推动亚太地区的经济一体化进程,加强与发展中国家的经济交流和国际合作,助力发达经济体与新兴经济体的平稳、均衡、可持续发展。

第一,参与亚太经济合作组织。1990年,亚太地区12个经济体在澳大利亚成立APEC(亚太经济合作组织,Asia-Pacific Economic Cooperation)。APEC的目标是通过促进平衡、包容、可持续、创新和安全的增长,并通过加快区域经济一体化,为亚太地区人民创造更大的繁荣。1991年,中国正式加入APEC。2001年,中国在上海成功主办了APEC领导人非正式会议,发布《亚太经合组织第九次领导人非正式会议宣言》。此次上海会议通过了《上海共识》,为APEC在第二个十年及以后的发展确定了新的政策框架。2014年,中国在北京成功主办了APEC领导人非正式会议,发布《亚太经合组织第二十二次领导人非正式会议宣言》。北京会议取得了积极丰硕的成果,包括宣言和以文件形式发布的多项共识。其一,发布了《亚太经合组织推动实现亚太自贸区北京路线图》,在现有区域贸易安排基础上推进亚太自贸区建设。其二,发布了《亚太经合组织促进全球价值链发展合作战略蓝图》,重视全球价值链的力量,促进各经济体之间高效、顺畅的全球价值链连接。其三,发布了《亚太经合组织经济创新发展、改革与增长共识》,在全球经济复苏背景下提振需求,继续引领世界经济增长。其四,发布了《亚太经合组织互联互通蓝图(2015~2025)》,提出了2025年APEC互联互通远景目标。以上成果为亚太地区的未来发展提供了战略指导和合作框架,有助于亚太经济体构建更加紧密的联系。

第二,成立上海合作组织。1996年,中国、哈萨克斯坦、吉尔吉斯斯坦、俄罗斯、塔吉克斯坦五国在上海成立了"上海五国"组织。"上海五国"成立的目的主要是睦邻友好和加强地区安全、保障边境和平。2001年,在"上海五国"组织的基础上,上海合作组织在上海成立,成员国签署《"上海合作组织"成立宣言》。上海合作组织的宗旨是加强各成员国之间的相互信任与睦邻友好;鼓励成员国在政治、经贸、科技、文化、教育、能源、交通、旅游、环保及其他领域开展合作;共同致力于维护和保障地区的和平、安全与稳定;推动建立民主、公正、合理的国际政治经济新秩序。上海合作组织是首个在中国境内宣布成立、首个以中国城市命名、总部设在中国境内的区域性国际组织。2006年、2012年和2018年,中国分别于上海、北京和青岛举办了元首理事会第六次会议、元首理事会第十二次会议和元首理事会第十八次会议。在2018年的青岛峰会上,中国首次提出"上海合作组织命运共同体"的理念。上海合作组织的成立和运营进一步密切了中国与周边国家的经贸联系,为中亚地区的稳定和可持续发展提供了坚实的保障。

第三,参与金砖国家会议。2009年,第一届"金砖四国"峰会在俄罗斯举办,提出了成立"金砖四国"的倡议。"金砖四国"的宗旨是以渐进、主动、务实、开放和透明的方式促进各国之间的对话与合作。2011年,南非加入成员国,成为"金砖五国"。作为全球新兴经济体和发展中国家的代表,"金砖五国"的成立有利于加强成员国间的合作,促进成员国在国际经济和金融议题上的政策协调和对话。2011年,金砖国家领导人第三次会晤在三亚举行,这是中国首次主办领导人峰会,也是南非加入成员国后的首次领导人峰会。三亚峰会发布的《三亚宣言》致力于在金砖国家会议的框架下开展对话与交流,实现和平、安全、发展和合作的目标。三亚峰会还发布了三项行动计划,即巩固已开展的合作项目、开拓新合作项目和探讨在更多领域开展合作的可行性。2017年,金砖国家领导人第九次会晤在厦门举行,由中国主办峰会。除金砖国家成员国外,中国还邀请了埃及、墨西哥、泰国、塔吉克斯坦和几内亚的领导人出席。厦门峰会发布了《厦门宣言》,公布了成员国的七十一条共识,囊括金砖经济务实合作、全球经济治理、国际和平与安全和人文交流合作四个方面。厦门峰会还通过了诸多成果文件,以深化互利合作,推动成员国共同发展。

第四,成立中非合作论坛。为了密切中国与非洲国家的交流与合作,在中非双方的共同倡议下,中非合作论坛于2000年在北京成立。通过举行合作论坛的方式，中国与非洲国家之间实现了平等磋商、增进了解、扩大共识、加强友谊、促进合作等目标与宗旨。2000年，中非合作论坛第一届部长级会议在北京举行。会议通过了《中非合作论坛北京宣言》和《中非经济和社会发展合作纲领》，为进一步拓展和深化中非合作提供了实施框架。除中非合作论坛外，中非民间论坛、中非青年领导人论坛、中非部长级卫生合作发展研讨会、中非减贫与发展会议等中非合作论坛分论坛陆续成立，促进了中非合作朝着全方位、宽领域、深层次方向发展。2006年、2012年和2018年，中非合作论坛第三届部长级会议、中非合作论坛第五届部长级会议和中非合作论坛第七届部长级会议在北京举行，会议分别通过了《中非合作论坛——北京行动计划（2007~2009年）》、《中非合作论坛第五届部长级会议——北京行动计划（2013~2015年）》和《中非合作论坛——北京行动计划（2019~2021年）》，明确了中国与非洲国家在贸易和投资、基础设施、绿色发展、医疗卫生、人文交流和安全领域进一步合作。中国是全球最大的发展中国家，非洲是发展中国家最集中的大陆，开展中国与非洲国家的合作有利于培育非洲经济增长新动能，为全球经济的可持续发展贡献力量。

（三）双边层面

中国积极与全球各个国家和地区开展经济政治交流与合作，为地区和世界和平稳定、繁荣发展注入新的动力。中国坚持求同存异方针，扩大与各国的利益交汇点，推动构建新型国际关系。

第一，签署自由贸易协定。中国积极推进贸易自由化便利化进程，与全球范围内的国家和地区签署自由贸易协定。截至2021年，中国已与全球26个国家和地区签署19份自由贸易协定，同时，有10份贸易协定处于谈判中，8份贸易协定处于研究中。

表8-1　截至2021年中国已签署的自由贸易协定

序号	自由贸易协定名称	贸易伙伴	签署时间	所在地区	备注
1	中国—东盟	东盟	2002年	亚洲	无
2	中国—智利	智利	2005年	南美洲	无
3	中国—巴基斯坦	巴基斯坦	2006年	亚洲	无
4	中国—新西兰	新西兰	2008年	大洋洲	无
5	中国—新加坡	新加坡	2008年	亚洲	无

续表

序号	自由贸易协定名称	贸易伙伴	签署时间	所在地区	备注
6	中国—秘鲁	秘鲁	2009年	南美洲	无
7	中国—哥斯达黎加	哥斯达黎加	2010年	南美洲	无
8	中国—巴基斯坦第二阶段	巴基斯坦	2011年	亚洲	升级谈判
9	中国—瑞士	瑞士	2013年	欧洲	无
10	中国—冰岛	冰岛	2013年	欧洲	无
11	中国—澳大利亚	澳大利亚	2015年	大洋洲	无
12	中国—韩国	韩国	2015年	亚洲	无
13	中国—新加坡升级	新加坡	2015年	亚洲	升级谈判
14	中国—东盟("10+1")升级	东盟	2015年	亚洲	升级谈判
15	中国—马尔代夫	马尔代夫	2017年	亚洲	无
16	中国—格鲁吉亚	格鲁吉亚	2017年	亚洲	无
17	中国—智利升级	智利	2017年	南美洲	升级谈判
18	中国—毛里求斯	毛里求斯	2019年	亚洲	无
19	中国—柬埔寨	柬埔寨	2020年	亚洲	无

资料来源：中国自由贸易区服务网，http://fta.mofcom.gov.cn/。

第二，签署投资协定。中国积极拓展双边经贸关系，推进投资自由化进程，与全球范围内的国家签署双边投资协定。截至2021年，中国已与100多个国家签署108个双边投资协定。[1] 通过签订相互保护的规则条约，促进中国与东道国的双向投资。

第三，构建伙伴关系。截至2020年，中国已同180个国家建立外交关系，同112个国家和国际组织建立不同形式的伙伴关系，全球伙伴关系网络越织越密。[2] 中国致力于扩大开放，在全球经济治理领域彰显合作的强大力量。

三 新格局下中国参与全球经济治理面临的主要问题

纵观中国参与全球经济治理的历程，中国经历了从全球经济治理的被

---

[1] 《商务部发布〈企业利用投资协定参考指南〉》，中华人民共和国商务部网站，2021年7月5日，http://asean.mofcom.gov.cn/article/jmxw/202107/20210703173127.shtml。

[2] 《180个建交国、112对伙伴关系：中国的朋友遍天下》，中国政府网，2020年10月9日，http://www.gov.cn/xinwen/2020-10/09/content_5549982.htm。

动参与者逐渐转变为积极参与者和贡献者的角色转换。随着中国经济实力的增强,中国参与全球经济治理的意愿得到进一步提高,在全球治理舞台上的话语权也得到了一定程度提升。但是,与其他发达国家相比,中国参与全球经济治理的时间仍然较短、经验匮乏。中国参与全球经济治理面临路径依赖等因素的挑战。

(一) 全球经济治理机制的路径依赖

当前的全球经济治理体系源于二战后美国主导的布雷顿森林体系,全球经济治理存在路径依赖。在美国主导的全球经济治理体系涵盖国际贸易、国际金融和发展领域的三大治理支柱。在国际贸易领域,于1947年成立了 GATT(关税与贸易总协定,The General Agreement on Tariffs and Trade)。1996年1月1日,WTO 取代 GATT 并延续其职能。在国际金融领域,于1945年成立了 IMF(国际货币基金组织,International Monetary Fund)。在发展领域,于1944年成立了 IBRD。1945年,IBRD 和 IDA、IFC、MIGA、ICSID 五个成员机构组成世界银行。半个世纪之后,布雷顿森林体系和 GATT、IMF、IBRD 仍然是处理国际贸易、投资和金融领域问题的重要平台,在国际社会中发挥着重要的作用。现行全球经济治理体系不利于中国参与全球经济治理,不利于中国践行开放发展战略。

第一,不合理的经贸规则导致发展中国家话语权匮乏。在国际贸易和国际投资领域,不合理的经贸规则对中国参与全球经济治理形成了掣肘。现行的经贸规则由发达国家主导,更多地体现了发达国家的利益,这些国家在全球范围内推行降低贸易和投资壁垒的规则,让发展中国家融入经济全球化进程,形成发展中国家向发达国家的贸易开放和投资开放格局,发展中国家的话语权逐渐匮乏。[1]

第二,全球价值链分工体系下发展中国家被低端"锁定"。在固化的经贸规则和全球价值链分工体系的背景下,中国的贸易结构失衡。中国的出口商品依然以机电产品和劳动密集型产品为主,高技术、高附加值产品的出口份额呈现提升趋势,但比例仍然较小。[2] 制造业被"锁定"

---

[1] 张二震、戴翔:《更高水平开放的内涵、逻辑及路径》,《开放导报》2021年第1期。
[2] 《中国对外贸易形势报告 (2020年春季)》,中华人民共和国商务部综合司网站,2020年6月15日,http://zhs.mofcom.gov.cn/article/cbw/202006/20200602974110.shtml。

在低端下游领域，对发达国家形成技术依赖，难以实现价值链攀升。[1] 中国长期扮演加工者、组装者的角色，由发达国家攫取大部分增加值，导致国内消费潜力不足，国内大循环缺乏动力；而出口难以实现产业升级，导致经济的韧性不足、脆弱有余，时时承担被外国"卡脖子"的风险。

第三，国际金融体系的缺陷不利于中国提升人民币国际化水平。当前的国际货币体系仍然以美元为核心，因此，美国国内的货币政策将对全球各经济体产生溢出效应，同时，美国还牢牢掌握国际清算系统的控制权。此外，国际货币基金组织的危机救助能力不足，"最后贷款人"角色效果不佳。对于潜在的全球金融危机，国际货币基金组织的危机预警机制不完善。国际货币基金组织未能预警到2008年全球金融危机的爆发，其风险监测能力匮乏，危机预警机制不完善。[2] 对于受到危机影响、需要救助的国家，国际货币基金组织施加的救援条件不合理。例如，1997年亚洲金融危机后，国际货币基金组织对韩国的贷款救助施加了苛刻的经济结构调整要求。现有规则的不合理为中国参与全球经济治理增添风险与挑战，美元的主导地位提高了出口企业参与国际贸易的换汇成本，美国的长臂管辖增加了出口企业的结算风险，不利于畅通国际经济大循环。

（二）全球经济治理受到挑战

当前，国际力量对比深刻调整，国际环境日趋复杂，全球经济的不确定性不稳定性上升对中国参与全球经济治理造成不利影响。

第一，发达国家提供全球性公共产品的意愿减弱。现行的国际经济秩序主要是由发达国家充当全球性公共产品的提供者。近年来，俄乌冲突、英国脱欧等重大事件的发生，发达国家提供全球性公共产品的意愿减弱，全球经济治理和国际事务合作呈现碎片化趋势，全球性公共产品存在供给不足的问题。

第二，全球治理涵盖的领域更加广泛。随着全球性危机发生的频率持续上升，全球治理涵盖的领域更加广泛，民粹主义、地缘政治不确定性、气候问题和公共卫生事件等多领域的重大问题亟待解决。以俄乌冲突为

---

[1] 吕越、陈帅、盛斌：《嵌入全球价值链会导致中国制造的"低端锁定"吗?》，《管理世界》2018年第8期。

[2] 商务部国际贸易经济合作研究院：《参与全球经济治理之路：40年改革开放大潮下的中国融入多边贸易体系》，中国商务出版社，2018。

例，此次冲突带来了诸多衍生风险，包括金融市场恐慌、债务危机、外汇风险和社会动荡问题。新旧危机的交替出现扰乱了企业的国际化步伐，降低了企业参与国际市场的意愿。纷繁复杂的外部环境为全球经济的复苏前景带来不确定性，也为中国参与全球经济治理带来了挑战。

第三，民粹主义和政治不确定性高企。美国单边主义和保护主义思潮迭起，全球范围内的经济合作难以推进，全球经济治理呈现碎片化趋势。当前时代面临的危机不仅是某一国家内部的、区域性的危机，也是全球性的危机，难以由某一国家或个别国家的力量轻易解决。治理机制的封闭化不利于各国开展交流与合作、携手应对全球性的挑战。不同国家和地区的各自为政加速了国际市场的分割，阻碍了企业利用国际市场和国际资源，为中国实现高质量发展带来阻力。

（三）其他国家的挤压和防范

随着新兴经济体和发展中国家经济实力的增强，它们在国际体系中的话语权得到了一定的提升，同时对发达国家的既有话语权形成了一定的冲击。作为全球最大的发展中国家，中国参与全球经济治理的举措受到了以发达国家为代表的守成大国的制约。

第一，国际经贸规则的针对性和排他性。美国在区域贸易协定的议题和条款中体现出极强的针对性和排他性。2009年，美国奥巴马政府宣布加入TPP（跨太平洋伙伴关系协定，Trans-Pacific Partnership），深化区域经济合作。TPP的议题不仅包括货物贸易、服务贸易、投资和原产地规则等传统贸易协定的议题，还包括知识产权、劳工、环境、国有企业、政府采购、透明度和汇率等大多数区域贸易协定尚未涉及或较少涉及的议题。TPP在极大程度上反映了美国政府的对外政策、贸易诉求和经贸利益，美国意图通过以TPP为代表的新一代区域贸易协定打压新兴大国，忽视不同国家仍旧处于不同发展阶段的事实，并通过简单的"一刀切"条款提高新兴经济体接受条款和加入协定的难度。2018年，美国、墨西哥和加拿大签署了USMCA（《美墨加贸易协定》，United States-Mexico-Canada Agreement），由此，USMCA替代了NAFTA（《北美自由贸易协定》，North American Free Trade Agreement）。USMCA的绝大部分条款文本源于TPP，在TPP的基础上，也针对边境内的措施进行了详细的规定。USMCA还引入了排他性条款，规定如果缔约方与非市场经济国家签署自由贸易协定，则其他缔约方有权退出本协定。这是美国首次将排他性条款写入其签署的双边和区域贸易协定，体现了美国的保护主义。此外，"非市场经济国家"一词具有极强的针对性，即阻止其贸易伙伴与中国签署自由贸易协定，在贸易上孤立中国。通过制定高标准的区域贸易协定，美国意图通过加强自身与缔约国的经济联系实现与中国的"脱钩"，并进一步阻碍缔约国与中国的经济联系。

第二，地缘政治矛盾愈演愈烈。对于发达国家而言，中国的发展速度之快超出其预期，中国综合国力和经济体量的增长将引起他们的担心和戒备。由发达国家主导的国际经济治理体系难以接受非西方文明的崛起，将对中国参与国际事务的行为实施打压和遏制。尤其是在国际形势不稳定性不确定性突出、地缘政治不确定性日益上升的背景下，中国的崛起将遭遇其他国家的防范与平衡。[1][2]

（四）中国参与全球经济治理的经验匮乏

发达国家参与全球经济治理的时间较长，治理经验相对丰富。相比之下，中国在全球经济治理理念、治理制度、协调机制、国际人才和资源的积累上存在一定的劣势。[3]

第一，治理理念和治理制度匮乏。二战后，美国实力独大，主导了以布雷顿森林体系为代表的全球经济治理体系，在治理理念的构想和治理制度的设计上处于全球领先的地位。作为新兴经济体，中国参与全球经济治理的时间较短，积累的治理经验较少。尽管改革开放以来，中国坚持对外开放的基本国策，积极将国内经济活动的规则和制度对接国际标准，在国家治理上取得了举世瞩目的成就。但是，中国的发展水平与国际先进水平还有一定的距离。在金融监管、营商环境和知识产权等方面，中国的规章制度与国际通行标准的有效接轨还有一些实际困难。

第二，协调机制缺乏。欧洲国家在建立欧盟区域一体化的进程中，开展了国家和地区间的协调与沟通，积累了丰富的治理经验。在治理经验和协调机制上，中国正确处理和防范化解风险的经验不足，与各国的协调机

---

[1] 商务部国际贸易经济合作研究院：《参与全球经济治理之路：40年改革开放大潮下的中国融入多边贸易体系》，中国商务出版社，2018。

[2] 国务院发展研究中心课题组：《百年大变局：国际经济格局新变化》，中国发展出版社，2018。

[3] 苏宁、沈玉良等：《改革开放40年中国参与全球经济治理的历程与特点》，上海社会科学院出版社，2019。

制尚待完善。

第三，国际商务人才和资源匮乏。发达国家通过参与全球经济治理培养了诸多国际人才，积累了一定的资源。在国际人才的培养上，中国起步较晚，国际商务人才的短缺使中国在参与全球经济治理的进程中面临一些问题与挑战，不利于中国实现在全球经济治理进程中的角色转换。①②

第二节 参与全球经济治理的经验借鉴

美国参与全球经济治理的时间较长、经验较为丰富，美国把握历史机遇的经验可为中国参与全球经济治理提供参考。日本和中国同为亚洲地区的主要大国，且两国的经济实力相近，深入分析日本参与全球经济治理的历程能够为中国提供更好的借鉴。

一 积极提供全球性公共产品

二战后，美国致力于把握各国经济重建的历史机遇，参与全球经济治理体系的构建。美国积极提供全球性公共产品，在构建全球经济秩序的进程中掌握国际经贸规则主导权，进一步巩固了自身的话语权。

（一）美国提供全球性公共产品的举措

二战后，全球经济遭受战争创伤，除美国以外的主要国家经济萧条，美国实力独大、经济增长强劲。美国参与建立了以布雷顿森林体系为代表的全球经济治理体系及其三大治理支柱，开展规则制度的构建与治理机制的协调，并积极提供全球性公共产品。

第一，GATT 及其继任 WTO 是国际贸易领域的治理支柱。通过贸易谈判、贸易政策审议和争端解决机制，WTO 致力于降低各国的贸易壁垒，推动贸易和投资的自由化便利化。美国以 WTO 为平台，通过自由贸易协定降低各国的关税和非关税壁垒，促进生产要素在国际市场的自由流动，加速全球价值链分工体系的形成。通过构建国际分工体系，美国占据价值链和产业链的上游，巩固了自身在世界经济中的领先地位。随着发展中国家的经济增长和实力上升，发展中国家在传统议题上的话语权得到了一定程

---

① 贺平、周峥等：《亚太合作与中国参与全球经济治理》，上海人民出版社，2015。
② 商务部国际贸易经济合作研究院：《参与全球经济治理之路：40年改革开放大潮下的中国融入多边贸易体系》，中国商务出版社，2018。

度的提升。以美国为首的发达国家在传统领域之外开辟了新的领域和新的规则，将贸易规则延伸至边境内议题，在新议题上把握国际经贸规则的制定权与话语权，主导新兴领域的规则制定权，推进国际大市场的构建。

第二，IMF是国际金融领域的治理支柱。通过跟踪全球经济状况和成员的经济金融政策，以及向处于危机的国家提供贷款，IMF致力于维持国际货币体系和国际支付体系的稳定。美国以IMF为平台，确立了以美元为核心的国际货币体系，美元成为跨界商业活动的计价、交易、储备和结算的主要货币。通过美元这一世界货币，美国牢牢掌握国际清算系统的控制权。

第三，世界银行是发展领域的治理支柱。世界银行的职能是向发展中国家给予贷款援助、支援发展项目，促进全球经济的可持续发展。美国以世界银行为平台提供发展援助，以协助各国完成建设，推动各国实现经济振兴。而受援国人均收入的增长为美国产品的外销提供了广阔的海外市场，进一步促进了美国的经济增长。

（二）美国提供全球性公共产品的效果

二战爆发的原因之一是在经济大萧条情况下，各国为了保护自身的利益，采取以邻为壑的贸易保护措施，切断与其他国家的贸易联系，妄图通过提高关税的贸易保护措施将经济危机阻隔在国门之外。然而，这些贸易保护措施并未降低经济危机对本国经济的负面影响，反而加剧了负面影响，助推了经济危机向全球主要经济体蔓延，形成全球性的经济危机。因此，二战后各国吸取了教训，达成重构国际经济秩序的共识。美国作为"超级大国"，其经济力量和军事力量远远超过其他任何国家，成为全球经济秩序稳定与变革的重要推动力。

第一，建立了国际合作的环境。美国参与了一系列国际合作，扩大了美国在国际上的影响力，提升了自身在全球经济治理中的地位。

第二，形成了国际经济合作与竞争的制度安排。美国加入IMF、世界银行和WTO，对全球经济增长发挥了重要作用。

第三，强化了其在全球经济治理中的话语权。美国的"经济霸权"和国际地位的确立使其在全球经济治理中的影响力不断扩大。

（三）启示

把握历史机遇、提供公共产品是美国在二战结束后的较长时期里主导全球经济治理的重要因素。当前，新兴经济体成为全球经济复苏进程中不可忽视的力量。新兴经济体的综合国力增强，占全球经济的份额持续上升。美国的经验为中国等新兴经济体参与全球经济治理提供了借鉴。

第一，把握机遇，提供与本国国力相称的全球性公共产品。在新的历史阶段，中国应当把握新的机遇，提供与本国国力相称的全球性公共产品，争取国际经贸规则的话语权与发言权，提高国际地位，展现良好的负责任大国形象。

第二，构建"人类命运共同体"，践行多边主义。当前的危机不仅是某一国家内部的、区域性的危机，还是全球性的危机，也难以由某一国家或个别国家的力量轻易解决。在全球重大问题错综复杂的背景下，秉持"人类命运共同体"这一国际视野显得尤为重要。中国应当践行多边主义，积极参与全球经济治理，并作为新兴经济体的代表踊跃发声，维护开放包容的国际经贸体系。

第三，促进国内国际双循环协调发展。在全球经济秩序的重构和完善中，中国应当将发展作为第一要务，促进国内市场和国际市场的整合发展。以国内经济的韧性和定力应对全球经济的不确定性不稳定性，提升新兴经济体的影响力。

二　在新兴领域中把握规则话语权

二战后，日本借助本国环保技术的优势，以气候变暖和环境议题为抓手，积极参与全球气候治理。通过举办全球气候峰会、落实气候协定、为其他国家提供减排支持，日本提升了其在国际社会的知名度，树立了日本的国际形象；通过搭建全球减排技术的交流平台，日本促进了科技成果的转化，巩固了其技术优势。

（一）日本参与新兴领域规则制定的举措

日本拥有独特的地理位置，其国内的资源较为贫乏，易受地震、海啸和台风等自然灾害的影响，是一个自然灾害多发的国家。因此，日本非常关注环境和气候变化问题。在经济发展的进程中，日本对环境保护问题给予了同样的重视，在政策和资源的分配上针对环境问题施加了一定的倾斜与关注。

第一，大力推动全球气候峰会的举办和相关气候协定的落实。1992年，联合国发布了《联合国气候变化框架公约》。其宗旨是呼吁各国减少温室气体排放，以应对全球变暖危机。1997年，《京都议定书》在日本京都签署,到目前为止共有192个国家和地区参与。① 《京都议定书》根据"共同但有区别的责任"原则,规定各国按照预期目标限制和减少二氧化碳、甲烷、一氧化二氮等温室气体的排放。《京都议定书》还建立了以排放许可证交易为基础的灵活市场机制。为了检验减排目标的达成情况,《京都议定书》建立了严格的监测、审查和核查制度,系统跟踪和记录各国的实际碳排放量和交易量。

第二,积极为全球绿色项目的实施提供资金支持。除举办全球气候峰会和落实气候协定之外,日本还为全球经济的可持续发展提供了有力的资金支持。2010年,《联合国气候变化框架公约》缔约方会议设立了绿色气候基金,以协助发展中国家减少温室气体。绿色气候基金是全球规模最大的专项基金。② 通过向发展中国家提供资金,绿色气候基金推动各国转变经济发展方式,实现低排放和可持续发展。日本积极为绿色气候基金项目筹资捐款。截至2016年底,日本在绿色气候基金项目的捐款总额达到103亿美元。③ 作为绿色气候基金项目董事会的成员之一,日本积极参与绿色气候基金项目的管理与决策。此外,日本还通过日本国际合作银行和日本国际协力事业团等国内机构为发展中国家提供绿色项目建设的资金和技术,提升当地的能源利用效率,减少当地的温室气体排放,促进发展中国家的经济增长。④

第三,积极搭建环境领域的技术交流平台。"冷地球创新论坛"(ICEF)是由日本于2014年发起的、聚焦气候变化与技术创新的年度论坛。⑤ 该论坛会聚了来自业界、学术界和政府的海内外专家人才,讨论技术创新方面的最新进展,以及通过技术创新应对气候变化的举措。"冷地球创新论坛"促进了能源和环保方面的技术交流与合作,有利于各国共同解决全球性的环境挑战。

---

① United Nations Climate Change, *What is the Kyoto Protocol?*, Feb. 6, 2022, https://unfccc.int/kyoto_protocol.
② Green Climate Fund, *About GCF*, Feb. 6, 2022, https://www.greenclimate.fund/about.
③ Ministry of Foreign Affairs of Japan, *Green Climate Fund*, Feb. 6, 2022, https://www.mofa.go.jp/ic/ch/page1we_000106.html.
④ The Diplomat, *Does Japan Have a Global Environmental Strategy*, Feb. 6, 2022, https://thediplomat.com/2019/11/does-japan-have-a-global-environmental-strategy/.
⑤ Innovation for Cool Earth Forum, *About*, Feb. 6, 2022, https://www.icef-forum.org/about/.

（二）日本参与新兴领域规则制定的效果

相比于其他议题，气候议题受双边外交关系的影响较小，因此，气候议题往往成为国家之间求同存异的优先合作领域。随着自身综合国力的提升，日本以环境和可持续发展议题为抓手参与全球经济治理，借助气候议题促进区域和双边合作，提升了日本的软实力。

第一，塑造了良好的国际形象，提升了国家软实力。作为自然灾害多发的国家，日本对自然始终保存敬畏之心，在发展本国经济的同时也非常注重气候和环境变化的问题。敬畏自然的文化风气和环保主义的发展理念有利于塑造日本负责任的国际形象。

第二，积累了规则制定的经验，成为规则的引领者。通过开展对亚洲、非洲等地区的发展中国家的资金援助，日本助力其他国家应对环境挑战，缓解了当地的气候变化和灾害风险，统筹了全球经济的安全与发展。在援助发展中国家的进程中，日本积累了丰富的基础设施建设经验，提高了自身的备灾能力。这些实地经验有利于日本参与全球气候变化政策的制定，为联合国制定《2015~2030年仙台减轻灾难风险框架》提供参考。[1]

第三，巩固了本行业的技术优势。通过举办技术交流论坛，日本进一步巩固了能源技术优势。通过搭建业界的交流平台，吸引全球范围内的气候变化与技术创新人才，强化了国家和机构间关于环境问题的交流，推动了产学研深度融合，促进了科技成果转化为减排举措。

（三）启示

在参与全球经济治理的进程中，日本将气候变暖和环保问题作为切入点，发挥自身在能源技术方面的优势，通过搭建平台和推进海外项目的方式，提升日本在全球气候治理中的地位和话语权。

第一，把握新一轮科技革命的机遇，实现弯道超车。在经济全球化的背景下，尽管新兴经济体的综合国力得到了一定程度的提升，但在绝大多数领域，新兴经济体的发展水平与发达国家的发展水平相差较多。例如在资本密集型行业和高科技行业，以美国和德国为首的发达国家仍占据领先地位。但在数字经济领域，中国与发达国家的差距还不大。随着新一轮科技革命的蓬勃发展，新产业、新业态、新模式不断凸显，国际经贸规则涉

---

[1] The Diplomat, *Does Japan Have a Global Environmental Strategy*, Feb. 6, 2022, https://thediplomat.com/2019/11/does-japan-have-a-global-environmental-strategy/.

及的议题范围不断拓展。通过改造传统产业、赋能新产业，新兴经济体能够实现"弯道超车"，把握规则制定的话语权。

第二，立足市场优势和技术优势，夯实行业发展基础。对于中国而言，以互联网为代表的数字经济的发展为中国赶超发达国家、引领全球新趋势提供了崭新的机遇。广阔的国内大市场是中国发展数字经济产业的重大优势，庞大的消费群体为中国开展电子商务、人工智能和云计算等数字经济新业态提供了强有力的保障。中国应当把握数字经济领域的发展优势，培育数字经济发展新动能。

第三，加强国际合作，不断拓展新兴领域前沿。数字贸易保护主义将加深发达经济体与新兴经济体的数字鸿沟，形成治理赤字。中国应当发挥在数字经济领域的先发优势，通过对话与合作达成数字经济治理的共识和规则框架，在全球范围内拓展数字化发展的前沿，参与和主导数字经济领域的全球治理。

三 以发展合作密切与其他国家的经济联系

守成大国的挤压是中国参与全球经济治理的阻力因素之一。本部分通过回顾日本参与全球经济治理的举措，归纳其应对守成大国挤压的经验。日本在参与全球经济治理中为发展中国家提供发展援助，不仅提升了自身在全球经济治理体系中的地位，成为亚洲地区的大国和引领者，还实现了援助国与受援国的共同发展。可以看出，发展中国家的稳定繁荣有利于保障日本的安全与发展，中国应当加强与周边国家的经济联系，与周边国家开展国际产能合作，在全域范围内发挥辐射带动效应，构建安全稳定的区域产业链。

（一）日本密切与其他国家经济联系的举措

二战后，日本作为战败国，在美国的帮助下，通过《旧金山合约》重新获得国家主权，成为国际社会的一部分。随着战后重建与经济恢复，日本荣升为亚洲地区第一个迈入发达国家行列的经济体。战争的经验与教训使日本意识到和平稳定的外部环境是实现自身安全与发展的重要前提。因此，日本积极援助发展中国家，以维护战后的和平与繁荣。[1]

---

[1] Ministry of Foreign Affairs of Japan, *Japan's ODA Annual Report* (*Summary*) 1994, Feb. 6, 2022, https://www.mofa.go.jp/policy/oda/summary/1994/index.html.

第一，加入 OECD，为发展中国家提供援助。1950 年，英国启动了科伦坡计划，目的是加强英联邦成员国之间的经济技术合作，促进英联邦成员国的发展。1954 年，日本加入科伦坡计划，通过官方发展援助形式开展经济合作，为发展中国家提供资金和技术等资源。1964 年，日本加入 OECD（经济合作与发展组织，Organization for Economic Co-operation and Development），成为第一个来自亚洲地区的成员国。此后，日本加入 OECD 的 DAC（开发援助委员会，Development Assistance Committee），为发展中国家提供发展援助。

第二，加入亚洲开发银行，为发展中国家提供贷款。1966 年，亚洲开发银行在菲律宾成立。亚洲开发银行致力于实现繁荣、包容、韧性和可持续发展的亚太地区，为亚太地区的减贫事业贡献力量。通过提供贷款、技术援助、无偿援助等形式，亚洲开发银行促进了亚太地区的发展中国家的社会和经济发展。日本在亚洲开发银行中具有重要的地位，其在亚洲开发银行中拥有与美国同样的股份和话语权。自成立至今，日本一直占据亚洲开发银行行长的职位。2019 年，亚洲开发银行共提供了 216.4 亿美元的贷款和无偿援助、2.37 亿美元技术援助和 118.6 亿美元共同融资。[1]

第三，开展日本官方发展援助，参与全球经济治理。日本官方发展援助为发展中国家提供资金和技术援助。日本官方发展援助贷款通过提供低于市场利率、偿还期长的优惠资金，助力发展中国家的经济建设，为发展中国家的商业活动提供资金支持。[2] 日本为发展中国家提供知识、经验和技术，并建立一系列生产经营制度和技术标准，以开发和利用人力资源。通过提供赴日学习培训机会和派遣日本专家，提升发展中国家的人力资本积累水平。日本还向尚无偿还义务的低收入发展中国家提供无偿援助资金，支持这些国家的经济建设。

（二）日本密切与其他国家经济联系的效果

日本在其《官方发展援助宪章》中指出，日本开展官方发展援助的目标是促进受援国的和平与发展，并以此促进日本的稳定与繁荣。参与全球经济治理是日本维护本国安全、树立大国地位的重要途径。在选取官方发

---

[1] Asian Development Bank, *ADB Annual Report* 2019, Feb. 6, 2022, https://www.adb.org/documents/adb-annual-report-2019.

[2] Japan International Cooperation Agency, *Annual Report* 2020, Feb. 6, 2022, https://www.jica.go.jp/english/publications/reports/annual/2020/index.html.

展援助对象的问题上,日本结合自身的经济、政治和安全利益选取援助对象,并根据援助对象的具体情况实施不同的援助措施,实现援助国与受援国的共同发展。通过战后重建,日本成为亚洲地区的发达国家,日本综合国力的提升为日本扮演援助国角色、承担援助国的责任提供了客观条件,日本官方发展援助为日本进军国际大市场提供了良好的契机。

第一,帮助受援国修建基础设施,提升了受援国人民的生活水平。民生服务的改善有利于培育受援国的消费市场,释放受援国的消费潜力,提高受援国人民对国外产品的购买力,扩大日本产品的出口规模和范围。对于资源丰富的受援国,日本的官方发展援助贷款有利于受援国的资源开发,进一步促成日本与受援国的国际产能合作。对外援助能够促进日本对受援国的贸易和投资,密切日本对外经济联系,这一观点已被学术界广泛认可。[1]

第二,将本国的资本、产品和劳务输送到受援国,有利于扩大本国产品的出口,培育受援国对本国产品的消费偏好。[2] 无偿援助成为日本产品宣传推广的渠道之一,有利于提高日本产品的国际知名度,拓展日本产品的出口市场。

第三,推动本国高技能劳动力"走出去"和对受援国劳动力的技术培训,有利于实现知识的溢出效应和"干中学"效应。不同地区之间的技术合作与交流有利于促进知识创新,提升援助国与受援国的科技水平。

(三)启示

日本的经济外交政策具有明显的侧重点:日本重点选取与其关系密切、资源丰富的国家开展援助。通过援助亚洲地区的发展中国家,日本成为亚洲地区的大国和引领者。21世纪初,中国抢抓加入世界贸易组织的机遇,通过引进外资和国外先进技术实现了经济增长和工业体系的完善。中国可加强与发展中国家的经济联系,提升自身在全球经济治理体系中的地位。

第一,加强与区域内部经济体的产业联系。通过密切与亚太地区国家的经济联系,形成完备的产业间国际分工模式,为综合运用"两个市场、

---

[1] 赵剑媛、欧阳喆:《战后日本对外援助的动态演进及其援助战略分析——基于欧美的比较视角》,《当代亚太》2018年第2期。

[2] 王绍媛、张涵峏:《日本对外援助及对中国"一带一路"区域援助的启示》,《现代日本经济》2018年第6期。

两种资源"扫清障碍。中国可积极参与区域经济交流与合作，加强与区域内部经济体的市场联通与产业联系。通过与周边国家开展国际产能合作，中国可在全域范围内发挥辐射带动作用，促进产业结构优势互补，构建安全、稳定、有韧性的区域产业链。

第二，重点开展与共建"一带一路"国家的合作。中国可重点与共建"一带一路"国家，尤其是资源较为丰富、具有重要战略价值的国家开展无偿援助、技术合作等，以促进受援国的产业发展和经济增长。

第三，开展多种形式的国际援助。日本开展了包括官方发展援助贷款、无偿援助、技术合作和派遣志愿人员在内的多种形式的援助，在开展国际合作的同时也实现了本国的经济利益。中国可开展多种形式的国际援助，提升自身的国际地位和国际影响力。

第三节 新发展格局下中国通过开放发展参与全球经济治理的路径选择

在全球经济不确定性持续上升，国际环境日趋复杂的背景下，现行全球经济治理体系的缺陷凸显。随着中国经济体量的增长，中国应当发挥负责任大国的作用，积极参与全球经济治理，以自身经济的高质量发展为全球经济的稳定增长贡献力量。通过高质量共建"一带一路"，为全球经济治理贡献"中国智慧"和"中国方案"。通过实施自由贸易区提升战略，与全球经济高度融合，让各国共享发展成果和市场机遇。通过改革国际多边机制、加强宏观经济政策协调，构建有效的、完善的全球经济治理机制。

一 高质量共建"一带一路"

"一带一路"倡议扎根于"人类命运共同体"理念，是构建人类命运共同体的伟大实践和重要途径。"一带一路"倡议致力于打造共建"一带一路"沿线主要国家的利益共同体、责任共同体、命运共同体，主张各国共同治理、和睦相处，共同解决全球范围内的风险与挑战。"一带一路"倡议为完善全球经济治理贡献了实践指引，有利于形成普惠包容的国际经济新秩序。

(一) 以共建"一带一路"为依托,强化互联互通

高质量共建"一带一路"是中国完善全球经济治理体系,推动构建人类命运共同体的必由之路。在"一带一路"倡议的框架下,中国采取多项措施实现"一带一路"沿线主要国家的政策沟通、设施联通、贸易畅通、资金融通、民心相通。

第一,完善基础设施,提升贸易畅通程度。通过开展方式多元的发展援助,中国积极打造"一带一路"沿线的"六廊六路多国多港"联通网络,助力设施联通和贸易畅通。中国采取援建成套项目、提供物资、开展技术合作等多种方式和手段,推进"一带一路"沿线主要国家的基础设施建设,提升贸易能力,畅通经贸活动。

第二,拓展机制功能,打造多元化平台。"一带一路"倡议是在共商共建共享全球治理观的指引下,对于当前国际合作机制和模式的重大突破与创新。通过亚洲基础设施投资银行的设立以及与其他多边融资机构的合作,中国积极为共建"一带一路"国家的发展提供资金支持、完善共建"一带一路"国家的金融体系框架。亚洲基础设施投资银行为各国的基础设施建设和生产性部门提供资金,有力促进了"一带一路"沿线主要国家的社会经济发展。

第三,推动民间联系,促进人员交往。"人类命运共同体"理念不局限于个别国家或民族的发展,而是以全人类的利益为出发点,超越国家和种族的范畴,致力于解决全球性的危机与挑战。"人类命运共同体"理念秉持"天下为公"的中华传统思想,推动国家和民族间的相互理解和交流对话,达到亲仁睦邻、合作共赢的目标。通过本国人员"走出去"与外国人员来华,中国积极与"一带一路"沿线主要国家开展人文领域的交流,促进互学互鉴和民心相通。

(二) 以共建"一带一路"为载体,推动自由贸易进程

"一带一路"倡议是全球规模最大的国际合作平台和重要的全球性公共产品。中国积极为共建"一带一路"国家提供力所能及的支持,推进互利共赢,促进全球经济的普惠发展。

第一,以优势互补为前提,促进"一带一路"沿线主要国家的自由贸易。中国坚定维护公平自由的贸易体系,支持多边主义和自由贸易。共建"一带一路"国家的经济发展水平各异,要素资源禀赋差异较大,而中国具有产业链完备的优势。"一带一路"倡议有利于加深沿线主要国家对中国的对外政策的熟悉程度，有利于各国间互通有无、优势互补，促进欧亚地区产业链和价值链的升级。通过"一带一路"倡议开展国际合作，有利于实现互利共赢。

第二，不以追求贸易顺差为目标。中国的外汇储备规模位居全球第一，中国的市场规模位居全球第二，具有较大的市场潜力和广阔的发展前景。而共建"一带一路"国家的基础设施建设相对滞后，营商环境不够优化，"一带一路"倡议为中国进口贸易带来新机遇。随着基础设施建设的完善，共建"一带一路"国家向中国出口的流程将变得更加快捷、更加便利，"一带一路"倡议将有助于满足中国消费者日益增长的消费需求。

第三，推进"一带一路"沿线主要国家多边自贸区建设。随着中国与"一带一路"沿线主要国家经贸往来的规模和频率不断上升，经贸合作的质量和层次不断提升，中国应当将"一带一路"倡议和自贸区的战略联动，推进"一带一路"沿线主要国家多边自贸区建设。在践行"一带一路"倡议的进程中，应当积极开展与共建"一带一路"国家的自由贸易协定谈判，探索建立双边和多边层面的自由贸易区，加强自由贸易协定谈判的能动性和自主性。

（三）以共建"一带一路"为抓手，推进国际产能合作

中国将"一带一路"倡议作为国际发展合作的平台，采取多种形式深化多边合作，促进国际秩序的稳定和全球治理体系的变革。

第一，探索多形式的"'一带一路'经济合作圈"。随着时代的演变与发展，各国的联系日趋紧密。在兼顾主观能动性和规则约束力的基础上，通过探索"'一带一路'经济合作圈"，激发各国践行发展建设、分享发展机遇、追求发展成果的动力。通过国际经济合作，改善沿线国家困顿状况，实现包容性、可持续发展，提升沿线国家在全球治理体系中的参与感与话语权。

第二，促进国际投资和合作。通过举办"'一带一路'国际合作高峰论坛"，中国积极与"一带一路"沿线主要国家开展宏观政策沟通与交流，巩固合作基础，深化伙伴关系。通过提高有效供给，派生新的需求，为世界经济提供发展动力。

第三，以产能合作和服务贸易为重点开展第三方市场合作。中国倡导各国共同参与国际体系的构建，承担相应的责任和义务，合作成果及发展的成果由各国共同享有。中国积极探索与发达经济体在新兴市场的合作，

通过开展第三方市场合作，巩固各方的比较优势，释放新兴市场潜力。通过把握第三方市场合作的机遇，建设平等参与、相互尊重的国际关系，实现"1＋1＋1＞3"的效果。

二 实施自由贸易区提升战略

中国在融入世界中获得发展，又通过扩大开放反哺世界。中国积极实施自由贸易区提升战略，通过商签高标准自由贸易协定，加大服务贸易和投资谈判力度，深化与周边国家的经贸关系，持续推动多边区域开放合作，拉动全球经济增长。

（一）推动商签高标准自由贸易协定

自由贸易协定是自由贸易的载体，是促进多双边经贸往来的重要工具。中国加快实施自由贸易区提升战略，持续推进高水平对外开放，积极与有关国家或地区签署自贸协定和优惠贸易安排。通过推动商签高标准自由贸易协定，中国积极构建面向全球的高标准自由贸易区网络，推动各国共享发展成果和市场机遇，引领全球经济治理变革。

第一，巩固RCEP发展成果。2020年，中国与东盟十国、日本、韩国、澳大利亚和新西兰签署RCEP，全球最大的自贸区由此诞生。该自贸区的经济规模占全球经济规模的30.2%，人口规模占全球的29.6%。[①] RCEP的达成弥补了中日双边自由贸易协定和日韩双边自由贸易协定的空白，降低了中日韩三国间经贸往来的成本，激发了区域间高质量贸易和投资活动的潜力，加速了东亚经济圈的高效运转。中国力争充分发挥RCEP在促进高质量发展上的积极作用，吸引更多贸易伙伴加入，合力建设全球最大自由贸易区，将发展红利更好惠及各国企业。

第二，推动加入CPTPP。2021年9月，中国正式提交了加入CPTPP（《全面与进步跨太平洋伙伴关系协定》，Comprehensive and Progressive Agreement for Trans-Pacific Partnership）的申请。作为全球高标准自由贸易协定的标杆，CPTPP在国民待遇与市场准入、跨境数据流动、知识产权保护等一系列议题上提出了高标准的规定。这些规定将贸易协定和国内制度的调整相结合，有助于规范成员国政府和企业行为。中国应积极开展与高标准自由贸易协定规则的对接工作，对标国际先进水平，按照高标准自由贸

---

① World Bank, *World Bank Open Data*, Feb. 6, 2022, https://data.worldbank.org/.

易协定的要求推动国内相关制度的市场化改革,并结合 CPTPP 关于贸易自由化便利化的重点领域和高标准条款,在现有的自由贸易试验区开展先行先试和压力测试。把握申请加入 CPTPP 的重要机遇,由点到线、由线到面推动中国高水平对外开放。

第三,推进亚太自贸区建设。在 RCEP 的基础上,中国应力争加快推进亚太自贸区建设,优化自贸区布局,逐步提升自由化便利化水平,推动高标准的亚太区域一体化整体框架形成。通过高举多边主义旗帜,继续推进亚太地区的深度一体化,推动达成现代化、全面、高质量和互惠共赢的经济伙伴关系合作框架,促使区域经贸合作迈上新台阶。

(二) 加大服务贸易和投资谈判力度

中国坚持接轨国际经贸规则,建设开放型世界经济。当前,世界贸易组织改革谈判停滞不前,全球多边主义遭遇挑战,但是区域性自由贸易协定的数量持续增加,区域经济互联互通和一体化进程持续加速。中国应主动对标国际先进水平,加大服务贸易和投资领域的开放程度。

第一,推动中欧投资协定落地。以《中欧投资协定》谈判为抓手,中国致力于加大服务贸易和投资谈判力度,实现高水平对外开放。2020 年 12 月,中国与欧盟完成《中欧投资协定》谈判。中国承诺在市场准入、市场规则、负面清单和争端解决机制等方面实施更深入的改革和开放措施,降低隐形的市场壁垒,促进各行业与各部门的公平竞争。作为一项全面、平衡和高水平的协定,《中欧投资协定》谈判的达成有利于改变中国和欧盟的贸易与投资水平不平衡的局面,完善国内的贸易与投资环境,促进双向投资的便利化。中国力争早日实现《中欧投资协定》的签署,深化双方全方位和深层次合作,为双方企业的跨国投资活动提供更多的商业机会和更完善的营商环境。

第二,推进服务贸易重点领域开放。随着经济全球化的发展进入新阶段,以服务业为代表的第三产业在国民经济中的地位逐渐上升,服务贸易成为全球经济增长的动力源。当前,中国服务业的短板十分突出,服务贸易发展的产业基础薄弱,出口竞争力提升缓慢,服务业制度型开放不足。中国积极推动服务贸易自由化便利化进程,着力提高知识密集型服务贸易开放水平。通过在电信、计算机和信息服务、金融和商务服务、医疗等领域实施相关措施,削减服务贸易壁垒,加快完善服务贸易发展的制度环境。

第三，推动投资管理体制改革。2021年，中国外商直接投资规模位居全球首位，成为吸引外资大国，同时，外商投资管理体制也需要与时俱进，应从货物贸易领域的开放向投资领域的开放转变。中国加快推动投资管理体制系统性改革，全面建立外商投资准入前国民待遇加负面清单管理制度，优化外商投资环境和服务，通过进一步完善营商环境，吸引更多外资流入，激发市场活力。

（三）深化与周边国家的经贸关系

第一，深化中欧经贸合作。中国与欧盟的经贸关系十分密切，中国是欧盟最大的贸易伙伴，也是欧盟的主要投资国家。深化与欧盟经济体的全方位和深层次合作有利于拓展对外交流的深度与广度，推动自身与合作伙伴的共同发展；通过激发双方贸易和投资交流的潜力，降低"断链""脱钩"风险，巩固和完善合作成果。

第二，推进中日韩经贸合作。东亚地区的国家众多、资源丰富、经济结构互补性较高，在全球价值链分工进程中形成了规模庞大的东亚生产网络。随着中国对外贸易的飞跃式发展，东亚生产网络与北美自由贸易区和欧盟并肩成为全球三大生产网络，中日韩三国的贸易往来十分密切。中国积极推动中日韩自贸谈判进程，将中日韩自贸协定打造成为亚洲地区具有示范效应的协定。

第三，深化中国东盟经贸合作。中国与东盟互为第一大贸易伙伴，深化中国与东盟的产业链合作有利于夯实中国与周边国家的经济联系，促进东亚经济一体化，提升东亚生产网络的国际竞争力。深化中国与东盟的产业链合作还有利于融合东亚地区的经济利益与安全利益，构建利益共同体，改善中国的国际形象。中国积极推进中国—东盟全面战略伙伴关系建设，促进区域务实合作。

三 完善全球经济治理机制

中国倡导维护现行的国际经济秩序，并在此基础上推进全球经济治理体系的改革和完善，提升中国的国际地位。通过推动国际多边机制的改革，尊重不同国家的发展差异与发展需求，主张促进更大范围内的国际合作。通过加强宏观经济政策协调，主张降低主要经济体宏观政策的负面溢出效应，提振市场信心，促进全球经济的可持续发展和福利的提升。通过参与新兴领域治理规则的制定，提高发展中国家的话语权，主张构建更加公平、平等、开放的国际经济秩序。

（一）推动国际多边机制的改革

中国倡导推动国际多边机制的改革，完善现行的全球经济治理体系。尽管新一轮产业革命蓬勃发展，全球范围内的社会生产力得到了极大的发展，但发展不平衡问题依然存在。不得不承认的是，不同国家的生产力仍然存在巨大差异，处在不同历史发展阶段的国家和地区，其经济基础和内部环境也不一样。传统的治理规则不适用于不同发展阶段的经济体，简单的"一刀切"治理方法不尽科学也不够合理。只有容纳不同国家的特殊国情和发展特色，兼顾不同国家的发展需求，才能构建开放包容的全球经济治理体系，促进更大范围的国际合作。

第一，推动联合国改革。2021年，中国发布《中国联合国合作立场文件》，全力支持联合国在国际事务中发挥核心作用。中国始终坚持共商共建共享的全球治理观，推动全球治理体系更好地反映国际格局的变化。中国支持联合国不断与时俱进，通过改革增强协调各国应对全球性挑战的能力，更好地回应国际社会的期待。共商共建共享的全球治理观能够改善治理秩序的僵化、避免治理体制的失灵，其倡导的共同商议、共同建设和共同分享主张有利于维护平等的国际地位、民主的国际原则和相互尊重的国际环境，推动各国携手应对和解决人类社会面临的重大问题。

第二，推动世界贸易组织改革。中国在《中国关于世贸组织改革的立场文件》中阐述了改革的具体原则和主张。中国坚定维护世界贸易组织和其倡导的开放原则，尊重发展中国家的发展利益。在国际经贸规则的制定中，中国主张尊重不同国家的发展模式，保证发展中国家的特殊与差别待遇。世界贸易组织成员的发展水平各有高下，较低发展水平的成员难以满足高标准、高质量的规则要求，而若将这些成员排除在外，则进一步阻碍了其发展水平的提升。开放包容的国际经贸规则兼顾了成员之间的发展差异，为各成员的经济发展和区域经贸活动的增长奠定了坚实的基础。

第三，推动国际货币基金组织改革。中国积极倡导改革现行的国际金融体系，推进国际货币基金组织的份额治理与改革议程。在国际货币基金组织第十六轮份额改革进程中，中国主张以新的份额公式为指导，调整发达国家与发展中国家的持股结构，提升发展中国家的话语权，使份额充分反映各成员在全球经济当中的地位。主要储备货币的多元化和发展中国家投票权话语权的提升有利于完善国际金融治理体系的架构，维持国际金融治理体系的稳定，增强国际货币体系的灵活性。

（二）加强全球宏观经济政策协调

中国倡导完善现行的全球经济治理体系，加强国际宏观经济政策协调。加强国际层面的宏观经济政策协调有利于为全球经济增长贡献正面溢出效应，降低负面溢出效应，提振市场信心。主要经济体之间宏观经济政策的配合实施有利于全球经济的均衡和可持续发展。

第一，加强二十国集团的宏观经济政策协调。中国积极参与二十国集团，通过二十国集团的治理平台机制加强宏观经济政策协调，探讨商议全球经济增长和国际经济合作问题。2016年，中国作为轮值主席国，在杭州主办了二十国集团领导人峰会。峰会达成了《二十国集团领导人杭州峰会公报》和28份具体成果文件，是迄今为止中国主办的规模最大、级别最高、影响最深远的国际会议。中国提倡加强二十国集团的政策协调，调整宏观经济及结构性政策措施，以降低政策的不确定性。[1] 中国倡导维护透明、非歧视、开放和包容的多边贸易体制，主张建设更高效的全球经济金融治理，加强国际货币基金组织与区域金融安全网之间的合作。通过二十国集团探索治理合作的新模式，密切各国之间的信任与交流，兼顾主观能动性和规则约束力，激发各国践行发展建设、分享发展机遇、追求发展成果的潜力，促进全球治理体系的稳定运行。

第二，加强金砖国家的政策协调。随着世界经济格局的演变和经济全球化进程的发展，新兴经济体对全球经济的贡献度稳步上升，成为不可忽视的力量。金砖五国是推动国际秩序演变、完善全球治理、促进共同发展的重要力量，在全球发展面临阻碍的背景下，应通过加强战略协作和与发展规划对接，紧密协调宏观经济政策，维护国际市场稳定，推动全球经济健康、可持续发展。

第三，加强中美宏观政策沟通协调。主要经济体的宏观政策变化往往会加速传导，对其他国家产生溢出效应，进而引发全球经济联动震荡。美中作为全球第一、第二大经济体，两国的宏观经济政策会对全球经济产生难以消磨的影响。当前，世界经济复苏处于关键时刻，中美加强宏观政策

---

[1] 《二十国集团领导人杭州峰会公报》，新华网，2016年9月5日，http://www.xinhuanet.com//world/2016-09/06/c_1119515149.htm。

沟通协调十分重要。中国应保持务实的姿态，积极与美国开展和推进沟通，以共同应对全球经济的挑战。

（三）参与新兴领域治理规则的制定

中国积极参与新兴领域的治理规则制定，提升发展中国家在全球经济治理体系中的话语权。纵观全球经济治理发展演变的历程，国际经贸规则往往由个别大国书写，大部分国家成为被动参与者，难以获得发言权与话语权，而全球经济治理体系往往由西方国家主导，在这种状况下形成的国际治理秩序缺乏公正且并不稳定，世界存在冲突与对抗加剧的风险。中国主张把握新一轮产业变革的机遇，在国际经贸规则的制定中提升治理权和话语权。

第一，参与数字经济治理规则制定。当前，新一轮产业变革和科技革命加速推进，数字化赋能产业升级，人类进入数字经济时代。新产业、新业态和新模式既为经济发展增添了全新的活力，也对国际合作和全球治理提出了新的挑战。数字经济领域的治理规则博弈成为竞争焦点，各国纷纷围绕数字经济治理提出各自的方案。2021年11月，中国正式申请加入DEPA（《数字经济伙伴关系协定》，Digital Economy Partnership Agreement）。中国主张积极融入全球数字经济治理体系，参与数字经济治理规则制定，把握规则制定的主动权。针对数据跨境流动、数据安全、数字伦理的难题，中国将根据国家安全诉求和自身的比较优势，提出合理的数字经济治理规则。通过加强数字基础设施建设，加快数字贸易开放，做强做优做大数字经济，促进数字技术与实体经济深度融合，弥合发达国家和发展中国家的数字鸿沟，推动全球数字经济治理体系不断成熟和完善。

第二，参与深海、极地和太空领域规则制定。随着全球化深入发展，深海、极地和太空等领域问题不断涌现。在这些领域问题的治理中，发展中国家应当充分展现其治理能力和协调能力，发挥领导者的作用。将发展中国家纳入全球经济治理的参与主体，提升发展中国家参与国际规则的话语权，有利于维护发展中国家的利益，加强各国之间的信任。中国高度重视深海、极地和太空领域的科学探索，并在这些领域取得了较大的技术突破，推动了人类事业的进步。中国主动将国内法律法规与国际公约相衔接，完善现有的国际公约，推动构建更加公正、更加合理、更加开放的国际规则体系。

第九章　新发展格局下中国推动更高水平对外开放的政策选择

新发展格局绝不是封闭的国内循环，而是开放的国内国际双循环。[1]对外开放既是中国融入国际大循环的现实要求，也是反哺和促进国内大循环的重要手段，推进更高质量的开放是构建新发展格局的应有之义和必然选择。改革开放40多年来，中国的对外开放正向高质量开放稳步发展。但面对构建新发展格局的新要求，中国的对外开放依然存在区域开放不协调、对外贸易质量有待提高、营商环境有待优化、对外投资和金融开放不足等发展不平衡、不充分的问题。针对上述中国对外开放的不足，本章希望通过总结世界主要经济体在相关领域的国际经验为中国提供参考和借鉴，并在此基础上结合中国国情提出推动更高水平对外开放的政策建议。

第一节　以"开放高地"引领区域开放

对外开放是中国长期坚持的一项基本国策，然而中国的对外开放战略并非一成不变，其在改革开放的实践中逐步趋于完善。党的十八大之前，中国的开放战略具有明显的区域倾向性，主要是以开放东部沿海地区为主。[2]虽然循序渐进的区域开放政策符合中国基本国情，但这也导致了东西部地区区域开放不均衡、城乡区域开放不协调，阻碍中国经济高质量发展。结合美国、巴西等国家以"开放高地"引领区域开放的经验来看，中国可以依托共建"一带一路"，完善现有的自由贸易试验区、航空自由贸

---

[1] 习近平：《正确认识和把握中长期经济社会发展重大问题》，《求是》2021年第2期。
[2] 白光裕：《中国区域开放战略的演进与成效分析》，《区域经济评论》2019年第5期。

易港等布局,通过打造内陆"开放高地"引领区域开放协调发展。

一 新发展格局对中国区域开放的新要求

从区域开放的进程来看,中国的对外开放是通过"经济特区—沿海开放城市—沿海经济开发区—沿江沿边经济开发区—内地中心城市"的方式逐渐展开的。不同地区在开放时间、政策支持力度、资源要素禀赋等方面存在差异,因此,它们在中国对外开放进程中的开放程度和经济收益也随之产生了较大差距。这一现象导致中国区域开放不平衡、不充分的问题仍然存在,新发展格局要求的"陆海内外联动、东西双向互济"的区域开放格局还未最终成型。

(一) 更平衡的区域开放

当前中国区域开放的发展的不平衡主要体现在沿海地区和内陆地区之间、不同规模的城市之间以及城乡之间。因此,应从这三个方面着手,推动区域开放发展更平衡。

第一,推动沿海地区和内陆地区开放发展更平衡。党的十八大以来,随着长江经济带发展等国家战略的推进,内陆地区与沿海地区的经济联系不断加强,对外开放空间加速拓展,内陆与沿海区域开放差距扩大的趋势从增量上开始逆转。但是从存量上看,目前内陆地区在进出口总额、外商投资规模、营商环境水平、制度体制开放等方面仍大幅落后于沿海地区,对外开放水平依然存在较大的提高空间。以货物进出口总额为例,2019年北京、天津、河北、辽宁、上海、江苏、浙江、福建、山东、广西、广东、海南这十二个沿海地区的货物进出口总额为38651.7亿美元,在全国货物进出口总额中的占比高达84%。[1] 除了数量上的差距,内陆地区在开放质量上也明显落后于东部地区。具体来说,由于中、西部内陆地区对外开放起步晚、开放水平低,相关区域的对外贸易和对外投资主要依靠劳动力、资本等生产要素的价格优势,产品技术、品牌含量较低,核心竞争力不足,对外贸易、吸引外资和对外投资的规模和质量都与东部沿海地区存在较大的差距。[2] 沿海地区和内陆地区区域开放水平有待进一步平衡。

第二,推动不同规模的城市开放发展更平衡。受到规模效应和聚集效

---

[1] 资料来源:1995~2020年《中国统计年鉴》。
[2] 张焕波、谢林:《构建区域开放的新格局》,《开放导报》2019年第2期。

应的影响,区域开放不平衡、不协调的问题还体现在不同城市之间。具体来说,中国的区域开放具有明显的政府主导特征,行政级别较高的省会和区域中心城市作为对外开放的政策高地,往往具有明显的财政、税收和政策优势,其开放水平和开放绩效也会因此领先于区域内的中小城市。如果这些重点开放区域仅仅对周边地区的资本和人才产生虹吸效应,而未能对周边的经济和开放发展起到辐射带动作用,区域内部不同规模的城市间开放和发展的失衡会进一步拉大城市间的差距。

第三,推动城乡开放发展更平衡。乡村振兴战略既是建设现代化经济体系的重要基础、健全现代社会治理格局的固本之策,也是实现全体人民共同富裕的必然选择。[①] 就目前来看,尽管城乡之间义务教育、居民养老和医疗保险制度基本统一,城乡之间低保和特困救助等社会救助的差距也在日益缩小,但在开放发展的水平上,乡村地区仍与城市存在较大差距。在中国农业发展质量、效益和竞争力仍有待提高的背景下,中国乡村地区的对外开放水平受到自身产业结构的制约,加之乡村地区还需要承载保障农产品供给和粮食安全、保护生态环境的重要功能,因此目前中国乡村地区的开放水平远低于城市地区。

(二)更充分的区域开放

除了不平衡问题,中国的区域对外开放同样存在不充分的问题。这种不充分具体体现在区域间的产业分工协作不够密切、要素跨区域流动不够畅通、区域的开放政策对接不充分三个方面,因此要从这三个方面着手,推动区域开放发展更充分。

第一,推动区域间的产业分工协作更密切。"十四五"规划纲要提出,要优化区域产业链布局,引导产业链关键环节留在国内,强化中、西部和东北地区承接产业转移能力建设。2022年,国家发改委、工信部等10部门联合印发《关于促进制造业有序转移的指导意见》,明确提出了到2025年,制造业布局进一步优化、区域协同显著增强的发展目标。[②] 但是目前,中国各区域内的产业同质、资源利用低效以及各区域间的产业分工脱节问题同时存在,东部地区向外转移的劳动密集型和资源密集型产业有向东南

---

① 《乡村振兴战略规划(2018—2022年)》,中国政府网,2018年9月26日,http://www.gov.cn/gongbao/content/2018/content_ 5331958.htm。
② 《十部门发布〈关于促进制造业有序转移的指导意见〉》,中国政府网,2022年1月15日,http://www.gov.cn/xinwen/2022-01/15/content_ 5668279.htm。

亚等地区的发展中国家流出的趋势，中、西部与东北地区对外开放的产业对接有待加强。

第二，推动要素的跨区域流动更畅通。劳动力、资本、技术等生产要素的自由流动是区域开放合作的重要基础。在过于强调GDP增长、公共预算收入等指标的考核体系之下，地方政府更愿意把各类先进生产要素聚集在自己的属地之上，进而会限制本地要素流动至其他地区，因此，中国国内的要素市场依然存在分割问题。这一现象制约了国内要素的自由流动与市场化定价，损害了要素的优化配置与福利最大化，最终会对区域开放产生不利影响。因此，新发展格局下的区域开放要求区域间的要素流动更充分。

第三，推动区域开放的政策对接更充分。中国国土面积辽阔，地区差异较大，各地区的自然条件和经济社会特点千差万别，无论是国家宏观调控还是区域政策制定，如果忽视这种地域差异性，单纯采取"一刀切"的办法，再好的政策也难以取得较好的效果。[①] 改革开放以来，中国先后设立了一大批不同类型的经济功能区，从早期的经济特区、沿海经济开放区、经济技术开发区等，到随后的保税港区、综合配套改革试验区、自主创新示范区、自由贸易试验区等，国家在赋予其明确功能定位的基础上，均给予了相应的优惠政策，支持这些地区加快开放开发，全面深化改革。但是，如果不同区域的经济功能区在改革力度上的差距长期存在，也会导致区域开放政策的差异，进而阻碍区域开放合作。因此，新发展格局下的区域开放也要求区域间的政策对接更充分。

二 以"开放高地"引领区域开放的国际经验

纵观世界主要经济体的对外开放史，区域开放的进程都不是一蹴而就的，循序渐进、以点带面的区域开放是大部分经济体的选择。尤其是在经济全球化深度发展、全球价值链逐渐成形的背景下，对外开放越来越多地涉及深度一体化的"边境后"措施，对外开放和国内政策的联系空前紧密，开放的风险和不确定性与机遇并存。因此，通过设立以自由经济区、自由贸易区、自由贸易港为代表的"开放高地"，采用"境内关外"的管理模式引领和带动区域开放，是当前主要经济体推进区域开放的重要

---

① 魏后凯：《走中国特色区域协调发展道路》，《经济日报》2018年10月12日。

经验。

（一）美国：以对外贸易区（Foreign-Trade Zones Board）引领区域开放

美国作为幅员辽阔的联邦制国家，各州拥有调控州内贸易、制定地方性法规等较大的自主权力。在美国各州经济基础和政策诉求存在天然差异的背景之下，推动形成美国如今的区域开放格局可谓困难重重。从历史经验上看，通过设立对外贸易区（Foreign-Trade Zones Board）引领各区域有序开放，是美国推进区域开放的重要经验之一。具体来说，美国对外贸易区的建设主要具有以下特征。

第一，美国开设对外贸易区的历史经验较为丰富。从发展历程上看，早在1934年6月，美国国会就在《对外贸易区1934法案》中提出了"在港口或机场附近规划特别地区作为自由贸易区，该区不在海关管辖之内，凡依法进入区内的货物都不受美国海关法限制，并享有各种优惠待遇"的具体要求。同时，该法案还允许联邦政府设立专门管理对外贸易区的"对外贸易区委员会"。1936年1月30日，时任美国商务部部长的Daniel C. Roper签署下发了"对外贸易区委员会"第2号指令，授权在纽约市成立美国历史上的第一个对外贸易区。[①] 20世纪70年代后，鉴于美国对外贸易形势出现下滑并形成贸易逆差的不利局面，为了促进对外贸易发展和增加就业机会，美国联邦政府和各州政府开始争相建立对外贸易区，并最终实现了各州均有对外贸易区分布的现状。截至2020年，全美共设有193个对外贸易区，有超过3300家公司和46万名雇员在贸易区内工作，进入各区域贸易区的货物总值超过7670亿美元，[②] 对外贸易区已经成为美国推动国际商品和服务贸易乃至国民经济发展的重要窗口。

第二，美国对外贸易区依托各地的地理特征形成了临港、临空和陆路枢纽三大基本区位类型。一是临港型，包括海港与河港两种类型，该类型的贸易区大多分布在太平洋、大西洋、五大湖以及墨西哥湾沿岸地区。其中，加利福尼亚州、密歇根州、马萨诸塞州、新泽西州、佛罗里达州等地区的对外贸易区数量和入区商品价值总额位居全美前列，最为著名的贸易区包括洛杉矶202号、长滩50号、怀尼米港205号、波士顿27号等。二是临空型，此类贸易区主要依托综合航空运输体系设立。目前，由美国航

---

① 周阳：《论美国对外贸易区的建立、发展与趋势》，《国际贸易》2013年第12期。
② *81st Annual Report of the Foreign-Trade Zones Board to the Congress of the United States*，2020.

空管理局或机场管理局直接承办的贸易主区多达24个,其中依托全球最大的货运机场孟菲斯国际机场建立的77号贸易区的入区商品价值高居美国首位。三是陆路枢纽型,主要包括依托高速公路、铁路等交通枢纽节点设立的自由贸易区。该类贸易区由州际高速公路、州内高速公路以及县内外公路组成,拥有高效便捷的陆路运输系统,与临空型和临港型自由贸易区相比,陆路枢纽型贸易区数量更多且分布广泛,主要由地方当局、地区商会、交通运输部等运营管理。[①] 依托不同类型的对外贸易区,美国最终形成了遍布全国的"对外开放高地"网络,将地区经济与外部资源充分结合。

第三,美国对外贸易区主要采取"官办民营"的运行模式。这一模式既能确保国家在对外贸易区管理协调上的权威性,也能充分发挥地方市场的作用;既能使美国对外贸易区保持公共产品属性特征,同时也能激发各对外贸易区的经营发展活力。在联邦政府层面,美国设立的对外贸易区委员会负责对外贸易区的批准、协调和监督,并定期出具对外贸易区年度报告,向国会汇报对外贸易区发展总体情况。对外贸易区委员会领导小组在最初设立时的组成人员包括商务部部长、财政部部长及国防部部长,其中商务部部长任委员会主席和执行官。《1997年财政年度国防授权法》对委员会领导小组成员做出修改,国防部部长(或陆军部部长)不再包括在内,只剩下商务部部长和财政部部长,商务部部长仍任主席和执行官。对外贸易区总部设在商务部,商务部执法合规司助理秘书担任委员会主席代理。实际上,对外贸易区的审查工作绝大部分由执行秘书来完成。经授权的责任主体按照公共事业原则进行运营管理,执行部分政府行政职能。[②]

(二)巴西:以自由经济区(Free Economic Zone)促进落后地区发展

除了以美国为代表的发达经济体,大量发展中经济体同样拥有通过建立各类"开放高地"提高本国区域开放水平的成功案例。巴西在西亚马孙地区建立的马瑙斯自由经济区就是其中较为典型的成功案例。具体来说,巴西通过设立自由经济区带动落后地区经济发展的历程可以总结出以下三点经验。

[①] 殷为华、杨荣、杨慧:《美国自由贸易区的实践特点透析及借鉴》,《世界地理研究》2016年第2期。

[②] 朱福林:《美国对外贸易区演化及对我国自由贸易港高质量建设的启示》,《科学发展》2021年第7期。

第一，巴西通过自由经济区打造了落后地区的经济增长极。具体来说，巴西内陆腹地的亚马孙地区是世界最大的热带雨林区，矿产和水资源较为丰富，占巴西近1/4的国土面积。亚马孙河拥有最大的流量和最佳的内河航运条件，能够容纳万吨级海轮，但由于其远离沿海地区和大城市，交通条件长期落后，人烟稀少，经济发展远低于巴西全国平均水平。出于开发亚马孙地区和全国平衡发展的考虑，巴西政府于1957年6月成立马瑙斯自由贸易港，1967年成立马瑙斯自由经济区，1968年，将自由经济区的范围扩大到整个西亚马孙地区。由此，自由经济区的总面积达221万平方公里，占全国领土面积的26%，一跃成为世界上最大的经济特区。经过四十多年的开发，亚马孙地区积聚了大量优势条件，成为巴西目前经济增长最快的地区。

第二，巴西通过自由经济区的成功为全国的区域开放提供了宝贵经验。鉴于马瑙斯自由经济区的成功，1988年，巴西联邦议会通过新宪法，规定全国18个州均可以此为标准建设出口加工区，加快实现全国范围内各区域的对外开放。20世纪90年代，巴西的开放性政策进一步在全国普及，国内市场基本完全对外开放。在此基础之上，1995年，巴西进一步推动了"南锥体四国"（巴西、阿根廷、巴拉圭和乌拉圭）共同市场的建立和发展。由此可见，在巴西由进口替代战略向全面开放型战略发展的路径转换中，原本身处落后地区的马瑙斯自由经济区起到了不可替代的积极作用。[1]

第三，在自由经济区的运营上，巴西结合自身国情采取了以政府为主导的运营模式。为了吸引外部资本、技术等生产要素，巴西通过政府主导的运营模式提供了一系列的政策优惠。具体来说，巴西政府成立自由经济区管理局，成立国际保税仓库，长期实行税收减免政策等。通过引进外资和先进技术，自由经济区取得了突出的成就，日本的日立、夏普、松下，荷兰的菲利浦，美国的通用电器等公司都在区内开办企业。通过外向型经济的发展，原本较为落后的马瑙斯地区形成了较为完整的工业生产和进出口走廊，成为巴西最重要的进出口贸易基地和高新技术产业积聚地，带动了巴西最落后地区——亚马孙州的发展，为发展中国家通过建立"对外开放高地"促进落后地区实现跨越式发展提供了宝贵经验。

---

[1] 潘悦：《巴西的区域开发及其启示》，《中国党政干部论坛》2011年第5期。

三 中国推动更高水平区域开放的政策选择

美国和巴西的成功案例充分说明，建立以自由贸易港、自由贸易试验区为代表的"开放高地"是辐射和带动区域开放、促进区域经济发展的重要手段。对于中国来说，在各地争相建设"双循环枢纽"和"对外开放高地"的背景下，可以充分借鉴美国和巴西案例中的经验，从完善"开放高地"布局、推动各区域错位发展、加快监管和运营体系改革等方面入手着力加快国内"开放高地"建设。

（一）完善现有的"开放高地"布局

以自由贸易试验区为代表的"开放高地"是引领、带动区域开放的重要抓手。从2013年上海第一个自由贸易试验区启动开始，中国已经分6批次批复设立了21个自贸区、60多个自贸片区，东中西协调、南北统筹的自贸区空间布局正在加快形成。[①] 在自由贸易试验区内部，国家赋予了地方政府更大的改革开放自主权，在划定区域内允许外国资金、商品自由进出，支持各地积极探索自由贸易试验区的管理模式。

出于引领区域开放的目标，中国可以在现有自由贸易试验区的基础上，以"十四五"规划中重点提及的"支持广西建设面向东盟的开放合作高地、云南建设面向南亚东南亚和环印度洋地区开放的辐射中心"[②] 为抓手，鼓励各试验区立足各自区位优势，深化与周边国家和地区的经贸合作，加强自身对于区域开放的引导和促进作用，加快形成各具特色、各有侧重的自贸区建设网络。同时，出于推动区域开放协调发展的目标，中国还需要在现有的自由贸易试验区布局的基础上学习巴西以对外开放促进落后地区开放的相关经验，加大对中、西部对外开放水平不足地区的政策支持力度，研究在内陆地区增设国家一类口岸和自由贸易试验区，助推内陆地区成为新的开放前沿，通过多点开花的"开放高地"促进区域开放平衡发展。

（二）推进自由贸易试验区协调发展

推进自由贸易试验区协调发展，加快形成各区域"开放高地"错位竞争的"雁阵"布局。"十四五"规划在优化区域开放布局的相关部署中提

[①] 陈耀：《推进区域更高水平开放的新使命》，《开放导报》2020年第5期。
[②]《中华人民共和国国民经济和社会发展第十四个五年规划和2035年远景目标纲要》，中国政府网，2021年3月13日，http：//www.gov.cn/xinwen/2021-03/13/content_ 5592681. htm? ivk_ sa = 1023197a。

出,"要鼓励各地立足比较优势扩大开放,强化区域间开放联动,构建陆海内外联动、东西双向互济的开放格局"。①而从美国的相关经验来看,截至2020年全美已经设有多达193个对外贸易区,部分对外贸易区之间已经出现了一定程度的恶性竞争和资源浪费,值得中国予以警惕。

对于中国来说,现阶段不同自由贸易试验区的功能定位和发展侧重点还是较为明确的,各自贸区也结合自身的发展现状和资源禀赋在不同领域取得了创新成果(见表9-1)。但是,随着自由贸易试验区等"开放高地"的数量不断增多、密度不断加大,立足比较优势进行差异化错位发展的难度也在不断增大。一旦各"开放高地"发展的侧重点没有明确的错位划分,极有可能导致雷同建设和恶性竞争的现象产生。②因此,中国在完善"开放高地"布局的过程中,除了需要注重区域开放的平衡发展,还需要兼顾各地不同的经济基础和发展条件,尽可能地使不同区域的"开放高地"在主导产业、管理模式等方面形成各具特色的错位竞争格局。

表9-1 部分自由贸易试验区代表性创新成果

自由贸易试验区	代表性创新成果	主要目标
中国(上海)自贸区	首推服务贸易负面清单	建立全球服务贸易新增长极
中国(陕西)自贸区	铁路运输方式舱单归并	促进内陆地区贸易便利化
中国(四川)自贸区	中欧班列集拼集运新模式	提升中欧班列铁路运输效率
中国(福建)自贸区	工程建设项目审批制度改革	改善营商环境
中国(重庆)自贸区	"四自一简"监管新模式	创新海关监管方式
中国(浙江)自贸区	船舶进出境无纸化通关口岸	促进贸易通关便利化
中国(河南)自贸区	"网购保税+实体新零售"	丰富跨境电商进口销售途径
中国(辽宁)自贸区	船舶航运专业性融资中心	构建供应链金融
中国(湖北)自贸区	"保贷联动"创新产品	缓解科技型中小企业融资约束
中国(陕西)自贸区	"一带一路"跨国农业发展产业链	促进共建"一带一路"与自贸试验区融合

资料来源:裴长洪、刘斌《中国对外贸易的动能转换与国际竞争新优势的形成》,《经济研究》2019年第5期,第4~15页。

---

① 《中华人民共和国国民经济和社会发展第十四个五年规划和2035年远景目标纲要》,中国政府网,2021年3月13日,http://www.gov.cn/xinwen/2021-03/13/content_5592681.htm?ivk_sa=1023197a。
② 叶欣、程慧、张丹、崔卫杰等:《关于中国自由贸易试验区建设的思考》,《国际贸易》2015年第11期。

（三）推进"开放高地"的监管和运营体系改革

区域开放不仅包括商品和要素的自由流动，更包括规则的对接和制度的开放。理论上，企业生产需要两种不同的要素投入，一种是具有"私人物品"特征的要素投入，如资本、劳动力与中间品，该类产品由市场竞价获得；另一种是具有"公共产品"属性的要素投入，如制度，该类产品由政府提供。当企业进入国际市场时，企业竞争优势不仅体现在第一类要素的禀赋方面，还体现在第二类要素的提供质量方面。① 因此，中国只有推进自由贸易试验区、自由贸易港的监管和运营体系改革，加快构建与国际通行规则相衔接的制度体系和监管模式，建设制度开放和制度创新的"高地"，才能进一步发挥"开放高地"对于周边地区的辐射和带动作用。

具体来说，在监管和运营体系创新方面，中国可以借鉴美国对外贸易区发展的经验，在现有的"管委会"管理体制的基础上，尝试在园区实际运营管理的过程中引入企业等其他市场主体。政府可以通过筛选受让人、设立发展和经营目标、实施监管和调控等，将具体运营的职能进一步向市场开放，并通过发挥市场的决定性作用，进一步提高已有园区的经营效率。

第二节　因时、因地制宜，提升对外贸易质量

对外贸易是我国开放型经济的重要组成部分和国民经济发展的重要推动力量，是畅通国内国际双循环的关键枢纽。② 在对外贸易领域，中国正在经历由"贸易大国"向"贸易强国"的转变，提升对外贸易的质量是新发展格局下外贸发展的重中之重。中国应该充分结合自身国情，分阶段、分地区设立提升贸易质量的具体目标，因时制宜、因地制宜地提升对外贸易质量。

---

① 裴长洪、刘斌：《中国对外贸易的动能转换与国际竞争新优势的形成》，《经济研究》2019年第5期。
② 《商务部关于印发〈"十四五"对外贸易高质量发展规划〉的通知》，中华人民共和国商务部网站，2021年11月23日，http://wms.mofcom.gov.cn/article/xxfb/202111/20211103220081.shtml。

一 新发展格局对中国对外贸易的新要求

中国对外贸易经历了五个发展阶段,在规模和质量上都取得了重大进步,对中国经济增长、技术引进、国民福利提高、外向型经济建立、对外开放水平提高等一系列经济成就起到了重要的推动作用。总的来说,中国在各个发展阶段中基本采取了相对合理的、与时俱进的贸易和经济政策,保证了对外贸易的发展。但在构建新发展格局的背景之下,中国还存在外贸增长方式不可持续、对外贸易结构亟待改善、管理水平滞后、贸易收支失衡等问题,对外贸易发展的质量仍有待进一步提高。

(一) 对外贸易生产方式可持续发展

作为"世界工厂",中国目前对外贸易的生产方式仍以大量消耗资源、严重污染环境为代价的粗放型生产为主,在生态文明建设已经纳入中国国家发展总体布局的当下,[①] 以资源和环境为代价的外贸增长方式不再符合中国经济高质量发展的整体要求。

第一,当前中国对外贸易的生产要素成本已经大幅上涨。对外贸易的生产要素成本既包括劳动力成本、资金成本、土地成本、能源原材料成本、税费成本、社保成本等直接生产成本,也包括物流成本和汇率成本等流通成本,还包括整体营商环境和政府廉洁程度等外部交易成本。随着经济发展水平的提升,虽然中国对外贸易的外部交易成本不断下降,但劳动力、土地等直接生产成本则呈现上涨趋势。以劳动力成本为例,2008~2021年,中国规模以上企业就业人员年平均工资一直保持着10%以上的年增长率,截至2021年底已经达到了88115元的水平。[②] 随着中国生产要素成本的上涨,对外贸易中传统的比较优势正在消失。

第二,当前中国对外贸易高能耗产品占比较高。随着对外贸易总额的大幅上涨,中国能源的消耗量同步显著提高,中国日均能源消耗量(按标准煤计)已经从2000年的401.5万吨上升至2017年的1190.8万吨。除铝材、纸及纸板等部分产品外,中国高能耗产品出口量在2015年后开始出现

[①] 习近平:《共谋绿色生活,共建美丽家园——在2019年中国北京世界园艺博览会开幕式上的讲话》,中国政府网,2019年4月28日,http://www.gov.cn/gongbao/content/2019/content_5389308.htm。

[②] 《2021年规模以上企业就业人员年平均工资情况》,中国政府网,2022年5月21日,http://www.gov.cn/xinwen/2022-05/21/content_5691599.htm。

小幅下滑，但高能耗产品的出口总量和所占份额依旧处于高位。

第三，中国对外贸易造成了严重的环境污染。从水污染来看，中国废水排放总量于2015年达到最高点后开始好转，但仍是世界最大的污水排放国；从大气污染来看，中国二氧化硫、粉尘等废气中主要污染物的排放量同样长期居于世界首位。[①] 中国的国内资源和自然环境已经很难继续支撑粗放型外贸的继续增长。

(二) 对外贸易结构得到改善

2020年，中国出口总额高达179326亿元人民币，占全球出口总额的15.8%，继续稳居世界第一大出口国地位。对外贸易总额屡创新高的同时，中国的对外贸易结构仍有待进一步优化调整。

第一，货物和服务贸易商品结构亟待改善。中国对外贸易在货物贸易结构调整和服务贸易发展方面取得了显著成绩，但仍需进一步改善。从全球价值链视角来看，由于自主品牌和自主知识产权的缺乏，中国仍处于价值链下游，主要负责劳动密集型增值环节的生产，单位出口增加值仍然偏低，利润相对微薄。加快一般贸易和服务贸易的发展，占据附加值更高的价值链上、下游，提高中国在全球价值链中的地位迫在眉睫。

第二，对外贸易结构亟待改善。改革开放后，中国对外贸易结构中的加工贸易占比大幅提高，由1980年的4.4%快速上涨至1996年的51.0%并达到峰值，直至2020年仍保持着27.1%的高位。重点发展加工贸易虽然符合改革开放初期中国对外贸易发展的实际需要，但随着中国对外贸易的不断发展，加工贸易在对外贸易结构中过高的占比显现出越来越多的弊端。比如，加工贸易与其他产业间的关联程度低，抑制了产业结构的升级；加工贸易的"出口导向"性使国内产业易受世界经济形势影响，加剧了国际间贸易摩擦，并且不利于国内产业向非价格竞争战略转变；而且，在这种贸易结构下，产品设计的主导权和定价权掌握在外国品牌手中，中国企业集中在中、下游的制造和装配环节。在国内外经济形势变化的背景下，且在劳动力成本上升、同业竞争加剧、国际订单下滑的背景下，企业利润率和市场空间不断缩减，进行转型升级成为加工贸易发展的必然

[①] 资料来源：中华人民共和国国家统计局数据库网站，废气中主要污染物排放、废水中主要污染物排放，http://data.stats.gov.cn/。

选择。①

第三，对外贸易地理结构亟待改善。受全球经济衰退等因素的影响，世界贸易总额出现下滑，中国对外贸易的发展空间受到压缩。对此，中国更加需要提高对外贸易地理结构的多元化水平，避免对传统贸易伙伴的过度依赖。

（三）外贸管理水平不断提高

改革开放后，中国充分发挥自身在劳动力等方面的优势，依靠低廉的商品价格，扩大对外贸易规模，在对外贸易方面取得了飞速发展。但由于管理水平滞后，中国缺乏严格的管理控制和宏观政策的引导，在对外贸易规模扩大的同时，供给水平的增长相对落后，中国制造质量不高、生产方式相对粗放等问题层出不穷，外贸管理水平有待进一步提高。

（四）贸易收支失衡逐渐缓解

对外贸易长期保持贸易顺差是中国对外开放进程中逐渐产生的重要特征之一，在新发展格局的背景下势必需要进行调整。②

具体来说，2015年，中国贸易顺差达到了3695亿美元，创历史新高，其中货物贸易顺差更是高达5939亿美元。受巨额贸易顺差的积累和储蓄习惯等因素的综合影响，中国等少数国家成为当前世界经济失衡的主要盈余方，截至2020年底，中国外汇储备高达32165亿美元。③ 贸易收支的长期失衡加大了国内流动性过剩和通货膨胀的压力，可能造成国内人民币购买力降低，总体物价水平上涨，引发资本外逃等不良现象，不利于新发展格局外部环境的稳定。

二 因时、因地制宜提升对外贸易质量的国际经验

（一）美国：分阶段设立对外贸易目标

根据裴长洪等设立的贸易强国指标测算，美国是当今世界唯一的综合型贸易强国。④ 就其对外贸易的发展经验来看，综合型贸易强国的发展需

---

① 卢跃、阎其凯、高凌云：《中国对外贸易方式的创新：维度、实践与方向》，《国际经济评论》2017年第4期。
② 裴长洪：《中国特色开放型经济理论研究纲要》，《经济研究》2016年第4期。
③ 资料来源：2015~2020年《中国统计年鉴》，11-1对外经济贸易基本情况、18-7黄金和外汇储备。
④ 裴长洪、刘洪愧：《中国怎样迈向贸易强国：一个新的分析思路》，《经济研究》2017年第5期。

要强大的经济、政治、金融、军事、科技等实力作为支撑,其对外贸易的发展目标也应始终服务于该国的国情。具体来说,美国对外贸易的发展始终指向"通过对进口产品征收关税增加政府的收入""通过限制进口保护国内厂商免受外国竞争""通过互惠协定减少贸易壁垒和扩大出口"三个基本目标(即税收 Revenue,限制 Restriction,互惠 Reciprocity 的"3R"目标)。[1]

第一,美国建国初期将对外贸易视为税收的重要来源。早期外国产品通过少数几个大型海港进入美国,因此,只需要较少的政府雇员即可以对关税完成有效征收。此外,将关税自动加入进口产品的国内价格还可以避免国内税的"政治雷区",是经济和政治上都较为高效的增加税收的办法。因此,美国早期一直将关税视为国家财政的主要来源,其对外贸易政策也以扩大税基为主要目标。美国宪法第 1 条第 8 款规定,美国国会有权规定和征收税金、关税、输入税和货物税,以偿付国债、提供合众国共同防务和公共福利,但一切关税、输入税和货物税应全国统一。在美国内战前,关税一直是联邦政府收入的主要来源,其占比长期高于 80%,远超过出售土地收入和国内消费税等其他联邦政府收入的总和。[2]

第二,第二次产业革命期间,美国将对外贸易视为对国内制造业的重要威胁,因此,采取了严格的限制政策。第二次工业革命的发生时间恰恰与道格拉斯·欧文划分的美国贸易政策"三个时代"中的第二个时代(1860~1934 年)重合。在此期间,美国贸易政策的主要目标是通过限制进口保护特定产业免受外国竞争。以关税为例,美国进口产品的平均税率从 1859 年的不到 20% 快速提升至内战期间的 50% 左右,并在此水平上维持了数十年之久。长期的贸易保护政策虽然牺牲了农业等出口导向型产业部门的利益,但也降低了其他工业国制成品的竞争力,保护了美国纺织、钢铁等工业的发展,为美国建立独立自主的工业体系提供了有利的市场环境。可以说,美国的工业从起步到"起飞",在很大程度上都应归功于成功的国家保护主义。[3]

第三,二战后,美国将对外贸易视为获得世界市场的重要手段,在

---

[1] 〔美〕道格拉斯·欧文:《贸易的冲突:美国贸易政策 200 年》,余江、刁琳琳等译,中信出版集团,2019。

[2] 刘运顶:《论美国外贸政策的历史变迁》,《武汉理工大学学报》(信息与管理工程版)2003 年第 1 期。

[3] 高程:《非中性制度与美国的经济"起飞"》,《美国研究》2007 年第 4 期。

1934年通过《互惠关税法案》后，美国开始将贸易政策重心由"限制"转向"互惠"。二战后，旨在减少关税和非关税壁垒的互惠经贸协定的大量签订，使美国进出口关税税率出现大幅下降，这既为美国商品提供了广阔的世界市场，也利于满足美国国内生产和消费需要的原材料和低端商品进口。此外，随着信息与通信技术取得突破性发展，思想交流成本不断降低，较为复杂的生产过程得以远距离协调，全球化再次"解绑"。[①] 美国通过快速增长的外包、对外投资等方式，将附加值较低的劳动力密集型生产活动转移至发展中国家，将高创新率、高附加值、高进入壁垒的设计、研发、核心部件生产等环节保留在国内。最终，美国凭借其超强的军事、经济与科技实力成为对外贸易的超级大国，利用以美元为中心的国际货币体系和以自由贸易理念为基石的多边贸易体制构建了世界经济的新秩序，为战后美国经济与贸易的繁荣奠定了重要的制度性基础。[②]

（二）日本：采取"出口导向"和"进口替代"相结合的外贸发展战略

日本是亚洲发达国家的代表，其在20世纪60年代至20世纪80年代快速发展，从二战后的困境中脱颖而出，一度成为世界第二大经济体。而在同一时期，并非所有的发展中国家都抓住了第三次产业革命背景下发达国家产业转移机遇，只有以日本为代表的部分选择"出口导向"和"进口替代"相结合的经济发展战略的国家才真正实现了经济的跨越式发展，因此其经验尤为值得借鉴。

第一，单一的"进口替代"和"出口导向"战略都存在弊端。如果单纯选择"进口替代"战略，政府则会出于保护不具备自生能力的企业的目的，在国际贸易、金融部门和劳动市场等方面采取一系列措施，进而造成资源配置扭曲、寻租活动猖獗、宏观经济不稳定等现象，最终致使经济效率低下；[③] 而如果单纯选择"出口导向"战略，则会导致国家经济过度依赖海外市场，进而形成低端锁定。因此，只有根据自身经济发展阶段和不同产业的特征灵活运用"出口导向"和"进口替代"战略的国家，才能真正将产业变革和发达国家产业转移的机遇转化为支撑自身经济长期发展的动力。

---

① 〔瑞士〕理查德·鲍德温：《大合流——信息技术和新全球化》，李志远、刘晓捷、罗长远译，上海人民出版社，2020年。
② 盛斌：《建设国际经贸强国的经验与方略》，《国际贸易》2015年第10期。
③ 林毅夫：《发展战略、自生能力和经济收敛》，《经济学》（季刊）2002年第1期。

第二，日本通过"雁阵模式"完成了出口商品结构从劳动密集型产业向资本、技术密集型产业的跨越升级。从日本的具体经验来看，1956年日本经济学家赤松要根据产品生命周期理论，提出了产业发展的"雁型模式"，而日本对外贸易发展和转型升级的历程基本符合"雁型模式"的描述。[①] 从20世纪50年代末期开始，日本适时制定了外向型经济发展战略，通过利用发达国家的产业转移浪潮，充分发挥自身的后发优势，最终实现了"进口—进口替代—出口"的赶超发展。不仅如此，日本在国内重点发展高端产业的同时，还通过对外投资和技术转移等方式，将落后产业进一步淘汰至欠发达国家，继续利用当地更为廉价的劳动力保持产品在当地市场和第三国市场的竞争力。这一时期，在对外贸易发展的带动下，日本国内产业结构不断优化，工业生产大幅度跃升，国民经济年均增长率一直保持10%以上，日本不但成为东亚地区产业发展的"领头雁"，更一跃成为仅次于美国的世界第二经济强国。[②]

三　中国推动更高水平对外贸易发展的政策选择

中国既是当今世界的第二大经济体和最大的货物贸易国，也仍是世界上最大的发展中国家。围绕"十四五"时期"贸易综合实力进一步增强、畅通循环能力进一步提升、贸易开放合作进一步深化、贸易安全体系进一步完善"四项主要目标，[③] 中国可以借鉴美、日两国对外贸易的发展经验，进一步将目标进行时间、空间和产业上的分解，因时制宜、因地制宜、因产业制宜，在充分考虑自身国情发展和外部环境变化的前提下，重点加强对贸易质量的提升。

（一）分产业设立对外贸易高质量发展目标

从货物贸易的进出口总量上看，中国2020年的对外贸易总额已经达到32.16万亿元的峰值，继续保持着全球贸易第一大国的地位，但就对外贸易的质量而言，仍需客观看待中国在部分产业与美国、德国、日本等其他贸易强国存在的差距。

[①] 张雨：《开放型经济转型发展的国际经验及其借鉴》，《国际贸易》2016年第4期。
[②] 王素芹：《日本对外贸易发展经验及借鉴》，《商业时代》2007年第27期。
[③] 《商务部关于印发〈"十四五"对外贸易高质量发展规划〉的通知》，中华人民共和国商务部网站，2021年11月23日，http://wms.mofcom.gov.cn/article/xxfb/202111/20211103220081.shtml。

第一，从对外贸易的整体发展上看，应采取"三步走"的策略。鉴于中国自身的经济体量和对外贸易的发展趋势，中国在现阶段应主要朝着货物贸易强国发展，再朝服务贸易强国发展，力争达到英国和荷兰的发展程度，而后，进一步提高人民币全球竞争力和全球经济治理水平，缩小与美国的差距，向综合型贸易强国靠拢。①

第二，针对部分处于"雁阵"头部和中部的产业，应加快双向开放，并鼓励其参与国际竞争。在中国拥有一定发展基础和竞争力的头部和中部产业应主动扩大进口，在利用进口商品的技术溢出和示范效应带动国内相关产业转型升级的同时，主动通过参与国际竞争产生的压力倒逼国内相关产业提升产品和服务的质量。

第三，针对部分竞争力不足的战略性新兴产业、事关国家安全的关键基础性产业，保留一定的"进口替代"策略。面对世界政治经济格局的深刻演变和全球产业链供应链的深度调整，中国在对外贸易高质量发展的过程中需要兼顾安全、发展"两件大事"。对此，中国可以围绕新一轮科技革命和产业变革的核心产业和关键技术，尝试建立进出口贸易管理机制，对信息技术、生物技术、高端装备制造、新能源、新材料等重点产业进行针对性的扶持和保护。

（二）鼓励各省（区、市）培育各具特色的对外贸易

充分考虑中国幅员辽阔、国情复杂的现状，鼓励各省（区、市）结合自身的要素禀赋和比较优势培育各具特色的对外贸易。具体来说，中国可以根据"十四五"规划，在地区层面鼓励各省（区、市）差异化地学习中小型货物贸易强国、服务贸易强国、农业贸易强国等不同类型贸易强国的先进经验，从而进一步完善对外贸易发展的总体空间布局。

第一，鼓励长三角、京津冀、粤港澳等主要城市群和重点开发地区的相关城市对标货物和服务贸易强国，提升创新策源能力和全球资源配置能力，加快打造引领对外贸易高质量发展的关键节点。

第二，不对农产品生产地区、能源富集地区等重要功能性区域相关城市的对外贸易进行数量上的要求，鼓励相关地区综合运用进口、出口等方式推动自身经济发展。

---

① 裴长洪、刘洪愧：《中国怎样迈向贸易强国：一个新的分析思路》，《经济研究》2017年第5期。

第三，鼓励生态功能区的相关地区利用普遍优越的自然条件找准自身在中国对外贸易大局中的定位，积极开放生态产品、拓展环境友好型的服务贸易。

（三）分阶段逐步扩大进口，促进中国贸易收支的再平衡

在保持对外贸易发展和中国整体经济运行稳定的情况下，分阶段改变当前贸易发展主要依靠出口的既有模式，逐步扩大进口，促进中国贸易收支的再平衡。从全球经济发展角度看，中国扩大开放和平衡收支的发展方向可以展现中国积极分享对外贸易产生的经济效益的诚意，推动中国对外贸易和世界经济的可持续性发展。从国内经济发展的角度看，扩大进口可以丰富中国的产品供给、增强国内市场的竞争，从而提高国民的整体福利水平，刺激中国企业竞争力的上升。

具体来说，中国可以分阶段地通过减少关税和非关税壁垒、提高贸易自由化和便利化水平等具体措施，重点鼓励优质消费品、先进技术、重要设备、关键零部件的相关进口，稳步增加能源资源产品、国内紧缺农产品进口以及环保、新能源等绿色低碳产品进口，将扩大进口作为促进中国经济高质量发展的有力抓手。

第三节　优化营商环境，提高利用外资水平

随着经济全球化的深度发展，国际资本流动在全球经济中所起的作用越来越重要。对于中国经济来说，国际资本的流入是改革开放取得经济奇迹的重要原因之一，在促进 GDP 增长、推动技术进步和产业结构升级、扩大出口和提升出口商品结构等多个维度对中国经济产生了积极作用。时至今日，随着中国营商环境的不断改善，外资经济已经成为中国经济中的一个重要组成部分，与国有经济、集体经济、民营经济等经济成分共同推动着中国经济发展。因此，除了区域开放和对外贸易，用好国内国际"两种资源"，有效引进和利用外资，也是中国实现"双循环"相互促进的重要依托。而从国际经验上看，在吸引和利用外资的激烈竞争中，优质的营商环境是影响外资流向的重要因素。因此，中国在充分依托自身国内大市场的基础之上，还可以借鉴其他国家营商环境治理的先进经验，进一步加强对于国外资本的吸引和利用。

一 新发展格局对中国利用外资①的新要求

从中国利用外资的发展历程上看，虽然中国的利用外资情况会在短期内受到不同历史时期全球经济局势和世界投资总额波动的影响，但在改革开放后整体呈现上升趋势，总体经历了规模导向阶段、效率导向阶段和高质量发展阶段。通过以上三个阶段的发展，中国充分利用了外资的补缺与启动效应、增长拉动效应、竞争效应、技术溢出与创新促进效应、就业促进效应、制度催化与管理示范效应，②发挥了外资在经济增长、外贸、就业、创新等多个领域的积极作用，让外资成为国民经济发展的重要引擎。但与此同时，在中国加快构建新发展格局的背景之下，利用外资不充分、不平衡的问题依旧存在，利用外资的水平和质量仍有待提升。

（一）利用外资的效率进一步提高

经过改革开放后 40 多年的发展，中国在吸引外资的总体规模上已经取得了长足进步，以外商直接投资净流入为例，中国的外商直接投资净流入额从改革开放初期 1980 年的 5700 万美元快速上升至 2010 年的 2000 亿美元以上，在全球外商直接投资流入额中的占比也由不足 0.1% 快速上升至 10% 以上，并于 2018 年达到了全球 21% 的高峰。时至今日，中国已经成为全球外商直接投资最为热门的目的地之一，吸引外资规模常年稳居世界前三位。

但在利用外资的规模不断扩大的同时，受到传统绩效考核思维影响，部分地区在引进外资时仍然存在"重引进轻效果、重规模轻效益"的倾向，导致利用外资的效益、效率和效果偏低。尤其是中西部地区在承接产业转移过程中，一些地区对外资来者不拒，对外资项目评估过于草率，从而出现了低水平重复引进和重复建设问题。③ 在中国构建新发展格局的背景之下，继续引进部分技术含量偏低、环境友好程度偏低、周边经济效益偏低的项目，不符合经济高质量发展的基本要求，利用外资的效率需要进一步提高。

（二）外资的来源和流向多元化发展

除了外资利用效率的问题，目前中国外资的来源和流向均存在不同程

---

① 本章所提及的外资包括港澳台资。
② 刘建丽：《新中国利用外资 70 年：历程、效应与主要经验》，《管理世界》2019 年第 11 期。
③ 刘建丽：《新中国利用外资 70 年：历程、效应与主要经验》，《管理世界》2019 年第 11 期。

度的失衡。在中国加快构建新发展格局的背景之下，外资的来源和流向都有待进一步优化。

外资来源方面，中国外资来源的多元化、均衡化水平有待提高。具体来说，在中国大陆的外资来源中，香港一直居于第一来源地的地位。20世纪80年代，港资占到内地利用外资的60%以上，20世纪90年代随着西方发达国家资本的进入，港资占比有所下降。但最近几年，受到中美经贸摩擦等外部不确定性事件的影响，港资在中国利用外资总额中的占比快速回升。以最新公布的2020年数据为例，中国实际利用中国香港外商直接投资金额高达10579亿美元，占中国实际利用世界外商直接投资金额的73.3%。这种外资来源地结构过于单一的现象不但不利于中国经济的韧性，还隐含了超国民待遇下虚假外资套利等一系列问题。

外资流向方面，中国利用外资的产业结构有待进一步提升。具体来说，目前中国吸引外商直接投资的重点产业已经由早期集中的第二产业向第三产业转移，2019年外商直接投资（实际使用金额）中第三产业占比已经接近69%，但其中房地产业、租赁和商务服务业等服务产业的占比靠前，信息传输和信息技术服务业、科学研究和技术服务业等高端服务业的占比有待进一步提高；[①] 在利用外资的地理结构方面，1992年至今，东部地区外商直接投资总额在全国的占比一直高达80%以上，中、西部地区在利用外资的规模和质量上依旧与东部地区存在较大差距，这对中国的外资利用提出了新的挑战。

（三）妥善应对外部环境变化对中国吸引外资形成的挑战

除了自身的主观原因，吸引和利用外资还会受到外部世界经济整体环境变化的影响。在百年未有之大变局的背景之下，中国对于外资的吸引和利用也正面临一系列新的挑战，新发展格局的构建要求中国妥善应对外部环境变化对中国吸引外资带来的一系列挑战。

第一，受到西方国家"再工业化"战略等因素的影响，国际投资整体下滑。自金融危机以来，世界经济呈现低增长、低贸易流动、低利率等特征，西方国家普遍提出了不同版本的"再工业化"战略，全球FDI总量随之萎缩。在国际投资整体下滑的背景之下，外资的"蛋糕"正在不断缩小，中国利用外资的难度也会随之上升。

---

① 资料来源：《中国统计年鉴2020》。

第二，东盟、南美、非洲等地区的具有后发优势的发展中国家有可能对中国吸引外资形成竞争压力。具体来说，中国经济逐渐由高速增长阶段进入高质量发展阶段，正经历质量变革、效率变革和动力变革，传统的劳动力、土地等生产要素的价格不断上升，传统比较优势正在逐渐减弱。东盟、南美、非洲等地区国家更低的生产要素价格会在一定程度上对中国吸引外资形成竞争。

第三，国际自贸协定陆续签署可能对中国利用外资产生挤出效应。最近两年，美国屡屡发起单边主义行动，对既有的国际贸易协议框架发起挑战，并正在通过多个双边贸易协定"维护"美国利益。在原有国际经济秩序不断被破坏和重塑的过程中，世界各经济体都在重新评估自身在国际经济合作中的位置。[1]

二 优化营商环境、提高利用外资水平的国际经验

从国际经验上看，除了生产要素价格、市场规模和各类投资激励政策，优质的营商环境和制度供给也是影响国际投资流向的重要因素。面对全球国际投资收缩的现状和中国当前利用外资不充分、不平衡的问题，单纯地依靠生产要素的价格优势或是税收优惠、补贴等政策激励措施不但很难让中国在利用外资的竞争中继续保持优势，也不符合中国高水平利用外资、推动经济高质量发展的现实要求。在此背景下，唯有不断创造新的制度优势，才能不断增强中国经济的吸引力、创造力、竞争力，好的营商环境就是生产力、竞争力。[2] 事实上，中国对于营商环境的重视程度也正在不断上升。《中华人民共和国国民经济和社会发展第十四个五年规划和2035年远景目标纲要》第四十章"建设更高水平开放型经济新体制"将打造"更优的营商环境"作为重要举措，第二十二章"提升政府经济治理能力"更是用一节的篇幅提出了"优化市场化法治化国际化营商环境"的具体措施。就国际经验而言，在国内优化营商环境顶层设计日趋完善的基础之上，中国更加需要学习新加坡、丹麦等国家打造"小而精"营商环境的具体经验。

---

[1] 刘建丽：《大变局下中国工业利用外资的态势、风险与"十四五"政策着力点》，《改革》2020年第10期。

[2] 吴秋余：《好的营商环境就是生产力、竞争力》，《人民日报》2019年10月22日。

（一）新加坡：国际营商环境治理的典范

新加坡作为位于亚洲心脏地带的著名岛国，是全球开放型经济发展最为成功的案例之一。目前，在政府多年的规划和调控下，新加坡已经成为亚太地区最为重要的国际航运枢纽和金融中心。根据世界银行《全球营商环境报告》统计，最近10年来，新加坡的营商环境连续多年稳居全球前5，2017~2020年连续4年保持全球第2。新加坡作为自身经济规模较小但地理位置优越的岛国，其对外开放的成功案例具有一定的特殊性，但其在营商环境治理方面的具体经验仍值得中国借鉴。具体来说，创新的监管服务模式、高度自由化的投资政策、便捷的企业开办程序以及对中小投资者的激励保护等优质条件，是新加坡一直以来被世界银行评估为全球营商环境最佳经济体之一的主要原因。

第一，新加坡依托先进的信息化系统，不断创新监管服务新模式，贸易、投资的便利化水平世界领先。具体来说，新加坡是世界上最早开发、使用"国际贸易单一窗口"的国家，早在1989年，新加坡就成功上线了世界上第一个国家级电子贸易通关系统——新加坡贸易网（TradeNet）。该系统加强了各个监管部门之间的信息共享，允许所有相关公共及私营部门通过电子方式交换贸易信息、简化处理流程以达到提高效率和降低成本的目的。目前，TradeNet贸易网络系统已经升级至4.0版本，通过该系统整合的货物流动的文件流程，15分钟内就可以快速完成货物的所有清关程序。[1] 以TradeNet为核心组件，新加坡又开发、建设了名为TradeXchange的全国性的贸易及物流IT平台，进一步方便了企业与政府部门之间的信息交流，大大提升了新加坡境内外的货物流通效率。目前，TradeXchange平台已经实现了与世界各国商业系统和管理系统的对接，贸易商可以通过该系统直接接入TradeNet、PortNet、Marinet等其他增值服务系统。新加坡国际贸易单一窗口最大特点是完全通过公私合作的方式进行，TradeNet系统和TradeXchange平台的开发和运维均由私人企业——劲升逻辑负责，私营企业主要关注技术层面的工作，而政府部门主要负责政策推进等事项。新加坡还长期致力于将单一窗口建设方面的先进理念、最佳经验、成熟技术提供给全球其他国家和地区。截至2019年底，新加坡已经在全球建设了超

---

[1] 朱孟楠、陈冲、朱慧君：《从自贸区迈向自由贸易港：国际比较与中国的选择——兼析厦门自由贸易港建设》，《金融论坛》2018年第5期。

50个连接点，有效拓宽了跨境贸易、投资便利化的范围。①

第二，新加坡采取了高度自由化的投资政策，对外资实行准入前国民待遇，不对外资企业的投资和经营活动进行过多约束。一是在投资和经营许可方面，新加坡政府允许外资持有投资企业100%的股份，对外资的业务活动范围也未进行限制。此外，新加坡政府还根据WTO的TRIMS协议要求，在投资问题上不设置任何本地含量要求，不设置任何针对外资企业的出口比例要求。二是在企业税负方面，新加坡实行内外资一视同仁的企业所得税政策，目前外资企业的平均税率仅为9.8%，这些外资企业还签署了50个避免双重课税协定、30项投资保证协议，确保了其在新加坡进行跨国业务的总公司享有税收优惠。

第三，新加坡建立了完备的法律法规体系，通过高效的政务服务精简外资企业各项开办经营成本。一是在法律法规方面，新加坡政府为了使来自各地的外资企业能在相对公平的营商环境下运营，出台了大量有关保护投资和竞争政策的法律条文。为了尽可能地打造一流的营商环境，减少外商投资的不确定性，新加坡针对贸易和投资出台了一系列成文法规。例如，为了提供全方位的知识产权保护，出台并严格实施《商标法案》、《注册商标设计法》、《专利法案》和《版权法》；新加坡还在其《竞争法》中明确禁止企业通过限制某些有碍公平市场竞争的行为来保障有效、健康的营商环境。二是在精简企业各项开办经营成本方面，新加坡素以高效著称，外资企业的开办和经营都极为便捷。目前，新加坡为外资企业提供简便的注册程序、便利的商用设施、有效的员工招募等一系列服务，已经实现了2个程序开办环节、1.5天开办时间、41天施工许可及64小时纳税等办事方法。

（二）丹麦：打造欧洲最佳营商环境的案例

丹麦是世界上富有的国家之一，2018年人均GDP高达6.09万美元。在优质营商环境之下，开放型经济的成功是其国民经济高水平发展的重要原因之一。世界银行《全球营商环境报告》显示，近10年来丹麦一直稳居全球营商环境排名前10，并呈逐年上升态势，于2019年和2020年达到了全球第4和并列全球第3的高位。相较于新加坡得天独厚的地理区位和

---

① 王语涵：《优化口岸营商环境的国际经验与启示——六国提升跨境贸易便利化水平做法调研》，《中国对外贸易》2021年第7期。

"小国寡民"的特殊国情，丹麦作为欧洲营商环境较好的国家之一，其改善营商环境的成功经验更多在于超前谋划和细心经营。

第一，重视科技研发，通过创新优势和规模效应吸引外资。丹麦是世界上较为重视科技研发的国家之一，雄厚的创新实力、良好的科研氛围和完备的产业集群为丹麦吸引和利用外资提供了坚实的基础。世界银行的数据显示，2009年以来，丹麦的研发支出GDP占比连续10年超过美国，2018年丹麦的研发支出GDP占比已达到3.03%，高居欧盟第三位。[1] 持续的研发投入让丹麦在新能源技术、生物医药、纳米技术和声学方面形成了独具特色的国际领先优势。相关领域良好的创新优势和初具雏形的产业集群构成了丹麦吸引国际投资的重要条件。具体来说，以丹麦支柱产业之一的医药工业为例，丹麦依托自身在生物医药领域的技术优势，打造了位于哥本哈根和瑞典南部斯堪的纳维亚地区之间的"药谷"。谷内汇集了14所大学、26家研究型医院、6个大规模科技产业园和超过250家的相关企业，有超过1万名生物医药和临床领域的专家在此进行研究工作，吸引了Novo Nordisk、AstraZeneca和Lundbeck等多家全球知名的大型制药企业入驻。作为欧洲规模最大、生长速度最快的生物技术产业集群之一，"药谷"已经成为丹麦吸引外商投资的重要"高地"。除了生物医药产业，丹麦政府还通过"数字战略"不断吸引国际数字巨头企业在丹麦落户，目前已有Facebook、苹果等科技公司在丹麦建立了海外数据中心。[2]

第二，重视政府职能，依托"数字化"革命优化公共服务。不同于部分西方国家"大市场、小政府"的传统经济模式，丹麦政府一直保持着较大的公共投资力度，在提供公共服务方面更加强调发挥政府的积极作用，每年都有较大规模的投资用于提高水、电、气等公共服务效率，为海外资本的流入提供了一流的基础设施环境。自2016年起，丹麦政府开始实施《2016~2020年数字战略》，旨在建立更强大、更安全的"数字丹麦"。该战略致力于淘汰纸制版文件的使用、提供快速且高质量的数字化方案、以开放政府基本数据来不断提高公共部门面向公众和企业的透明度和便利度。随着"数字战略"的实施，目前丹麦大多数审批事项都可以依靠"一

---

[1] 资料来源：世界银行数据库，https://data.worldbank.org.cn/indicator/GB.XPD.RSDV.GD.ZS?locations=DK。
[2] 胡兴旺、周淼：《优化营商环境的国内外典型做法及经验借鉴》，《财政科学》2018年第9期。

站式"电子化办理快速完成。例如，丹麦政府通过引入在线平台，允许企业同时完成商业和税务登记、允许企业以电子方式提出初始申诉、允许法官和律师通过电子平台管理商业案件等。丹麦通过电子化建设推进公共服务流程的重组再造，实现了行政审批流程的简化，进一步优化了营商环境。[1]

第三，提供稳定的经营环境，打造安全的外资"避风港"。丹麦是国际上长期保持3A信用评级的国家，在金融危机及欧债危机中，丹麦政府采取了减税、扩张支出以及向银行提供财政支持等措施稳定经济。2009~2016年丹麦政府年均财政赤字率仅为1.6%，2017年在经济复苏带动税收收入增长下快速实现了财政盈余，2019年财政盈余率为2.5%，政府债务负担与GDP之比仅为30.3%，在同类国家中处于极低水平。受不确定因素影响，丹麦的财政赤字和政府负债在2020年和2021年出现了明显增长，但仍处于相对合理区间。优质的信用条件和稳定的政策环境促成了丹麦优质的营商环境，丹麦也因此成为全球避险性投资的重要目的地之一。

三 中国推动更高水平外资利用的政策选择

中华人民共和国商务部《"十四五"利用外资发展规划》中明确提出了中国在"十四五"时期要实现"外商投资准入范围进一步扩大、利用外资结构进一步改善、开放平台作用进一步提升、外商投资管理体制进一步健全、外商投资环境进一步优化"的五大目标，以及力争在2035年实现"吸引外商投资的综合竞争优势更加明显，利用外资水平显著提高、质量大幅提升，营商环境国际一流，成为跨国投资主要目的地，打造东亚地区创新和高端制造中心，参与国际经济合作和竞争新优势明显增强"。[2] 围绕以上目标，结合新加坡、丹麦等国的相关经验，中国可以从以下三个方面入手，进一步优化营商环境、提高利用外资水平。

（一）压缩外商投资准入负面清单，降低外资准入门槛

放宽外商投资准入门槛，在兼顾安全的前提下给予外资更大的自主权力，这是进一步吸引、利用外资的基本前提。就新加坡和丹麦的经验来

---

[1] 徐国冲、吴筱薇：《"数字丹麦"建设：战略、特点与启示》，《学习论坛》2021年第2期。
[2] 《"十四五"利用外资发展规划》，中华人民共和国商务部网站，2021年10月22日，http://wzs.mofcom.gov.cn/article/wzyx/202110/20211003210174.shtml。

看，对外资实行准入前国民待遇，不对外资企业的投资和经营活动进行过多约束是两个国家打造最优营商环境的基础条件。

而OECD测算的全球外商直接投资监管限制指数（FDI Regulatory Restrictiveness Index）显示，2020年中国在第一、第二、第三产业的外商直接投资监管限制指数分别为0.342、0.070和0.254，不但明显高于OECD国家平均水平，也高于印度、俄罗斯、巴西等非OECD国家。[①] 尤其是中国在涉及国家安全的渔业、媒体、电台和电视广播、航空、物流、电力、配电、医疗机构、法律服务等领域的外商直接投资监管限制指数较高，开放程度有待进一步加深。围绕"十四五"时期外商投资准入范围进一步扩大的发展目标，中国需要坚持实施更大范围、更宽领域、更深层次的对外开放，在现有的外商投资准入前国民待遇加负面清单管理制度的基础上有序减少市场准入限制，尤其是可以优先支持先进制造业、战略性新兴产业和现代服务业的外来资本来华投资，利用清单开放进一步引导、优化利用外资结构。

（二）加快推进新型基础设施建设，奠定优质营商环境的物质基础

基础设施建设作为衡量营商环境的"硬"指标，是营造优质营商环境的基本前提。新加坡和丹麦重视基础设施建设的相关经验说明，只有建设便捷高效的基础设施环境，完善配套硬件设施，才能更好地发挥地理区位优势，更加有效地吸引外资。

虽然经过大规模的投资和建设，中国已经在基础设施建设领域取得了举世瞩目的成就，但对标高质量发展要求，中国现有的基础设施体系仍不完善，协调性、系统性和整体性发展水平不高，服务能力、运行效率、服务品质短板还比较明显。[②] 尤其是在新产业革命的背景下，数据等新兴生产要素在生产过程中的重要性不断凸显，中国在利用外资的过程中需要抓住历史机遇，以应对自身劳动力、土地等传统生产要素价格不断上升的挑战。因此，中国可以将加快建设新型基础设施作为抓手，依托现代信息智能技术对传统基础设施进行改造升级，重点围绕强化数字转型、智能升级、融合创新支撑，布局建设信息基础设施、融合基础设施、创新基础设

---

① 资料来源：*OECD FDI Regulatory Restrictiveness Index*，https://stats.oecd.org/Index.aspx?datasetcode=FDIINDEX。

② 《中华人民共和国国民经济和社会发展第十四个五年规划和2035年远景目标纲要》，中国政府网，2021年3月13日，http://www.gov.cn/xinwen/2021-03/13/content_5592681.htm。

施等新型基础设施，利用本轮新产业革命实现"弯道超车"，力争将全球领先的新型基础设施打造成为中国吸引、利用外资的新优势。

（三）围绕"数字政府"创新管理模式，提高行政服务效率

优质、高效的公共服务是良好营商环境的重要组成部分。从新加坡和丹麦的相关经验来看，利用信息化、数字化系统创新监管服务模式是简化公共服务和行政审批流程，提高贸易、投资便利化水平的重要手段。

对于中国来说，同样可以通过加快建设"数字政府"，进一步提升针对外商投资的服务效率和服务质量。事实上，商务部《"十四五"利用外资发展规划》已经在《全流程外商投资服务提升工程》专栏中提出了鼓励各地建立国际投资"单一窗口"、推动政务服务"跨省通办"、推进电子证照跨省互认等具体举措。[①] 在此基础上，中国还可以效仿新加坡、丹麦等中小国家的经验，在时机成熟时由主管利用外资事务的商务部牵头，协调、整合各省国际投资"单一窗口"，在相关系统纳入各地"一网通办"政务服务的相关功能，通过实现全国层面的国际投资"一网通办"构筑各省（区、市）的营商环境"底线"。

第四节 加强政策引导，提升对外投资效益

对外投资作为资本流动的重要形式，是企业在全球配置要素、完成生产和销售布局的重要手段，也是企业降低成本、促进创新、提高生产率的重要途径，对一个国家的全球产业链布局及产业链结构完善具有重要意义。正因如此，"十四五"规划的第十三章"促进国内国际双循环"明确提出，要坚持"引进来"和"走出去"并重，以高水平双向投资高效利用全球资源要素和市场空间，完善产业链供应链保障机制，推动产业竞争力提升。[②] 面对中国对外投资合作存在的外部风险增大、收益回流受阻等问题，中国有必要继续学习借鉴美国、日本等国家的相关经验，加强政策引导，进一步提升对外投资的水平和效益，加快推动对外投资合作成为促进国内国际循环融合发展的重要动力。

---

① 《"十四五"利用外资发展规划》，中华人民共和国商务部网站，2021年10月22日，http：//wzs. mofcom. gov. cn/article/wzyx/202110/20211003210174. shtml。

② 《中华人民共和国国民经济和社会发展第十四个五年规划和2035年远景目标纲要》，中国政府网，2021年3月13日，http：//www. gov. cn/xinwen/2021-03/13/content_ 5592681. htm。

一 新发展格局对中国对外投资的新要求

自2000年全国人大九届三次会议正式将"走出去"上升至国家战略以来，中国的对外投资在短短十余年的时间里快速发展，2015年中国的对外直接投资规模首次超过利用规模，成为资本净输出国。整个"十三五"时期，中国境外投资流量累计达7673.3亿美元，约为"十二五"时期的1.4倍，其中对外承包工程累计完成营业额8258.9亿美元，是"十二五"时期的1.3倍；新签合同额12668.8亿美元，是"十二五"时期的1.5倍。截至2020年末，中国对外投资存量超过2.2万亿美元，约为2015年末的2倍，位次由全球第8上升至全球第3位。[1] 虽然从规模和收益上看，中国的对外投资合作已经取得了长足进步，但仍面临着外部环境恶化、收益回流受阻等问题和挑战。

（一）应对投资环境恶化风险

外部风险是直接影响国际投资的重要因素，在中国企业对外投资经验和风险防范能力本身就有所欠缺的情况下，外部投资环境的恶化尤其值得警惕。具体来说，在构建新发展格局的过程中，中国的对外投资合作需要应对以下三方面的风险。

第一，全球贸易和投资壁垒增多，阻碍中国企业对外投资合作。英国经济政策研究中心（CEPR）创建的全球贸易投资预警数据库的统计数据显示，2009年至2016年，世界主要国家的贸易和投资壁垒呈现上升趋势，实施保护的产业由传统产业扩大至服务业、金融业、高技术产业，采取投资保护的形式也以技术标准、环境标准、劳工标准等隐性手段为主。

第二，随着中国国家实力的不断提升，并由于经济体制、意识形态、文化传统等差异，部分西方国家习惯将中国企业"走出去"的对外投资行为与国家意志相联系，对来自中国的投资存有较强的戒心，它们在关注中国的经济目标体系时经常带有极大的泛政治化倾向。[2] 例如，《中欧投资协定》就因为政治因素遭到欧盟议会的冻结，暂时搁置。

第三，中美经贸摩擦持续升级制约中国企业海外业务发展。自2018年中美经贸摩擦爆发以来，美国已经将中国上百家科研机构、企业和个人列

---

[1] 资料来源：《"十四五"规划纲要解读文章之22：建设更高水平开放型经济新体制》。
[2] 郝红梅、吕博：《中国对外投资及国际经验借鉴》，《中国经贸》2012年第9期。

入实体清单,对其实施出口管制和投资限制。中美经贸摩擦的加剧不但影响了中国企业的对美投资,美国的单边制裁和"长臂管辖"也影响了中国企业在世界其他地区正常的经贸合作活动。

(二) 改善对外投资收益

面对日益恶化的对外投资环境,中国对外投资收益不足的问题不断暴露。这种收益不足既体现在国有企业对外投资的效率较低,也体现在民营企业的海外投资风险与回报的不匹配,因此,改善对外投资收益是新发展格局对中国对外投资的必然要求。

第一,国有企业对外投资效率较低。在中国"走出去"的本土企业中,国有企业占到了半数以上,国有资本占据主导地位是中国对外投资的主要模式。但是目前,多数国有企业的对外投资主要集中在传统产业,对高新技术产业的投资较少,并且具有项目规模大、全球布点多、营业额高但投资成本高、技术易替代、国际议价能力低等"大而不强"的特征。此外,由于"委托—代理"链条较长、预算软约束等问题长期存在,国有企业海外经营中激励机制不健全和经营效率低下等现象屡见不鲜。[1]

第二,民营企业海外投资风险与回报不匹配。从风险来看,由于海外投资保护平台尚未完善,中国民营企业在融资渠道、产业链和市场稳定性、产品和汇率价格、政商关系、劳资关系、法律保障等方面均存在较高风险。与此同时,能源、运输、房地产、金融等高利润行业的投资者仍以国有企业为主,民营企业的对外投资主要集中在旅游业和部分制造业,整体投资额和利润率不高。

(三) 降低海外资产收益回流限制

受国内外税率差异较大等因素的影响,中国企业大部分的海外资产及相关收益仍主要参与经济外循环,对于经济内循环的带动和促进作用有限。对海外资产收益回流的限制,阻碍了对外投资对国内经济的带动作用。因此,新发展格局要求中国逐步降低海外资产收益回流限制。

具体来说,截至2020年4月,在中国已经设立对外投资企业的188个国家和地区中,仅有107个国家和地区与中国签订了避免双重税收的相关协定,导致中国企业在未签署协定国家或地区处理利润时仍面临双重征税

---

[1] 张原:《中国对外投资的特征、挑战与"双循环"发展战略应对》,《当代经济管理》2021年第7期。

问题。因此,企业往往会选择在境外建立资金周转中心,并将利润在境外进行调配和再投资,最终使得这部分资金难以参与国内大循环。此外,部分发展中国家为了吸引外资,采用较低的税率对自身营商环境的不足进行风险补偿。但依照中国现有的境外税收抵免政策,如果企业对税率低于中国的国家进行投资,投资后的收益要按照国内税制将差额补齐,这也会导致大部分企业在衡量补缴差额税款和利润海外循环利弊的情况后,选择"海外挣钱,海外花",阻碍了对外投资的利润回流。[1]

二 通过政策引导提升对外投资效益的国际经验

从对外投资国际经验上看,虽然企业是对外投资的主体,但是由政府出面为企业对外投资制定产业政策,提供财税、金融等方面的政策支持,是以美国为代表的全球各主要投资大国的通行做法。就美国和日本的经验来看,企业的参与和政府的扶持、引导都在对外投资发展过程中扮演着重要角色。

(一) 美国:"经济外交"、激励政策与风险防控

美国是世界上对外投资存量最多的国家,对外投资历史悠久、投资经验丰富。在美国发展对外投资的相关经验中,美国政府"经济外交"的助力、激励政策的扶持和对风险防控的保障均是美国对外投资发展良好的重要原因。

第一,美国政府的"经济外交"政策为跨国公司的对外投资保驾护航。所谓"经济外交"是指以最大限度地扩大经济利益为出发点,来确定外交活动的目标,制定对外政策,并开展相应的外交活动。"经济外交"的主要目标是促进对外贸易,增强国家实力,保护本国国家利益和本国公司利益等,其手段包括经济援助、经济渗透、经济条约、经济合作、封锁禁运、经济制裁、贸易战、货币战等。[2] 自克林顿政府把"经济外交"作为其外交政策的重要组成部分以来,历任美国政府都将开辟海外市场、维护跨国公司的海外利益视为自身的重要任务之一,为美国跨国公司的对外投资发展提供了重要帮助。

第二,美国为了促进和保护本国的海外投资,在财税政策、产业政

---

[1] 袁铂宗、祁欣:《对外投资合作促进"双循环"新发展格局的实践路径及优化对策》,《国际贸易》2021年第9期。

[2] 贾永轩:《国家间外交关系的新趋势——经济外交》,《世界经济与政治》1996年第11期。

策、金融政策等方面采取了一系列激励政策。其一，在财税政策方面，除了直接利用政府援外经费为私营资本获取战略性资源和市场准入机会，利用财政资金为本国企业在海外投资提供各类补贴，美国还将税收优惠措施作为支持和鼓励私人海外直接投资的重要工具，对企业和个人所得税实行税收减免、税收抵免和税收延付，对海外投资企业的产品关税采取"附加价值征税"制度。① 其二，在产业政策方面，美国的产业扶植政策已经逐步"隐形化"，并不直接冠以"产业政策"的名称，一般通过鼓励创新、加强环保、强化公平竞争、推广技术成果商业化和工业化等名义进行。例如，2005年美国国会通过《能源法》把能源产业上升为战略产业，提出了储备能源的具体任务，鼓励美国企业对外进行能源投资。② 其三，在金融政策方面，美国进出口银行、小企业管理局等机构为企业对外投资提供了融资、担保等方面的金融支持。例如，美国政府直属的进出口银行可以为美国企业对外投资提供最长可达30年的长期贷款，其利率则通常低于商业银行。

第三，美国完善的风险防控体系为企业的对外投资提供了有力保障。其一，美国针对境外投资企业建立了完善的事前风险控制制度。美国对外投资企业大都采取分公司制，不同国别的公司有较高的独立性和决策权，能够根据东道国的营商环境设计不同的风险控制体系。此外，美国的风险服务机构也可以为美国企业在全球投资提供全面的风险分析服务，帮助企业通过前期的识别、评估、控制和预防措施，降低风险事件发生的概率。其二，美国完备的保险制度为企业对外投资的事后风险提供了良好对冲。美国是最早建立海外投资保险机构的国家之一，不仅有美国国家投资保险公司等可以提供高达投资金额75%的保险服务的公立保险机构，还有大量可以提供各类细分市场保险服务的私营保险公司。完善的保险制度使得美国企业在海外投资过程中可以分散和对冲政治动荡、自然灾害、工程事故、汇兑损失等各类风险，进一步提高了美国企业对外投资的能力和积极性。③

---

① 杨长湧：《美国对外直接投资的历程、经验及对我国的启示》，《经济研究参考》2011年第22期。
② 程都：《优化对外投资支持政策——主要投资大国对外投资支持政策差异分析》，《中国投资》2021年第9期。
③ 樊烨：《借鉴国际经验完善对外投资风险防控体系》，《新西部》2019年第17期。

(二) 日本:"投资立国"和"经济驱动"相结合的对外投资战略

日本作为后发国家,在对外投资的过程中充分学习了美国的相关经验,在财税、金融、保险等方面的对外投资扶持政策与美国有一定的相似之处。但日本结合自身国情的对外投资政策也有一定的创新之处。

日本结合自身经济发展状况适时将"投资立国"作为重要的国家战略。二战后,日本政府最早将"贸易立国"作为其参与国际经济活动的基本战略,强调通过进出口贸易促进国内经济发展。在这一战略导向下,日本在1965年首次出现贸易盈余,并在进入20世纪70年代后贸易顺差大幅度增加。英美等国为平衡与日本的持续贸易逆差,于1985年与日本签订了《广场协议》,迫使日元升值,以此抑制日本产品的价格竞争力,日本也逐渐开始由"贸易立国"向"对外投资立国"转变。2005年4月,日本内阁召开的经济财政咨询会议通过关于分析日本未来发展趋势的《21世纪展望》,正式将"投资立国"作为日本重要的发展战略,提出要顺应世界经济全球化的潮流,在进一步开展全球性投资活动的基础上,以提高对外资产收益率为中心,改善国际投资的结构和质量,最终实现"投资立国"。[①]

日本的"投资立国"战略主要通过三个途径实现人力资本、研发要素等资源在全球范围内的优化配置。其一,将生产基地转移到具有劳动力比较优势的发展中国家以降低生产成本;其二,通过在发达国家设立研发中心的方式,推动技术水平和生产力的提高;其三,将国内释放的禀赋转移到新兴产业和高新技术产业,提升国内生产要素的生产效率,从而维持制造业在全球价值链中的优势地位。围绕"投资立国"的国家战略,日本对外投资的规模迅速扩大,对外投资主体由中小型企业变成大型跨国企业,对外投资"目的国"从发展中国家为主转变为发展中国家与发达国家并重,对外投资产业也从劳动密集型、低技术含量、低附加值向资本密集型、高技术含量、高附加值转变。[②]

不同于美国大刀阔斧的"经济外交"政策,日本作为"经济上的巨人,政治上的矮子",更加注重通过提升国家形象、提供境外贷款等经济手段帮助日本企业开拓投资市场。其一,日本在对外贸易和对外投资过程

[①] 刘昌黎:《日本国际收支的历史性转折与投资立国》,《日本学刊》2007年第2期。
[②] 杨超、贺俊、黄群慧等:《日本制造业海外布局策略及其借鉴意义》,《国际经济合作》2018年第1期。

中非常注重国家形象，一直试图通过广泛的沟通联络释放善意，强化交流，以减少日本产品和日本企业在东道国可能遇到的阻碍。其二，日本通过各类开发援助贷款将日本企业的投资活动与东道国的相关项目进行捆绑，为日本企业对外投资活动赢得了长期的支持。在日本企业对外投资过程中，日本政府向很多投资目的国提供了贷款期限较长的开发援助贷款，这些贷款不仅使东道国获得了资金支持，也在一定程度上锁定了日本投资企业和东道国政府的关系，降低了日本企业在海外投资过程中可能遇到的政治风险。[1]

三 中国推动更高水平对外投资的政策选择

"十四五"规划将对外投资作为高效利用全球资源要素和市场空间，完善产业链供应链保障机制，推动产业竞争力提升的重要手段。而从美国和日本的经验来看，本国企业的对外投资离不开政府的积极引导和保驾护航。因此，面对当前外部投资环境恶化的整体趋势，中国需要充分发挥中国特色社会主义的制度优势，进一步加强顶层设计和政策引导，加快提升对外投资的质量和效益。

（一）针对重点产业加大扶持力度，引导中国企业优化对外投资结构

由于处于不同的发展阶段，当前中国针对企业对外投资的税收优惠力度、金融支持力度不及美日等国，这也从一定程度上阻碍了对外投资的利润回流。针对这一现象，中国应将加大政策扶持力度与优化对外投资结构的目标相结合，充分学习日本"投资立国"的相关经验，在兼顾降低生产成本和提高技术水平两类投资目标的前提下，更加重视在全球价值链中的高端布局。同时，打通对外投资资金回流通道，进一步引导中国企业优化对外投资结构。

（二）依托共建"一带一路"，聚焦对外投资重点区域

无论是美国采取的"经济外交"政策，还是日本提升国家形象、提供境外贷款的经济手段都充分说明，对外投资的安全和经济利益背后需要有国家强大的经济和政治实力作支撑。对外投资需要权衡经济利益与投资风险，尽可能地把重点投资区域布局在国家影响力的辐射范围之内。正因如此，在今后较长一段时间里，共建"一带一路"都将是中国对外投资合作

---

[1] 苏杭：《日本对外直接投资的网络化发展及启示》，《日本学刊》2015年第2期。

的主要载体和重点方向。

具体来说，中国可以从以下两方面入手，一是中国可以结合自身地缘环境，在共建"一带一路"总体框架下，将东盟作为建设对外投资合作新格局的突破口和示范区。充分发挥中国在数字技术、电子信息等先进技术领域的优势，以数据信息为纽带，以数字经济与"智能+制造"发展为契机，积极探索与东盟主要国家的产能合作新模式，带动数字化跨境制造网络的形成，实现中国与东盟产业链的深度融合。① 二是可以学习日本经验，通过共建"一带一路"，树立中国良好的国家形象，为中国企业的对外投资提供更广阔的空间。

（三）加快完善风险防控体系，降低企业对外投资风险

从美国的经验来看，在对外投资高风险与高回报并存的背景下，完善的风险防控体系可以为企业的对外投资提供有力保障。在外部投资环境恶化的整体趋势下，中国更加需要通过完善的海外利益保护、风险预警防范和现代保险体系，在维护国家安全和海外利益的同时，消除企业对外投资的后顾之忧。

具体来说，在海外利益保护体系方面，中国可以在国家层面设立跨部门海外权益保障协调机制，在外交部或商务部下设"海外权益保障局"，统筹行使海外权益保障职能。② 在风险预警防范体系方面，中国可以尝试建立一套由政府、高校、企业和研究机构共同参与的国别风险评级体系，定期通过政府公共服务平台对中国企业主要投资的国家的情况进行评估，对相关风险进行提前预警。在保险体系方面，中国可以在构建现代财税金融体系的相关工作中进一步完善现有的境外投资保险制度，针对对外投资的各类风险构建公立保险机构和私营保险公司共同参与的保险服务网络。

第五节　循序渐进，稳妥推动金融开放

金融是实体经济的血脉，在畅通国民经济循环中发挥着重要作用。高质量的金融开放不仅有助于中国与全球分享机遇、强化联系，也将助力中国经济更充分地利用国际国内两个市场、两种资源，是构建新发展格局的

---

① 田原：《我国对外投资合作现状、展望及发展策略》，《中国国情国力》2021年第10期。
② 《贾庆国常委的发言：构建海外利益保护和风险预警防范体系》，《中国政协报》2021年9月1日。

重要依托。中国应充分借鉴美国有序开放的经验，吸取亚洲国家过度开放的教训，循序渐进，稳步推进金融开放。

一 新发展格局对中国金融开放的新要求

长期以来，学术界对金融开放的概念存在不同的理解。部分学者将金融开放狭义地限定于金融业开放，但是也有一部分学者认为广义的金融开放应包括与跨境资本流动相关的资本项目开放等金融业开放之外的内容。习近平总书记在2017年的全国金融工作会议上围绕"扩大金融对外开放"提出"要深化人民币汇率形成机制改革，稳步推进人民币国际化，稳步实现资本项目可兑换，积极稳妥推动金融业对外开放"。[1] 可以看出，新时代金融对外开放的内容主要涉及金融市场开放、资本项目开放、人民币国际化三个方面。而从发展的现存问题上看，中国在以上三方面的金融开放中均有可进步的空间。

（一）提高中资金融机构竞争力

金融市场具体包括银行、证券、保险、基金、信托等细分金融行业，改革开放40多年来，中国市场已经成长为全球最重要的银行和保险市场。随着银行、保险、证券、基金管理、期货等领域外资股比限制完全取消，外资金融机构的大量进入可能导致中资金融机构在盈利能力、投资能力、综合管理能力等方面的竞争力不足，中资金融机构的竞争力亟待加强。

第一，当前中资金融机构承担了较多的政策性职能。除自身的盈利目标之外，中资金融机构往往还承担着开展普惠金融、支持重大项目和补短板项目、支持中小民营企业融资等政策性职能，经营目标更加复杂，盈利能力存在一定短板。一旦市场准入限制降低，盈利能力较强的外资金融机构将抢夺中资金融机构的优质客户和业务，直接挤压中资金融机构的市场和利润空间。

第二，中资金融机构服务和风险防控能力不足。由于中国利率市场化改革尚未完成，金融行业的竞争没有真正放开，长期在利率管制之下的中资金融机构就像"温室里的花朵"，其服务能力和风险控制能力相较外资金融机构仍存在一定的差距。

---

[1] 《全国金融工作会议在京召开》，中国政府网，2017年7月15日，http://www.gov.cn/xinwen/2017-07/15/content_5210774.htm。

第三，中资金融机构的公司治理水平偏低。无论是城商行、农商行，还是大型国有银行、全国性的股份制商业银行，中资金融机构的公司治理水平普遍偏低。例如"三会一层"职能不清、董事长直接介入具体日常经营活动、员工利益没有和机构发展深度捆绑、缺乏有效激励等。[①]

（二）扩大资本项目开放空间

资本项目开放主要指一国的货币不仅可以在国际收支经常性往来中自由兑换成其他货币，而且在资本项目上也可以实现自由兑换。在现实中，由于资本项目开放事关国家金融安全和货币政策独立，世界上还没有一个国家真正实现IMF在《2011年汇兑安排与汇兑限制年报》中提出的资本项目完全开放。但是相比于发达国家，中国的资本项目仍有继续开放的空间。

中国自2009年推行人民币贸易结算以来，已经在一定程度上开放了资本项目下的各类子项目，通过资本市场证券、货币市场工具、商业信贷、金融信贷等子项目的运转，基本实现了"热钱"的短期资本跨境流动。但是目前，除以人民币跨境支付等为主体的试点外，中国资本账户开放的安排还是呈现"宽进严出"的特征，在短期因素影响下，海外资金的过度流入可能带来输入性通货膨胀，推高国内资产价格，最终影响中国的货币政策。[②]此外，现有人民币的结算、流出和回流机制仍在不同程度上依赖香港作为人民币的离岸中心，汇差等问题依旧存在。

（三）推动人民币国际化

人民币国际化作为金融开放的重要组成部分，既是中国综合国力的重要体现，也是助力金融资源合理高效配置、畅通货币供需循环渠道的重要依托。随着2016年10月1日人民币以10.92%的权重正式加入特别提款权（SDR）并成为国际货币篮子中的第三大货币，人民币国际化已进入新阶段。但是相较于中国巨大的经济体量和日益增长的经济影响力，2020年28.39万亿元的人民币跨境收付金额还有进一步提高的空间。除人民币跨境收付规模以外，人民币清算行网络不够健全、双边货币合作的区域集中

---

① 盛松成、张承惠、彭文生等：《中国金融开放的形势研判与风险预警讨论》，《国际经济评论》2020年第6期。

② 盛松成、张承惠、彭文生等：《中国金融开放的形势研判与风险预警讨论》，《国际经济评论》2020年第6期。

度偏高、人民币使用区域不均衡等问题也有待进一步完善和解决。①

二 稳妥推动金融开放的国际经验

虽然中国的金融开放还存在诸多不足，但是从美国金融开放的历史经验和部分亚洲国家过度金融开放的历史教训来看，金融开放的推进很难一蹴而就，更不能操之过急。只有循序渐进，稳妥推动金融开放，才能有效管控开放过程中的相关风险，维护好国家的经济和金融安全。

（一）正面经验：美国服务国家利益的有限开放

美国是当之无愧的金融强国，在世界金融体系中具有独一无二的地位。从美国金融发展的历史来看，结合自身经济发展状况，自主、有序推进金融开放是美国金融开放的重要经验。

第一，美国的金融开放始终服务于美国国家利益。20世纪70年代，布雷顿森林体系崩溃对美国的金融行业产生了巨大的冲击。为了维系以美元作为主要国际货币的国际货币体系，也为了维持美国金融业的发展，美国选择进一步加大金融开放力度，通过打造开放而完备的金融市场，为各国持有的美元储备提供保值增值的投资场所。1973年，美国完全放开外国资本流入，取消了各国美元储备进入美国的障碍；1975年，美国率先实现了股票交易费用自由化，建立了世界上规模最大的证券市场，为各国美元储备的投资提供了一个完备的平台。借助金融开放，美国构建起如今的"债务—美元"体系，对外输出的美元可回流至美国境内，为美国提供消费、生产、投资所需的资金，同时，各国持有的美元储备仍然为美国自身的经济增长和金融发展效力。②

第二，美国的金融开放一直都是有限的开放，而非绝对的放开。值得注意的是，美国的这种金融开放一直都是服务于自身利益的、非对称的、有限的开放。

第三，强大的综合国力是美国和美元信用的重要保障。美国的金融开放离不开美国金融市场的持续繁荣和美元作为主要国际货币的强势地位，而强大的综合国力则是建立美国金融市场和美元信用的基石。具体来说，一国的国家信用能够得到国际认可，首先需要有足够的经济、政治、军事

---

① 林薇：《人民币国际化的现状、问题与推进措施》，《亚太经济》2021年第5期。
② 中国人民大学国际货币研究所：《人民币国际化报告2019》，中国人民大学出版社，2019。

等综合实力保障国家的繁荣与稳定。而美国就通过强大的科技创新力和强大的军事实力"两大支柱",支撑起美国政治经济稳定的基本面。因此在当今世界,每当发生战争和社会动荡时,大量资金就从世界各地流向美国寻求避险,既促进了美国金融业的蓬勃发展,又有利于美元保持国际货币的强势地位,[1] 最终为美国的金融开放提供了基本的物质条件。

(二)反面经验:日本被动金融开放的经验教训

金融开放可以有条件地促进经济发展,很多新兴经济体在转轨过程中,对国际资本较为依赖,但因其国内金融基础还较薄弱,风险管控意识和能力欠缺,如果贸然实施金融开放和取消资本流动管制,反而不利于该国经济的长期稳定发展。日本等亚洲国家的经验教训就充分说明了这一道理。

第一,日本早期一直采取较为保守的金融开放政策。从日本金融开放的历史来看,二战结束初期,由于贸易疲弱,日本对外汇实施严格监控。20世纪五六十年代,日本经济开始进入高速发展阶段,日本央行人为将利率控制在较低水平,企业融资高度依赖银行体系,央行高度管控资本流动,外国投资者无法直接进入日本的金融与资本市场。直至1964年,日本才承诺接受国际货币基金组织第八条款,逐渐打开经常项目下的外汇交易管制,开始推动金融开放,但其金融开放力度一直处于较低的水平。

第二,日本20世纪80年代的金融开放是内外部压力作用下被动进行的。两次石油危机后,日本经常账户盈余迅速增长,而美国经济却陷入了滞胀困境。为解决困境,美国将矛头对向了日本,提出了日元升值、日本金融市场开放等要求。与此同时,随着国内资本的快速积累,日本国内的对外投资需求旺盛,要求放松金融管制、扩大金融开放的呼声也在不断增强。在内外部压力的影响下,日本政府最终于1984年和美国签订了《日元美元委员会协议》,接受了日本金融与资本市场自由化、赋予外国金融机构自由进入日本金融和资本市场、创设自由的海外日元交易市场等金融开放的具体条件,这在一定程度上推进了日本金融开放。

第三,被动的金融开放与日本自身国内金融体制的改革存在明显脱节,为日本经济的发展埋下了严重隐患。其一,日元快速升值为国内经济带来了衰退的压力,致使日本使用了长时间的宽松货币政策,进一步催生了日本经

---

[1] 张原:《美元国际化的历史经验及其对我国的启示》,《经济研究参考》2012年第37期。

济的"泡沫"。其二，日本国内金融体制改革滞后于金融开放，资本项目及汇率自由化快于利率市场化，跨境套利行为频繁发生。其三，金融市场的开放导致外资金融机构吸引了大量优质资本，日本本土的银行和金融机构被迫提高风险偏好，资金大幅流向收益可观的房地产和股票市场，和海外流入的投机资金一起推动日本股价、房价出现非理性繁荣。最终，日本的经济泡沫在20世纪90年代迎来崩盘，至今仍困在"失去的三十年"之中。

三 中国推动更高水平金融开放的政策选择

相比于区域开放、对外贸易、利用外资和对外投资等，金融开放的风险和难度都更大。"十四五"规划中"稳妥推进银行、证券、保险、基金、期货等金融领域开放，稳慎推进人民币国际化"的用词相对于"十三五"时期也显得更加谨慎。随着金融领域的改革和开放逐步进入深水区，中国更应该在金融开放的问题上循序渐进，统筹好安全和发展两件大事。结合中国目前金融开放存在的问题和美日等经济体推进金融开放的经验教训来看，中国可以重点做好以下工作。

（一）把握金融开放主动权，坚持"以改革促开放，以开放促改革"

当前，中国应协调好改革和开放之间的关系，才能确保金融市场、资本项目和汇率的自由化等开放问题与利率市场化、优化金融机构体制机制等改革问题同步推进，避免过度开放和无序开放带来的负面影响。而要真正做到金融领域的"以改革促开放，以开放促改革"，中国应利用好超大规模的国内市场和中国特色社会主义的制度优势，将金融开放的主导权牢牢掌握在中国自己手里，根据国家长期发展的需要主动选择金融开放的领域、力度和时间节点。

（二）补齐金融开放短板，健全金融开放所需的基础设施和监管体制

在把握好金融开放节奏的前提下，中国可以从基础设施和监管体制入手，尽快补齐金融开放的短板。其一，金融必须要有相关配套设施才能落地。金融基础设施建设既包括交易系统、清算结算系统、支付系统、交易产品等硬件设施建设，又包括法律体系、会计标准、信用体系、反洗钱规则、金融消费者权益保护机制等软件设施建设。中国可以参照美国等金融强国的现行模式查漏补缺，进一步优化国内金融基础设施。其二，金融开放也不是一锤子买卖，开放后的金融监管和宏观调控是维护中国金融安全的重要保障。因此，中国不但需要在现有国务院金融稳定发展委员会的统

筹领导下加强部门间信息共享和政策协调，提高金融监管能力，还需要进一步完善现代中央银行制度，健全货币政策和宏观审慎政策的调控框架，着力提高宏观调控的前瞻性、自主性、科学性和有效性。[1]

（三）抓住"数字金融"历史机遇，重点布局与"一带一路"沿线主要国家的国际金融合作

从中国推进金融开放的具体抓手来看，中国一是可以围绕"十四五"规划中深化境内外资本市场互联互通、健全合格境外投资者制度、完善外汇和税收环节管理服务等具体目标，把握数字金融、数字经济快速发展的历史机遇，通过大数据平台、区块链等数字化的工具提升金融服务质量和金融管理水平；二是可以加强与"一带一路"沿线主要国家和地区的金融合作，加快推进"一带一路"沿线的人民币国际化步伐，选取部分合作基础良好的国家打造具有示范意义的"以人民币自由使用为基础的新型互利合作关系"。

---

[1] 管涛、殷高峰：《开放没有回头路：中国应对资本流动冲击的经验及启示》，《国际经济评论》2022 年第 1 期。

参考文献

〔德〕弗里德里希·李斯特：《政治经济学的国民体系》，陈万煦译，商务印书馆，1961。

〔德〕马克思：《资本论（第三卷）》，中共中央马克思恩格斯列宁斯大林著作编译局编译，人民出版社，2004。

〔美〕道格拉斯·欧文：《贸易的冲突：美国贸易政策200年》，余江、刁琳琳等译，中信出版集团，2019。

〔美〕费正清等：《剑桥中华民国史：1912～1949年（上卷）》，杨品泉等译，中国社会科学出版社，2007。

〔美〕加里·杰里菲等：《全球价值链和国际发展：理论框架、研究发现和政策分析》，曹文、李可译，上海人民出版社，2017。

〔美〕约瑟夫·熊彼特：《经济分析史（第一卷）》，朱泱、孙鸿敬、李宏译，商务印书馆，1991。

〔瑞士〕理查德·鲍德温：《大合流——信息技术和新全球化》，李志远、刘晓捷、罗长远译，上海人民出版社，2020。

〔英〕阿尔弗雷德·马歇尔：《经济学原理》，朱志泰译，商务印书馆，1964。

〔英〕大卫·李嘉图：《政治经济学及税赋原理》，郭大力、王亚南译，译林出版社，2011。

白春礼：《科技革命与产业变革：趋势与启示》，《科技导报》2021年第2期。

白光裕：《中国区域开放战略的演进与成效分析》，《区域经济评论》2019年第5期。

蔡昉：《中国发展蕴含的工业化规律》，《企业观察家》2019年第9期。

陈昌盛、杨光普：《我国宏观政策跨周期调节的逻辑与重点》，《中国纪检监察报》2021年9月16日。

陈彦斌、刘哲希：《宏观政策"三策合一"应对"三重压力"》，《财经问题研究》2022年第3期。

陈耀：《推进区域更高水平开放的新使命》，《开放导报》2020年第5期。

陈甬军、晏宗新：《"双循环"新发展格局的经济学理论基础与实践创新》，《厦门大学学报》（哲学社会科学版）2021年第6期。

程大中：《中国参与全球价值链分工的程度及演变趋势——基于跨国投入产出分析》，《经济研究》2015年第9期。

程都：《优化对外投资支持政策——主要投资大国对外投资支持政策差异分析》，《中国投资》2021年第9期。

迟福林：《新型开放大国共建开放型世界经济的中国选择》，中国工人出版社，2019。

邓宏图、徐宝亮、邹洋：《中国工业化的经济逻辑：从重工业优先到比较优势战略》，《经济研究》2018年第11期。

邓力群主编《中华人民共和国国史百科全书》，中国大百科全书出版社，1999。

董志勇、李成明：《全球失衡与再平衡：特征、动因与应对》，《国外社会科学》2020年第6期。

杜婷婷：《美日贸易摩擦的历史回顾及经验教训》，《金融纵横》2018年第8期。

樊烨：《借鉴国际经验完善对外投资风险防控体系》，《新西部》2019年第17期。

福建师范大学经济学院中国经济70年研究课题组：《中国经济70年发展报告（1949~2019）》，经济科学出版社，2019。

高程：《非中性制度与美国的经济"起飞"》，《美国研究》2007年第4期。

高晓华：《我国复关与入世的历程研究》，《技术经济》2002年第1期。

工业互联网产业联盟和5G应用产业方阵：《5G与工业互联网融合应用发展白皮书》，2019，https：//www.waitang.com/report/27503.html。

关永强：《1933 年中国国民所得再考察——浅析巫宝三与刘大中估算的差异》，《财经问题研究》2017 年第 3 期。

关永强：《近代中国工业生产指数探微》，《中国经济史研究》2021 年第 5 期。

关永强：《浅议近代中国 GDP 核算中调查资料的使用问题》，《中国经济史研究》2011 年第 4 期。

管涛、殷高峰：《开放没有回头路：中国应对资本流动冲击的经验及启示》，《国际经济评论》2022 年第 1 期。

桂琦寒、陈敏、陆铭等：《中国国内商品市场趋于分割还是整合：基于相对价格法的分析》，《世界经济》2006 年第 2 期。

郭冠清：《构建双循环新发展格局的理论、历史和实践》，《扬州大学学报》（人文社会科学版）2021 年第 1 期。

国家统计局国际统计中心：《国际地位显著提高，国际影响力持续增强——新中国成立 70 周年经济社会发展成就系列报告之二十三》。

国家统计局贸易外经统计司：《中国贸易外经统计年鉴（2012）》，中国统计出版社，2012。

国务院发展研究中心课题组：《百年大变局：国际经济格局新变化》，中国发展出版社，2018。

郝红梅、吕博：《中国对外投资及国际经验借鉴》，《中国经贸》2012 年第 9 期。

何瑛、杨琳：《改革开放以来国有企业混合所有制改革：历程、成效与展望》，《管理世界》2021 年第 7 期。

贺平、周峥等：《亚太合作与中国参与全球经济治理》，上海人民出版社，2015。

洪俊杰、商辉：《中国开放型经济的"共轭环流论"：理论与证据》，《中国社会科学》2019 年第 1 期。

侯俊军、王耀中：《中美、日美纺织品贸易摩擦比较及其启示》，《国际贸易问题》2006 年第 4 期。

胡博成、朱忆天：《从〈资本论〉到新时代：马克思空间生产理论及双循环新发展格局构建研究》，《重庆大学学报》（社会科学版）2021 年第 2 期。

胡兴旺、周淼：《优化营商环境的国内外典型做法及经验借鉴》，《财政科学》2018 年第 9 期。

胡永刚、苗恩光：《趋势冲击、流动性约束与中国经济波动》，《财经研究》2020 年第 12 期。

黄群慧：《"双循环"新发展格局：深刻内涵、时代背景与形成建议》，《北京工业大学学报》（社会科学版）2021 年第 1 期。

黄群慧：《中国共产党领导社会主义工业化建设及其历史经验》，《中国社会科学》2021 年第 7 期。

黄群慧、贺俊：《"第三次工业革命"与中国经济发展战略调整——技术经济范式转变的视角》，《中国工业经济》2013 年第 1 期。

黄群慧、贺俊：《未来 30 年中国工业化进程与产业变革的重大趋势》，《学习与探索》2019 年第 8 期。

黄群慧、倪红福：《中国经济国内国际双循环的测度分析——兼论新发展格局的本质特征》，《管理世界》2021 年第 12 期。

黄新飞、陈珊珊、李腾：《价格差异、市场分割与边界效应——基于长三角 15 个城市的实证研究》，《经济研究》2014 年第 12 期。

黄仲熊：《重农学派"经济表"的历史作用和它对社会再生产理论提出的方法论的意义》，《武汉大学学报》（人文科学版）1962 年第 1 期。

贾根良：《美国学派：推进美国经济崛起的国民经济学说》，《中国社会科学》2011 年第 4 期。

贾永轩：《国家间外交关系的新趋势——经济外交》，《世界经济与政治》1996 年第 11 期。

江小涓：《大国双引擎增长模式——中国经济增长中的内需和外需》，《管理世界》2010 年第 6 期。

江小涓：《大国双引擎增长模式——中国经济增长中的内需和外需》，《管理世界》2020 年第 6 期。

江小涓、孟丽君：《内循环为主、外循环赋能与更高水平双循环——国际经验与中国实践》，《管理世界》2021 年第 1 期。

蒋彦庆：《全球性人口转型与新一轮国际分工调整》，《人民论坛·学术前沿》2020 年第 11 期。

金鑫：《共同推动世界多极化深入发展》，《人民日报》2019 年 2 月 15 日。

《魁奈经济著作选集》，吴斐丹、张草纫选译，商务印书馆，1979。

李帮喜、赵奕菡、冯志轩等：《价值循环、经济结构与新发展格局：一个政治经济学的理论框架与国际比较》，《经济研究》2021年第5期。

李万：《范式变革与规律涌现：世界科技发展新趋势》，《学习时报》2019年12月4日。

李新主编《中华民国史：第一卷（1894～1912）（上）》，中华书局，2011。

林红：《政治转型与民粹主义的生成——以东南亚国家为例》，《东南亚纵横》2018年第2期。

林薇：《人民币国际化的现状、问题与推进措施》，《亚太经济》2021年第5期。

林毅夫：《发展战略、自生能力和经济收敛》，《经济学》（季刊）2002年第1期。

林毅夫：《解读中国经济》，北京大学出版社，2012。

林毅夫、蔡昉、李周：《中国的奇迹：发展战略与经济改革》，上海人民出版社，1999。

林毅夫、李永军：《必要的修正——对外贸易与经济增长关系的再考察》，载《国际贸易》2001年第9期。

刘昌黎：《日本国际收支的历史性转折与投资立国》，《日本学刊》2007年第2期。

刘鹤：《加快构建以国内大循环为主体、国内国际双循环相互促进的新发展格局》，《人民日报》2020年11月25日。

刘建丽：《大变局下中国工业利用外资的态势、风险与"十四五"政策着力点》，《改革》2020年第10期。

刘建丽：《新中国利用外资70年：历程、效应与主要经验》，《管理世界》2019年第11期。

刘军梅：《俄乌冲突背景下极限制裁的作用机制与俄罗斯反制的对冲逻辑》，《俄罗斯研究》2022年第2期。

刘帅帅：《德国历史学派经济思想研究》，博士学位论文，东北财经大学，2017。

刘亚军：《外贸对经济增长贡献的计算方法初探》，《统计与信息论坛》2010年第1期。

刘运顶：《论美国外贸政策的历史变迁》，《武汉理工大学学报》（信息与管理工程版）2003年第1期。

刘志彪、孔令池：《从分割走向整合：推进国内统一大市场建设的阻力与对策》，《中国工业经济》2021年第8期。

刘志彪、凌永辉：《双循环新发展格局的研究视角、逻辑主线和总体框架》，《浙江工商大学学报》2021年第2期。

卢跃、阎其凯、高凌云：《中国对外贸易方式的创新：维度、实践与方向》，《国际经济评论》2017年第4期。

陆铭、陈钊：《分割市场的经济增长——为什么经济开放可能加剧地方保护》，《经济研究》2009年第3期。

吕炜、靳继东：《财政、国家与政党：建党百年视野下的中国财政》，《管理世界》2021年第5期。

吕炜、张妍彦、周佳音：《财政在中国改革发展中的贡献——探寻中国财政改革的实践逻辑》，《经济研究》2019年第9期。

吕越、陈帅、盛斌：《嵌入全球价值链会导致中国制造的"低端锁定"吗？》，《管理世界》2018年第8期。

《马克思恩格斯全集（第25卷）》，中共中央马克思恩格斯列宁斯大林著作编译局编译，人民出版社，1974。

《马克思恩格斯选集（第3卷）》，中共中央马克思恩格斯列宁斯大林著作编译局编译，人民出版社，1995。

《马克思主义经济学说史》编写组：《马克思主义经济学说史》，高等教育出版社、人民出版社，2012。

欧阳峣：《大国经济发展理论的研究范式》，《经济学动态》2012年第12期。

潘悦：《巴西的区域开发及其启示》，《中国党政干部论坛》2011年第5期。

裴长洪：《中国开放型经济学的马克思主义政治经济学逻辑》，《经济研究》2022年第1期。

裴长洪、刘斌：《中国对外贸易的动能转换与国际竞争新优势的形成》，《经济研究》2019年第5期。

裴长洪、刘洪愧：《习近平经济全球化科学论述的学习与研究》，《经济学动态》2018年第4期。

裴长洪、刘洪愧：《中国怎样迈向贸易强国：一个新的分析思路》，

《经济研究》2017 年第 5 期。

钱学锋、裴婷：《国内国际双循环新发展格局：理论逻辑与内生动力》，《重庆大学学报》（社会科学版）2021 年第 1 期。

清华大学互联网产业研究院：《中国新基建竞争力指数白皮书 2020》，2020，http：//www. iii. tsinghua. edu. cn/info/1096/2767. htm。

丘幸：《欧盟贸易壁垒调查法律制度的研究与借鉴》，硕士学位论文，华侨大学，2003。

商务部国际贸易经济合作研究院：《参与全球经济治理之路：40 年改革开放大潮下的中国融入多边贸易体系》，中国商务出版社，2018。

沈坤荣、耿强：《外国直接投资、技术外溢与内生经济增长——中国数据的计量检验与实证分析》，《中国社会科学》2001 年第 5 期。

沈四宝：《美国、日本和欧盟贸易摩擦应对机制比较研究——兼论对我国的启示》，《国际贸易》2007 年第 2 期。

盛斌：《建设国际经贸强国的经验与方略》，《国际贸易》2015 年第 10 期。

盛斌、毛其淋：《贸易开放、国内市场一体化与中国省际经济增长：1985～2008 年》，《世界经济》2011 年第 11 期。

盛松成、张承惠、彭文生等：《中国金融开放的形势研判与风险预警讨论》，《国际经济评论》2020 年第 6 期。

《世界经济概论》编写组：《世界经济概论》，高等教育出版社、人民出版社，2011。

苏杭：《日本对外直接投资的网络化发展及启示》，《日本学刊》2015 年第 2 期。

苏宁、沈玉良等：《改革开放 40 年中国参与全球经济治理的历程与特点》，上海社会科学院出版社，2019。

眭纪刚：《结构调整、范式转换与"第三次工业革命"》，《中国科学院院刊》2014 年第 6 期。

孙伊然、何曜、黎兵：《"入世" 20 年中国经济安全观的演进逻辑》，《世界经济研究》2021 年第 12 期。

汤铎铎、刘学良、倪红福等：《全球经济大变局、中国潜在增长率与后疫情时期高质量发展》，《经济研究》2020 年第 8 期。

田原：《我国对外投资合作现状、展望及发展策略》，《中国国情国力》

2021年第10期。

佟家栋：《"逆全球化"浪潮的源起及其走向：基于历史比较的视角》，《中国工业经济》2017年第6期。

王琛：《WTO二十五周年：回顾、评估和未来前景》，《亚太经济》2021年第3期。

王存刚：《百年未有之大变局与中国共产党外交领导力》，《世界经济与政治》2020年第5期。

王富民：《魁奈：政治算术学派在法国的主要代表人物》，《统计与信息论坛》2003年第1期。

王厚双、孙丽：《战后日本参与全球经济治理的经验研究》，《日本学刊》2017年第1期。

王俊、苏立君：《论国内国际双循环格局下的社会总产品实现问题——基于马克思社会总资本再生产理论的分析》，《当代经济研究》2020年第11期。

王乐、和原芳：《重农学派对经济学方法论的贡献和缺陷》，《经济论坛》2012年第12期。

王绍媛、张涵岠：《日本对外援助及对中国"一带一路"区域援助的启示》，《现代日本经济》2018年第6期。

王树：《"第二次人口红利"与经济增长：理论渊源、作用机制与数值模拟》，《人口研究》2021年第1期。

王素芹：《日本对外贸易发展经验及借鉴》，《商业时代》2007年第27期。

王亚琪、葛建华、吴志成：《日本的全球治理战略评析》，《当代亚太》2017年第5期。

王一鸣：《百年大变局、高质量发展与构建新发展格局》，《管理世界》2020年第12期。

王语涵：《优化口岸营商环境的国际经验与启示——六国提升跨境贸易便利化水平做法调研》，《中国对外贸易》2021年第7期。

王直、魏尚进、祝坤福：《总贸易核算法：官方贸易统计与全球价值链的度量》，《中国社会科学》2015年第9期。

魏浩、郭也、巫俊：《中国市场、进口贸易与世界经济增长》，《世界经济与政治论坛》2021年第3期。

魏后凯：《走中国特色区域协调发展道路》，《经济日报》2018年10月12日。

巫宝三：《中国国民所得（一九三三年）（外一种：国民所得概论）》，商务印书馆，2011。

吴敬琏：《当代中国经济改革》，中信出版社，2017。

吴秋余：《好的营商环境就是生产力、竞争力》，《人民日报》2019年10月22日。

吴群锋、刘冲、刘青：《国内市场一体化与企业出口行为——基于市场可达性视角的研究》，《经济学》（季刊）2021年第5期。

吴心伯：《论中美战略竞争》，《世界经济与政治》2020年第5期。

吴要武：《70年来中国的劳动力市场》，《中国经济史研究》2020年第4期。

吴义爽、盛亚、蔡宁：《基于互联网+的大规模智能定制研究——青岛红领服饰与佛山维尚家具案例》，《中国工业经济》2016年第4期。

夏涛、叶坚：《巴西右翼民粹主义政府与民主政治危机》，《国外社会科学》2021年第3期。

夏薇、朱信凯、杨晓婷：《法国重农学派经济思想及对中国农业改革的启示》，《政治经济学评论》2017年第5期。

谢伏瞻：《论新工业革命加速拓展与全球治理变革方向》，《经济研究》2019年第7期。

谢康、夏正豪、肖静华：《大数据成为现实生产要素的企业实现机制：产品创新视角》，《中国工业经济》2020年第5期。

徐国冲、吴筱薇：《"数字丹麦"建设：战略、特点与启示》，《学习论坛》2021年第2期。

徐志向、丁任重、张敏：《马克思社会再生产理论视阈下中国经济"双循环"新发展格局研究》，《政治经济学评论》2021年第5期。

严中平：《中国棉纺织史稿》，商务印书馆，2011。

阎学通：《从韬光养晦到奋发有为》，《国际政治科学》2014年第4期。

杨长湧：《美国对外直接投资的历程、经验及对我国的启示》，《经济研究参考》2011年第22期。

杨超、贺俊、黄群慧等：《日本制造业海外布局策略及其借鉴意义》，

《国际经济合作》2018年第1期。

杨翠红、田开兰、高翔等：《全球价值链研究综述及前景展望》，《系统工程理论与实践》2020年第8期。

杨洁篪：《积极营造良好外部环境》，《人民日报》2020年11月30日。

杨英杰：《"双循环"新发展格局的历史逻辑、理论逻辑和实践逻辑》，《长白学刊》2021年第2期。

杨宇、于宏源、鲁刚等：《世界能源百年变局与国家能源安全》，《自然资源学报》2020年第11期。

姚开建编《经济学说史》，中国人民大学出版社，2011。

姚枝仲：《世界经济面临四大挑战》，《国际经济评论》2017年第4期。

叶欣、程慧、张丹等：《关于中国自由贸易试验区建设的思考》，《国际贸易》2015年第11期。

易先忠、欧阳峣：《大国如何出口：国际经验与中国贸易模式回归》，《财贸经济》2018年第3期。

殷为华、杨荣、杨慧：《美国自由贸易区的实践特点透析及借鉴》，《世界地理研究》2016年第2期。

于洪波：《经济表诠释》，《山东师范大学学报》（人文社会科学版）2006年第1期。

于洪波：《经济表与投入产出表》，《山东社会科学》2006年第9期。

余劲松：《国际经济交往法律问题研究》，人民法院出版社，2002。

余永定：《"双循环"和中国发展战略的调整》，《中国经济报告》2021年第5期。

袁铂宗、祁欣：《对外投资合作促进"双循环"新发展格局的实践路径及优化对策》，《国际贸易》2021年第9期。

袁欣：《近代中国的对外贸易与工业"进口替代"》，《南开经济研究》1996年第1期。

张二震、戴翔：《更高水平开放的内涵、逻辑及路径》，《开放导报》2021年第1期。

张焕波、谢林：《构建区域开放的新格局》，《开放导报》2019年第2期。

张学良、程玲、刘晴：《国内市场一体化与企业内外销》，《财贸经济》

2021 年第 1 期。

张宇燕、任琳：《全球治理：一个理论分析框架》，《国际政治科学》2015 年第 3 期。

张雨：《开放型经济转型发展的国际经验及其借鉴》，《国际贸易》2016 年第 4 期。

张原：《美元国际化的历史经验及其对我国的启示》，《经济研究参考》2012 年第 37 期。

张原：《中国对外投资的特征、挑战与"双循环"发展战略应对》，《当代经济管理》2021 年第 7 期。

赵龙跃：《统筹国际国内规则：中国参与全球经济治理 70 年》，《太平洋学报》2019 年第 10 期。

赵学军：《"156 项"建设项目对中国工业化的历史贡献》，《中国经济史研究》2021 年第 4 期。

赵玉林、刘超、谷军健：《研发投入结构对高质量创新的影响——兼论有为政府和有效市场的协同效应》，《中国科技论坛》2021 年第 1 期。

中共中央党史研究室著，胡绳主编《中国共产党的七十年》，中共党史出版社，2005。

中共中央文献研究室：《关于建国以来党的若干历史问题的决议注释本》，人民出版社，1987。

中共中央文献研究室：《十四大以来重要文献汇编》（上），人民出版社，1996。

《中国复关及入世谈判大事记》，《市场观察》2002 年第 1 期。

周黎安：《中国地方官员的晋升锦标赛模式研究》，《经济研究》2007 年第 7 期。

周阳：《论美国对外贸易区的建立、发展与趋势》，《国际贸易》2013 年第 12 期。

周育：《中美战略与经济对话：机制构建与意义解析》，《理论视野》2016 年第 7 期。

朱承亮、王珺：《中国企业研发经费投入现状及国际比较》，《技术经济》2022 年第 1 期。

朱福林：《美国对外贸易区演化及对我国自由贸易港高质量建设的启示》，《科学发展》2021 年第 7 期。

朱孟楠、陈冲、朱慧君：《从自贸区迈向自由贸易港：国际比较与中国的选择——兼析厦门自由贸易港建设》，《金融论坛》2018年第5期。

《〈资本论〉导读》编写组：《〈资本论〉导读》，高等教育出版社、人民出版社，2012。

81st Annual Report of the Foreign-Trade Zones Board to the Congress of the United States, 2020.

Anton Korinek and Joseph E. Stiglitz, 2021, "Artificial Intelligence, Globalization, and Strategies for Economic Development", *NBER Working Paper*, Feb.

Antràs, P., and Chor, D., 2013, "Organizing the Global Value Chain", *Econometrica*, 81 (6) .

Antràs, P., and Chor, D., 2021, "Global Value Chains", *Handbook of International Economics*, Volume 5.

Antràs, P., Chor, D., Fally, T., et al., 2012, "Measuring the Upstreamness of Production and Trade Flows", *American Economic Review*, 102 (3) .

Baldwin, R. E., "Globalisation: the Great Unbundling (s)", *Economic Council of Finland*, 2006.

Beveridge, S., Nelson, C. R., 1981, "A New Approach to Decomposition of Economic Time Series into Permanent and Transitory Components with Particular Attention to Measurement of the 'Business Cycle'", *Journal of Monetary Economics*, 7 (2) .

Brown, A. J., 1947, "Aspects of the World Economy in War and Peace", *Applied Economics*.

Caliendo, L., and Parro, F., 2015, "Estimates of the Trade and Welfare Effects of NAFTA", *The Review of Economic Studies*, 82 (1) .

Chang, J. K., 1967, "Industrial Development of Mainland China 1912-1949", *The Journal of Economic History*, 27 (1) .

De. Backer, K., 2011, "Global Value Chains: Preliminary Evidence and Policy Issues", *Directorate for Science, Technology and Industry*. DSTI/IND, 3.

Dedrick, J., Kraemer, K. L., and Linden, G., 2010, "Who Profits from Innovation in Global Value Chains?: a Study of the iPod and Notebook

PCs", *Industrial and Corporate Change*, 19 (1).

Dixit, A. K., and Stiglitz, J. E., 1977, "Monopolistic Competition and Optimum Product Diversity", *The American Economic Review*, 67 (3).

Eckstein, A., 1975, "China's Trade Policy and Sino-American Relations", *Foreign Affairs*, 54 (1).

Fan, J., and Zou, B., 2021, "Industrialization from Scratch: The 'Construction of Third Front' and Local Economic Development in China's Hinterland", *Journal of Development Economics*, 152.

Finger, J. M., and Kreinin, M. E., 1979, "A Measure of Export Similarity and Its Possible Uses", *The Economic Journal*, 89 (356).

Gereffi, G., and Korzeniewicz, M. (Eds.), 1994, "Commodity Chains and Global Capitalism (No. 149)", *ABC-CLIO*.

Gereffi, G., Humphrey, J., and Sturgeon, T., 2005, "The Governance of Global Value Chains", *Review of International Political Economy*, 12 (1).

Gospel, H., and Sako, M., 2010, "The Unbundling of Corporate Functions: the Evolution of Shared Services and Outsourcing in Human Resource Management", *Industrial and Corporate Change*, 19 (5).

Grubel, H. G., and Lloyd, P. J., 1971, "The Empirical Measurement of Intra-Industry Trade *", *Economic Record*, 47.

Hou, C., 2013, *Foreign Investment and Economic Development in China, 1840–1937*, Harvard University Press.

Iaria, A., Schwarz, C., and Waldinger, F., 2018., "Frontier Knowledge and Scientific Production: Evidence from the Collapse of International Science", *The Quarterly Journal of Economics*, 133 (2).

Johnson, R. C., 2014, "Five Facts about Value-added Exports and Implications for Macroeconomics and Trade Research", *Journal of Economic Perspectives*, 28 (2).

Keun Lee, Franco Malerba, and Annalisa Primi., 2020, "The Fourth Industrial Revolution, Changing Global Value Chains and Industrial Upgrading in Emerging Economies", *Journal of Economic Policy Reform*.

Klaus Schwab, World Economic Forum, "The Global Competitiveness Report 2019", (World Economic Forum, 2019).

Kojima, K., 1971, *Japan and a Pacific Free Trade Area*, Univ of California Press, Kunimoto, K. 1977, "Typology of Trade Intensity Indices", *Hitotsubashi Journal of Economics*, 17 (2).

Koopman, R., Wang, Z., and Wei, S. J., 2014, "Tracing Value-added and Double Counting in Gross Exports", *American Economic Review*, 104 (2).

Krugman, P. R., 1979, "Increasing Returns, Monopolistic Competition and International Trade", *Journal of International Economics*, 9 (4).

Liu, T. C., and Yeh, K. C., 2015, *Economy of the Chinese Mainland* (Vol. 2163), Princeton University Press.

Melitz, M. J., 2003, "The Impact of Trade on Intra-industry Reallocations and Aggregate Industry Productivity", *Econometrica*, 71 (6).

Michael, P. E., 1985, *Competitive Advantage: Creating and Sustaining Superior Performance*, Free Press.

Morgan, M. S., 2012, *The World in the Model: How Economists Work and Think*, Cambridge University Press.

Poncet, S., 2003, "Measuring Chinese Domestic and International Integration", *China Economic Review*, 14 (1).

Poncet, S., 2005, "A Fragmented China: Measure and Determinants of Chinese Domestic Market Disintegration", *Review of International Economics*, 13 (3).

Ponte, S., Gereffi, G., and Raj-Reichert, G. (Ed.), 2019, *Handbook on Global Value Chains*, Edward Elgar Publishing.

Rifkin J., 2011, *The third Industrial Revolution: How Lateral Power is Transforming Energy, the Economy, and the World*, Macmillan.

Roemer, J. E., 1976, "Extensions of the Concept of Trade Intensity", *Hitotsubashi Journal of Economics*, 17 (1).

Sako, M., 2006, "Outsourcing and Offshoring: Implications for Productivity of Business Services", *Oxford Review of Economic Policy*, 22 (4).

Schwab, K., 2017, *The Fourth Industrial Revolution*, Currency.

UNCTAD. (2021), *World Investment Report* 2021 (*Overview*).

United Nations ESCAP, *ASIA AND THE PACIFIC SDG PROGRESS REPORT*, https://www.unescap.org/publications/asia-and-pacific-sdg-progress-report-2020.

World Bank, *World Bank Group in China 1980 – 2020: Facts & Figures*, 2020, http://pubdocs.worldbank.org/en/777941604392304764/f-fs-2020-en.pdf.

World Investment Report 2020, 16 June, 2020.

World Trade Organization, 2014, *World Trade Report* 2014: *Trade and Development: Recent Trends and the Role of the WTO*.

World Trade Organization, 2015, *World Trade Report* 2015: *Speeding up trade: Benefits and Challenges of Implementing the WTO Trade Facilitation Agreement*.

后　记

本书是国家社会科学基金重大招标项目"'一带一路'相关国家贸易竞争与互补关系研究"（16ZDA039）、国家社科基金国家应急管理体系建设研究专项"全球重大突发事件中的国际合作：中国参与战略及对策研究"（20VYJ035）的阶段性成果。

全书由我提出写作大纲、负责组织协调工作以及书稿的修订和最后的定稿，课题组成员共同努力完成了这篇书稿。各章作者如下：第一章和第二章为余振、李锦坡，第三章和第九章为余振、王净宇，第四章为余振、陈文涵，第五章为李元琨，第六章为余振、杨格、陈文涵，第七章为余振、秦宁、王净宇，第八章为余振、肖尧。此外，我的研究生刘李威、欧阳子怡、熊宇翔、尚玉、沈一然、王雪纯、李雪、陈永奇等也参与了书稿的校对和修订工作。

此外，项目研究和书稿撰写得到了国家高端智库武汉大学国家法治研究院、武汉大学经济与管理学院、武汉大学美国加拿大研究所、武汉大学经济发展研究中心的领导和同事们的大力支持，本书的写作也参阅了大量的中外文文献，在此也对上述单位以及老师们、领导们、同事们以及朋友们表示感谢。本书的出版得到了武汉大学理论经济学"双一流"学科建设经费的资助，社会科学文献出版社的周丽老师也为本书的出版付出了辛勤的劳动，在此一并致谢。

余振

2022 年夏于珞珈山

图书在版编目（CIP）数据

新发展格局与中国开放发展新战略／余振等著．--北京：社会科学文献出版社，2024.1
ISBN 978-7-5228-2846-6

Ⅰ.①新… Ⅱ.①余… Ⅲ.①中国经济—开放经济—经济发展—研究 Ⅳ.①F125

中国国家版本馆 CIP 数据核字（2023）第 225399 号

新发展格局与中国开放发展新战略

著　者／余　振　等
出 版 人／冀祥德
责任编辑／张丽丽
文稿编辑／赵熹微
责任印制／王京美

出　版／社会科学文献出版社·城市和绿色发展分社（010）59367143
　　　　　地址：北京市北三环中路甲29号院华龙大厦　邮编：100029
　　　　　网址：www.ssap.com.cn
发　行／社会科学文献出版社（010）59367028
印　装／三河市龙林印务有限公司
规　格／开　本：787mm×1092mm　1/16
　　　　　印　张：18.5　字　数：310千字
版　次／2024年1月第1版　2024年1月第1次印刷
书　号／ISBN 978-7-5228-2846-6
定　价／88.00元

读者服务电话：4008918866

版权所有 翻印必究